책임적 자아

리차드 H. 니버 지음
정진홍 옮김

2001

한국장로교출판사

The Responsible Self

By Richard H. Niebuhr
Translated by Jung Jin Heung

Copyright © 1999 by HarperSanFrancisco,
A Divsion of HarperCollinsPublisers

2001

**Publishing House
The Presbyterian Church of Korea
Seoul, Korea**

책임적 자아

The Responsible Self

리차드 H. 니버 지음 / 정진홍 옮김

한국장로교출판사

책임적 자아

초판발행	2001년 8월 30일
2쇄발행	2012년 3월 20일

지은이	리차드 H. 니버
옮긴이	정진홍
펴낸이	채형욱
펴낸곳	한국장로교출판사
주　소	110-470 / 서울 종로구 연지동 135 한국교회100주년기념관 별관
전　화	(02) 741-4381 / 팩스 741-7886
영업국	(031) 944-4340 / 팩스 944-2623
등　록	No. 1-84(1951. 8. 3.)

ISBN 978-89-398-0464-7 / Printed in Korea
값 9,000원

기획편집차장 정현선	**편집과장** 이현주	**표지디자인** 김지수	
업무과장 박호애	**영업과장** 박창원		

※ 이 출판물은 저작권법에 의해 보호를 받는 저작물이므로 무단전재와 무단복제를 할 수 없습니다.

차 례

책머리에…리차드 R. 니버……………………………5
'책임적 자아'에 관하여……제임스 M. 구스타프슨……11
머리말…기독교 도덕철학에 관하여…………………57

제1장 책임의 의미………………………………63
제2장 사회 안에서의 책임……………………93
제3장 시간과 역사 안에서의 책임적 자아…121
제4장 절대의존 안에서의 책임………………145
제5장 죄와 구원 안에서의 책임………………169

부록 : 책임적 자아에 관한 얼 강좌로부터의 발췌……193
       1. 온유와 도덕……194
       2. 책임과 그리스도……208

옮긴이의 말……231
찾아보기……235

책머리에

선친(先親)인 리차드 H. 니버(Richard H. Niebuhr)는 1962년 7월에 돌아가셨다. 그때 그분께서는 30년 이상을 주로 예일 신학대학에서 가르치시면서 끊임없이 조직적인 기독교윤리학의 기초적인 이념에 대해 깊이 생각해 오셨다. 그리고 그것을 구성하는 그분의 최초의 저서인 「교파주의의 사회적 원천」 *(The Social Sources of Denominationalism)* 이후의 모든 저작들이 한결같이 그분의 가슴과 마음속에 깃들여 있던 주제와 문제들을 나타내 보이고 있는 것이기는 하지만, 그분의 온 정력의 대부분을 쏟아 몰두하셨던 조직적인 윤리학의 근본적인 틀이 되는 이념들을 직접적으로 엮어 놓은 것은 하나도 없었다.

인간은 불가불 죽을 수밖에 없다. 그러나 (이 책을 읽으면서 드는 생각이지만) 만약 우리가 우리의 삶을 예술작품으로 여길 수 있을 만큼 자유롭거나, 비록 그렇지는 못하다 하더라도 적어도 우리의 삶이란 원자재를 마련하는 것이어서, 그것을 가지고 우리는 하나의 건축물을 완성시킬 수 있는 것이라고 여길 수 있을 만큼 자유롭다면, 우리들 중의 많은 사람들은 아마도 이 책의 저자가 그의 일생을 통하여 지적인 노력을 기울여온 그 세월에 덧붙여, 그 지적인 노력의 핵심이 되는 주춧돌을 제자리에 놓을 수 있는 더 충분한 시간이 그분에게 주어졌었더라면 하고 바랬으리라 생각된다. 하지만 그렇지를 못했다. 그분의 윤리학의 대부분은 그저 그분 자신이 마련한 강의안(講義案)으로 남아 있거나, 아니면 교실에서 그 강의를 듣고 필기한 학생들의 노트로 남아 있을 뿐이다. 그런데 그렇게 될 수밖에 없었다. 왜냐하면 선친께서는 일단 자신의 생각이 활자화되면 그 생각을 교실에서 재해석하거나 다시 생각해 볼 수 있는 가능성이 사라져 버릴 것이고, 학생들이나 동료나 시대적인 정황과 더불어 활발한 대화가 이루어지는 대신 그것이 완결된 업적이 되어 버려 그 생각이 현존하는 정황에 대한 생생하고 분별력 있는 비판적인 반응이 되기보다는 과거의 일부가 되어 버리지 않을까 하고 늘 두려워했기 때문이다. 인간의 어떠한 영역에서도 있는 현상이지만, 특별히 학문의 세계나 종교의 영역에서 두드러지게 나타나는 폐쇄적이고 편협한 사회에 대하여 그분은 몹시 언짢아 하셨다. 이와 마찬가지로 다만 고정된 채 다시 변경할 수 없는 그러한 정의(定義)와 원리에다 주석을 달고, 그것을 어떤 특정한 목적이나 사실에다 적용시킴으로써만 비로소 생각이 움직여지는 그러한 폐쇄된 사유에 대해서도 그분은 탐탁지 않아 하셨다. 그러나 그렇다고 해서 그분의 마음속에 있는 근본적인 신념이 끊임없이 바뀌거나 달라졌다고 하는 것은 아니다. 학생들을 가르치시고 책을 쓰시면서 살아가신 그분의 전 생애를 통하여 그분의 사상 속에는 한결같은 분명한 일관성이 있었다. 하지만 그분은 새로운 상상의 시각(視覺), 그리고 철학, 역사학, 심리학, 사회학, 과학철학, 미학 등의 저서를 읽고 그 저자들과 어울리면서 얻은 새로운 통찰을 자신의 신념과 원리들을 통하여 끊임없이 성찰해 나아가셨다. 윤리학 분야에서의 자신의 노작에서 언제나 새로운 접근을 발견하고자 한 이러한 노력은 이 저서 「책임적 자아」(The Responsible Self)의 첫머리, 그리고 부록에 첨부되어 있는 온유와 도덕에 관한 논의에서도 잘 예증되고 있다. 아마도 극히 최근에 그분의 가르침을 받은 예일 대학교 학생들만이 책임의 윤리라고 하는 그분의 중심적인 주제가 이러한 맥락에서 심사숙고된 것을 듣고 본 사람들일 것이다.

이러한 몇 가지 이유 때문에 그분은 자기의 윤리학 저술을 자신이 은퇴하실 때까지 미루어 놓고 계셨다. 그런데 그분은 그 은퇴를 즐기실 수 있을 만큼 살지 못하셨다. 결국 그렇기 때문에 똑같은 이유로 우리는 그분의 윤리학을 출판된 서적으로 갖지 못하게 된 것이다.

그분이 돌아가셨을 때 나는 그분의 책상 위에서 「책임적 자아」의 저술을 의도하면서 써 놓으신 이 책의 첫 두 장(章)의 원고를 발견하였다. 그 두 장은 이 책의 나머지 부분으로 확대될 가장 중요한 내용을 이루고 있는 것이었다. 뿐만 아니라 자신의 윤리학을 출판할 여러 계획에 대한 구상과 윤곽이 적혀 있는 메모들도 발견하였다. 물론, 이런 것들을 통하여 생애의 마지막 몇 주일 동안에 과연 그분께서 어떠한 출판계획을 마무리짓고 계셨는지를 추측한다는 것은 거의 불가능한 일이다. 그렇지만 한 가지 사실만은 분명하다. 한 권의 책을 쓰셨든 여러 권의 책을 쓰셨든 간에 그 책들은 예일 대학교에서 강의하신 그 강의 내용을 완전히 재구성했거나 재서술한 것이었으리라고 하는 사실이다. 제임스 구스타프슨(James M. Gustafson)이 이 책의 소개문에서 지적한 바와 같이, 그분의 옛날 제자들은 이 책을 보면서 많은 귀에 익은 주제나 내용을 접하면서도 동시에 저자가 지니고 있는 중심적인 신학적 이념들 중의 어떤 것은 다만 간접적으로, 혹은 이면에서 나타나고 있다고 하는 사실도 발견하게 될 것이다. 왜냐하면, 그분의 신학적 이념들은 이 책의 한계 밖에 있는 여러 관점에서 비로소 그 충분한 설명에 이어질 수 있기 때문이다. 이 같은 사실은 이 책의 약점이 아닐 수 없다. 그러나 편집자나 출판자는 이 같은 결점이 앞으로 출판될 그분의 수필, 설교, 기타 잡문들이 종합될 책을 통하여 부분적으로나마 보완될 수 있으리라고 희망한다.

지금 이러한 형태로 출판된 이 책 「책임적 자아」의 직접적인 자료가 된 것은 그분이 1960년 봄에 글라스고우 대학교에서 강연하신 로버트슨 강좌(Robertdon Lecture)의 강연 내용이다. 이 강연 내용 중의 일부는 좀 산삭(刪削)되어 퍼시픽 신학대학의 얼 강좌(Earl Lecture)로 강연된 바 있고, 뉴욕에 있는 리버사이드 교회(Riverside Church)에서 일련의 강좌로 발표된 바도 있는데, 1962년 겨울에 행한 그 강연은 그분의 병환 때문에 계획된 대로 되지 못하고 횟수가 줄어들 수밖에 없었다. 이 책의 부록으로 수록된 내용들은 얼 강좌의 일부이다.

　독자 여러분들이 이 책을 읽어 가노라면 짐작되겠지만, 위와 같은 이유 때문에 이 책의 집필 체제는 당대의 철학적 윤리학, 혹은 신학적 윤리학 저서들의 인용이나 언급에 매이지 않는 지극히 공식적인 강연투일 수밖에 없게 되었고, 또 다른 면에서는 그분이 늘 예일 대학교의 강의실에서 강의하던 스타일, 즉 형식에 매이지 않고 자유롭게 예를 든다거나 방백(傍白)을 한다거나 하는 스타일이 아니게 되어 버렸다. 결국, 직접 저자 자신이 출판을 준비하였더라면 내용을 더 갈고 닦으셨을텐데 그렇게도 되지 못했고, 교실에서 늘 그래오셨듯이, 그분의 생각의 개방성이나 자유로움도 충분하게 나타나지 못하고 말았다. 그러나 이 책에 나타나고 있는 것은 틀림없이 그분의 직접적인 노작이다. 그래서 나는 독자들이 이 책을 읽으면서 그분의 완성된 대저(大著, magnum opus) 이상으로 그분의 사상에 대한 유익하고 자극적인 내용들을 이 책을 통하여 발견하기를 바라마지 않는다.

　글라스고우 대학교에서 강연을 시작하면서 그분은 그 대학의 초대를 받게 된 영광에 대하여 고마움을 표하고 나서 다음과 같이 말씀을 이으셨다.

　"그러나 저는 제게 베풀어 주신 영예보다도 저에게 대한 여러분의 도전을 더 잘 알고 있습니다. 특히 스코틀랜드와 잉글랜드에 있는 대학들에서의 이러한 강좌는 연구하고 가르치고 하는 제 삶 속에서 독특한 역할을 하는 것임을 말씀드리지 않을 수 없습니다. 이러한 강좌는 교실이나 서재에서 일생을 두고 공부만 하는 사람들에게 그들이 공부해 온 생각들을 잘 다듬어진 하나의 체계로 만들고, 그들의 노작의 결과를 농축된 형태로 만들어 활용할 수 있도록 하라는 도전이 되기 때문입니다. …… 이 강좌를 통해서 제가 오랜 세월 동안 기독교윤리학 분야에서 가르치면서 제 마음속에서 발전되어 온 도덕적 삶에 관한 제 생각들을 종합하고 정리하여 여러분들에게 제시하고자 합니다. 제가 이제부터 말씀드리고자 하는 것은, 자아가 지닌 책임을 분석해 가면서 기독교 윤리의 주제를 다루어보려 하는 것입니다. 하지만 이러한 방법은 기독교윤리의 본령을 다룬다기보다는 기독교윤리의 서론에 불과합니다. 저에게는 이 같은 저의 생각들이, 때로는 기독교철학이라고 불리는 잡동사니로 딱지가 붙으면서 우리 시대의 철학과 신학 모두에 의해서 의혹스러운 것이 되거나 거부당하게 될지도 모른다는 두려움도 없지 않습니다. 그러나 제 생각이 무어라고 이름 붙여 불리어지든 간에 그것이 문제를 이해하려는 신앙의 노력인 것만은 분명합니다. 그래서 이 강연을 '신앙은 이해를 추구한다'(Fides quaerens intellectum)는 좌우명에 기초해서 해나갈 작정입니다. 아니면 여기에서 전제된 신앙의 이해라고 하는 것이 개신교적인 것이니까 '신앙 혹은 성실은 이해를 추구한다'(Fiducia or Fidelitas quaerens intellectum)고 해도 좋을 것 같습니다."

이 책의 저자의 가족과 편집자들은 리차드 H. 니버를 초대하여 마침내 이러한 책이 나올 수 있도록 로버트슨 강좌를 하게 해 준 글라스고우 대학교에 특별한 사의를 표하는 바이다. 얼 강좌를 하게 해준 퍼시픽 신학대학에도 마찬가지로 감사의 뜻을 표한다. 그리고 이 책의 두 곳에서(p. 151 이하 및 p. 181 이하) 각기 인용을 허락해 준 두 출판사 Charles Scribner's Son〈George Santayana가 집필하고 Justus Buchler 와 Benjamine Schwarts가 편집한 *Obiter Lectures, Essays and Review*(1936) 중에서 "궁극적 종교"(Ultimate Religion)〉그리고 Alfred A Knopf, Ins. 〈Eunice Tietjen 저, 「몸과 옷」(*Body and Raiment*, 1919)〉에도 감사를 드린다. 아울러 이 책이 출판될 수 있도록 격려해 주시고 한결같이 지원해 주었을 뿐만 아니라 마침내 발벗고 나서서 이 일을 위해 애써 준 유진 엑스만(Eugene Exman)과 멜빈 아놀드(Melvin Arnold) 두 분께 많은 감회를 지니고 깊은 감사를 드리지 않을 수 없음을 첨언하는 바이다.

리차드 R. 니버

「책임적 자아」에 관하여

제임스 M. 구스타프슨

「책임적 자아」(The Responsible Self)는 리차드 H. 니버의 윤리적 사상과 가르침 속에 있는 모든 것을 통합하면서 지속적으로 전개되어 가는 주제이다. 그가 일생 동안 이루어 놓은 사상을 어떻게 평가하든 "책임적 자아"라는 개념이 그의 사상의 중심적인 것이라는 사실은 바뀔 수 없을 것이다. 바로 이 주제 때문에 그는 기독교인의 행위에 대한 성서적 기초를 설명하는 것을 근본적인 소임으로 하는, 혹은 기독교 도덕의 모든 지식을 신학적인 교의에서 추출해 내는 그러한 도덕철학자가 될 수 있었다. 이 책에서 서술되고 있는 강좌에서도 그는 역시 그 주제를 다루고 있다. 그는 자기가 지니고 있는 기독교윤리사상이 근본적으로 어떻게 전개되어 나갔는가를 이 책에서 보여 주고 있을 뿐만 아니라, 30년 이상 예일 신학대학에서 그가 기독교윤리학 강의를 위해 마련했던 아주 많은 자료들을 이 강좌 속에 엮어넣고 있다.

그러나 리차드 H. 니버의 밑에서 공부한 경험이 있는 그의 제자들이라 할지라도 이 책이 그가 이미 강의한 강의 내용 중에서 어떤 특정한 부분을 발췌하여 전개하고 있는 것이라고 생각할 사람은 아무도 없을 것이다. 그럴 수밖에 없는 데에는 두 가지 중요한 까닭이 있다. 첫째는, 그가 강좌를 할 때마다 그는 자기의 강의 자료를 성실하게 재검토하고 재구성하기 때문이다. 즉, 그는 때에 따라 강의 내용을 다르게 구획짓기도 하고, 부딪힌 문제를 이전의 자기의 생각을 통하여 공부해 가면서도 새로운 양태의 생각을 발전시키기도 하며, 자기가 언급한 바를 최근에 읽은 책이나 지성의 지평(地平)에 새롭게 출현할 사상과의 관련에서 되살피곤 하기 때문이다. 그는 자기 자신의 생각만을 좇아 스스로 사색하는 것을 몹시 싫어했다. 그래서 그는 자기의 주요한 강의를 결코 판에 박은 듯이 되풀이하지 않았다. 그의 강의가 이렇게 변화하는 특성을 가지고 있기 때문에, 한 세대 동안 그의 강의를 들었던 학생들 중의 어느 누구도 그의 사상이 동일하게 중복되어 강의된 것을 한 번도 경험할 수가 없었다.

둘째는, 이 책에서 나타나고 있는 바와 같이 그의 일련의 강의안이 분명하게 '책임적 자아'라고 하는 주제에 초점이 모아지고 있기는 하지만, 바로 그 주제를 초점으로 하면서도 동시에 그것을 자기 사상의 많은 다른 안목들과 통합시켜 연결시키고 있기 때문이다. 그는 자기의 체계적인 기독교윤리학을 커다란 한 권의 책으로 출판하는 것이 좋을까 아니면 두세 권의 책으로 출판하는 것이 좋을까 하고 마음속으로 고심한 적이 있다. 이 로버트슨 강좌에서 그는 그 주제를 서로 연관된 각각의 표제를 통하여 자신의 체계적인 사상에 이르도록 하는 방법을 택하고 있다. 그런데 그가 이러한 방법이 아닌 다른 방법을 채택했다면 그는 아마도 자기 윤리학이 지니고 있는 보다 뚜렷하게 신학적인 요소들, 즉 신에 대한 응답, 창조주에 대한 응답, 통치자에 대한 응답, 구속자(救贖者)에 대한 응답 등의 주제들을 통하여 자신의 체계적인 사상에 이르려고 했을 것이다. 그러나 그의 체계적인 윤리학은 아주 잘 짜여져 있기 때문에, 이 곳에서 나타나고 있는 각각의 표제에서 보면 부수적일 수밖에 없는 그러한 신학적인 요소들에 대한 그의 사상이 그 각각의 표제에서도 흥미 있게 잘 드러나고 있다. 그렇기 때문에 이 책의 내용은 거의 전부가 "도덕적 삶의 구조와 역동성"(The Structure and Dynamics of Moral Life)이라고 하는 커다란 주제로, 그가 가끔 강의한 내용 중에서 추출된 것이면서도 철학적 윤리와 신학적 윤리와의 관계에 대한 자기의 견해, 목적론적 윤리학, 의무론적 윤리학, "응답의 윤리학"(response ethics) 등의 자기 나름의 윤리학의 유형론, 율법과 복음, 죄와 구원, 그리고 그밖의 많은 논제들에 관한 자기 견해의 중요한 요소들을 일괄해서 포함시키고 있다. 따라서 그의 사상에 익숙한 독자들마저도 이 책에서는 이제까지 그들이 한 번도 그로부터 들은 일도, 본 일도 없는 방법으로 그러한 많은 요소들이 책임적 자아라고 하는 주제와 연결되어 있음을 발견하게 될 것이다.

  이 책은 그가 윤리학을 근본적으로 어떻게 접근해 가고 있는가 하는 그 진수를 보여 주고 있다. 그는 기독교윤리학이란, 기독교공동체의 도덕적 행위를 반성적 사려에 의하여 비판하는 기독교공동체의 노력이어야만 한다고 이해하고 있다. 이러한 비판적 물음은 공동체 안에서의 도덕적 자기 판단의 과정에만 국한되어 있는 것도 아니고, 어떤 기대나 규범에 비추어 이루어지는 공동체적 삶의 평가 과정에만 국한되어 있는 것도 아니다. 이 물음은 오히려 보다 넓은 철학적 의미에서의 물음, 즉 공동체의 도덕적 삶 자체의 본성에 관한 물음, 공동체적 삶의 원칙들(어떤 사물이 현존할 때 그 현존이 가장 보편적으로 진실하고 본연적이라고 하는 의미에서의 원칙)에 대한 물음이다. 그러므로 윤리학에서 중심이 되는 것은 인간의 도덕적 실존을 현상학적으로 분석하는 일이다. 리차드 H. 니버는 이러한 현상학적 분석이 볼 수 있고, 들을 수 있고, 역사적으로 드러나는 기독교인의 도덕을 행태적으로 서술하는 것 이상의 것이라고 여겼다. 윤리학은 그저 기독교공동체의 구성원들의 도덕적 행위를 구술(口述)하는 것만은 아니다. 그것은 도덕적 영역에서의 기독교공동체의 삶과 행위의 근본적인 양태와 유형, 즉 신 앞에 있는 인간의 공동체로서의 특성에 일치하는 사유와 행위 방식을 드러내 주는 과제를 지니고 있다. 그렇기 때문에 니버가 "책임적 자아"라고 하는 주제를 발전시키면서, 신학자들보다는 오히려 철학자들에 대한 언급을 더 많이 하고 있는 것은 결코 놀라운 일이 아니다.

왜냐하면, 기독교 윤리의 본성을 묘사하려는 그의 건설적인 노력은 철학자들이 지니고 있는 관심, 즉 인간의 도덕성이라고 하는 보편적인 현상과 그에 대한 성찰을 주요 공통 대상으로 지니고 있기 때문이다. 그러므로 그가 기술한 것은 신학적인 논의를 위해 기여할 뿐만 아니라, 보다 광범위한 의미에서의 인간에 관한 논의를 위해서도 기여하고 있다.

동시에 이와 아울러 그는 역사적인 기독교공동체의 도덕적 행위에 대해서도 관심을 가지고 있다. 다시 말하면 교회생활, 유일한 신과의 관련에서 이루어지는 삶, 신의 아들인 예수 그리스도와의 관련에서 이루어지는 삶, 죄와 화해 속에서의 삶 등이 그것 자체로 도덕적 삶의 독특한 해석 양태로 주목을 받고 있는 것이다. 그러나 이 책에서는 이 독특한 종교적 주제들이 책임에 대한 보다 보편적인 도덕적 주제를 통하여 논술되어 있다. 따라서 그가 때때로 "기독교적 행위의 원칙"이라는 제목으로 강의한 바 있는 논의들이, 이 책에서는 완벽하게 천명되고 있기보다는 간접적인 시사로만 나타나고 있다. 그러므로 그가 이러한 주제들에 대하여 자세한 설명을 하는 것을 이미 들은 적이 있는 독자들은 그들이 기억하고 있는 내용들이 이 책에서는 상당히 모호해졌다고 느낄 것이고, 그러한 설명을 들은 적이 없는 독자들은 그가 기독교공동체의 신앙이 지니고 있는 중요한 주제들을 완전히 파악하지 못하고 있다고 생각하기 쉬울 것이다.

이 글을 쓰는 목적은 이 책에서 드러나지 않은 니버의 사상의 몇 가지 요소들을 밝히고, 또 충분히 다루어지지 않고 그저 잠깐 언급된 요소들을 좀더 전개시켜 보고자 하는 데 있다. 그러나 자기 자신의 생각을 좇아 생각을 이어나가고자 하지 않았던 스승의 생각을 가늠한다는 것은 누구도 불가능한 일이다. 본래 니버는 이 책을 첫 번째 책으로 하고, 두 번째 책에서는 "기독교적 행위의 원리"를 다루고, 세 번째 책에서는 결혼과 가정, 정치와 경제, 국제관계 등을 책임의 이념 및 신학적 원리의 이념 밑에서 다루는 "공동체의 삶에서의 기독교인의 책임"에 관한 것을 담기로 계획하고 있었다. 그렇기 때문에 둘째, 셋째의 주제들에 관한 자료들은 이 책에 포함되어 있지 않다. 그리고 이러한 사항들에 관한 언급을 우리는 이미 그의 육필로는 접할 수가 없게 되었다. 따라서 "책임적 자아"라고 하는 주제가, 니버가 지니고 있던 기독교 윤리에 관한 보다 포괄적인 체계적 사상의 다른 측면들과 어떻게 연결되고 있는가를 이 책의 독자들을 위하여 밝혀야 하는 일은 나에게 가슴아픈 책임이 아닐 수 없다.

"책임적 자아"의 배경

이미 출판되었거나 발표된 바 있는 니버의 글을 읽고 그의 사상을 익히 알고 있는 독자들은 이 책의 배경의 일부를 충분히 짐작할 수 있으리라 생각한다. 예를 들면, 그의 「그리스도와 문화」(*Christ and Culture*)[1]에서, 우리는 그 표제와의 관련에서 이루어지고 있는 기독교 윤리의 유형론을 감히 짐작할 수 있을 뿐만 아니라, 그 책의 첫 장과 마지막 장을 통해서는 니버가 기독교 윤리의 기능과 분야를 어떻게 이해하고 있었는가 하는 각별히 중요한 징표를 또한 찾아볼 수 있다. 그 곳에서는 사유의 우선권을 관계-인간의 신에 대한 관계, 신 앞에서의 인간의 인간에 대한 관계-에 두고 있다. 이와 같은 사실은 이 책에서도 나타나고 있다.

또한 그 책에서 우리는 윤리가 특별한 종교적 입장 및 역사적 입장에서 언급될 수밖에 없다는 필연성에 대한 그의 선언도 읽을 수 있다. 그는 관계적 가치 이론(relational value theory)을 "신에 대한 관계에서만 가치는 가치가 있다"(p. 18)고 하는 한마디 말로 진술하고 있다. 뿐만 아니라 그는 그 책에서 사랑의 자리를 믿음과 희망 안에다 두고 있으며, 아울러 그는 그 책에서 '신앙에서의 상대주의'(Relativism in Faith)의 의미와 그가 주장하고 있는 '사회적 실존주의'(Social Existentialism)의 의미에 대해서도 간략하게 기술하고 있다. 이러한 요소들은 좀 형태가 다르기는 하지만

---

1. New York ; Harper & Row, 1951.

이 책에서도 다시 나타나고 있다.

「극단적 유일신론과 서구문화」(*Radical Monotheism and Western Culture*)[2]에서는 모든 인간과 문화의 여러 양태들이 유일한 신의 주권 밑에 있음을 인정하면서도 인간과 문화의 여러 형태가 지니고 있는 상대적 권위를 어떻게 생각하고 살아야 하는가에 대하여 폭넓게 설명해 주고 있다. 그 책 속의 "가치의 중심"(The Center of Value)이라는 논문은 니버의 윤리학을 학문적으로 이해하는 데 빼놓을 수 없는 독특한 글이다. 이 논문에서 그는 자기가 주장하는 가치에 대한 이른바 관계적 이론, 혹은 사회적 이론을 전개하고 있다. 그 논문이 처음 발표되었을 때 있었던 그 글에 대한 비판에 답하면서, 그는 윤리학 영역에서의 자기 자신의 지적 자기 이해 (intellectual self-understanding)라고 함직한 사실을 스스로 밝힌 바가 있다. 그는 다음과 같이 말하고 있다. "철학적으로 말하자면 그 논문은 아리스토텔레스보다 미드(G. H. Mead)에게 더 빚을 지고 있고, 신학적으로 말한다면 나는 아퀴나스(Tomas Aquinas)보다 에드워즈(Jonathan Edwards, 존재에 대한 존재의 응낙이라는 그의 개념)에게 더 가깝다고 믿고 있다." 이 같은 그의 입장은 지금 예를 든 「극단적 유일신론과 서구문화」에서 더 충분히 밝혀지고 있지만, 지금 우리가 보고 있는 이 책도 그러한 미국적 입장에서 잉태된 것이다.

「책임적 자아」에서 반영되고 있는 그의 근본적인 사유 양태는 「교회의 목적과 교회선교」(*The Purpose of the Church and Its Ministry*)[3]에서도 나타나고 있다. 그 책의 첫 장에서 그는 교회와 교회의 목적(신의 사랑과 이웃의 사랑의 증가), 그리고 교회가 자신의 목적을 어떻게 생각해야만 하는가 하는 것을 설명하고 있다. 그런데 이 글은 기독교적인 삶의 본성에 관한 그의 사상이 얼마나 세련되고 학문적으로 완숙하게 다듬어져 있는가 하는 것을 잘 보여 주고 있는 논문이다. 그는 "관계의 삼상적(三相的) 양

---

2. New York : Harper & Row, 1951.
3. New York : Harper & Row, 1956.

태"(triadic pattern of relationship), "신앙에서의 상대주의"(relativism in faith), "존재에 대한 존재의 응낙"(consent of being to being) 등의 학문적인 술어를 사용하지 않으면서도 최근의 기독교 해석을 하고 있다. 그러면서도 그는 근사(近似)한 목표나 목적을 궁극적인 목표나 목적과 구별하는 것이 얼마나 중요한 것인가를 거듭 시사하고 있다. 신에 관한 지식 속에서 어떻게 우리가 신을 알게 되고 또한 인간을 알게 되는가 하는 문제에 대하여 니버가 어떤 생각을 지니고 있었는가 하는 데 대한 충분한 해석을 접하려면, 좀더 거슬러 올라가 「계시의 의미」(The Meaning of Revelation)[4]라는 그의 저서를 보면 알 수가 있다. 그 책을 조심스럽게 그리고 공감적으로 읽는 사람은 이 책에서 나타나고 있는 그의 사유방식을 더 잘 이해할 수 있을 뿐만 아니라, 이 책이 담고 있는 많은 미묘한 의미도 더 분명하게 파악할 수 있으리라고 생각한다. 이제까지 언급한 저서들 이외에도 이 강좌의 지적 배경을 독자들이 충분히 이해하는 데 도움이 되는 많은 중요한 논문들이 여러 출판 매체를 통해 발표된 바 있다.[5]

---

4. New York : The Macmillan Company, 1941.
5. 니버의 윤리사상을 이해하는 데 특히 중요한 논문들을 소개하기로 한다. 「종교 경험의 본성」(The Nature of Religious Experience), J. S. Bixler, R. L. Calhoun, H. R. Niebuhr 편(New York : Harper & Row, 1937) 안에 있는 "가치이론과 신학"(Value Theory and Theology) ; 「복음, 교회, 세계」(The Gospel, the Church and the World), K. S. Latourette 편(New York : Harper & Row, 1946) 안에 있는 "사회에 대한 교회의 책임"(The Responsibility of the Church for Society) ; 「종교개혁의 유산」(The Heritage of the Reformation), E. J. F. Arndt 편(New York : Richard R. Smith, 1950) 안에 있는 "복음주의적 및 개신교적 윤리"(Evangelical and Protestant Ethics), 「기독교윤리학」(Christian Ethics), Beach와 Niebuhr 공편(New York : Ronald Press, 1955) 안에 있는 그의 논문 "성서적 윤리"(Biblical Ethics)와 다른 논문들에 대한 그의 서론들 ; Theology Today, I (1944), pp. 78-87에 있는 "새로운 피안을 향하여"(Towards a New Otherworldliness) ; Journal of Philosophy, XLII (1945), pp. 352-359에 있는 "자-타(自-他)의 변증법과 양심"(The Ego-Alter Dialectic and the Conscience), Andover Newton Bulletin, XLVIII (1954), pp. 3-12에 있는 "신앙의 삼상(三相)"(The Triad of Faith) ; Church History, XXIII (1954), pp. 126-135에 있는 "계약의 이념과 미국의 민주주의"(The Idea of Covenant and American Democracy) ; 이밖에

이전에 발표되었거나 출판된 니버의 저술을 익히 아는 독자들이라 할지라도 이 책과 관련하여 새로이 문제들을 제기하고 싶은 사람들이 많으리라고 생각한다. 하지만 그렇다고 해서 독자들을 위해 나 자신이 그러한 문제를 제기하게 되면 결과적으로 그들의 지성을 과소평가하게 되는 셈이고, 또한 그러한 일이 이 소개의 글을 쓰는 본래의 목적일 수는 없는 일이다. 그럼에도 불구하고, 이 책의 배경을 보다 더 잘 이해하는 데 특별히 도움이 되리라고 판단되는 체계적 윤리학의 세 측면만은 제시할 수가 있으리라 생각된다. 그 첫째는 "이처럼 비판적이고 분석적으로 이루어진 기독교윤리학의 실용성은 과연 무엇인가?" 하는 물음에 대한 대답이고, 둘째는 "신 앞에서의 인간의 책임을 정교하게 천착(穿鑿)하는 데서 성서는 과연 어떤 자리를 차지하는가?" 하는 물음에 대한 대답이며, 셋째는 "우리는 우리의 역사적 경험 안에서 우리에게 행하시는 신의 모든 행위에 대하여 반응한다고 하는데, 우리는 그때 신이 그 속에서 자신을 우리에게 드러내시고 있다는 것을 어떻게 아는가?" 하는 물음에 대한 대답이 그것이다. 이들 세 측면을 절(節)로 나누어 살펴보자.

윤리학의 실용성

윤리학의 연구, 특별히 도덕적 행위의 본성에 대한 비판적인 탐구로서의 윤리학의 연구에서 우리는 무엇을 기대하는가? 우리가 도덕신학자들의

도 니버에 대한 비판적인 논문이나 그의 사상에 대한 해설적인 글로는 P. Ramsey 편, 「신앙과 윤리, 리차드 니버의 신학」 (Faith and Ethics, The Theology of H. Richard Niebuhr, New York : Harper & Row, 1957)을 볼 것. 이 책에는 니버의 윤리학에 관해서 집필한 Paul Ramsey, George Schrader, Julian Hartt, Waldo Beach, 그리고 James Gustafson의 논문들이 실려 있다. 니버의 제자 중의 한 사람이 그의 기독교윤리학의 여러 면을 요약해서 해설한 책이 있다. E. Clinton Gardener의 「성서적 신앙과 사회윤리」 (Biblical Faith and Social Ethics, New York : Harper & Row, 1960)가 그것인데, 특히 5장과 7장이 좋은 참고가 될 것이다.

노작에서 바라는 것은 무엇인가? 본회퍼(Dietrich Bonhoeffer)는 그의 저서 「윤리학」(Ethics)에서 도덕신학자들이 우리에게 해줄 수 있는 일의 의미의 한계가 어느 정도인가를 제시해 주고 있는데, 바르트(Karl Barth)는 그에 대한 깊은 공감을 지니고 이를 인용하고 있다.

  이 세상에 있는 사물들이 실제로는 어떤 한 모습으로 있지 않으면 안 되는데 불행히도 그렇지 않다고 하는 진술을 담고 있는 한 권의 책이 곧 윤리학이 될 수는 없다. 또 윤리학자가 다른 사람들보다 무엇이 행해져야 하는가, 그리고 어떻게 그것이 행해져야 하는가 하는 것을 언제나 더 잘 알고 있는 사람일 수도 없다. 윤리학은 전혀 예외가 있을 수 없다는 보장을 받은 도덕적 행위를 위한 참고서일 수도 없고, 윤리학자가 모든 인간의 행위에 대한 유능한 비판자이거나 심판자일 수도 없다. 윤리학은 그것이 있어 비로소 윤리적인 인간이라든가 기독교적인 인간이 생겨졌다고 보는 이른바 근원적인 물음에 대한 해답일 수도 없으며, 윤리학자가 원칙적으로 도덕적인 삶의 화신이나 이상형일 수도 없다.[6]

리차드 H. 니버는 본회퍼의 「윤리학」을 지탱하고 있는 신학적 기초를 마음에 들어하지 않았다(바르트의 입장에 대해서도 마찬가지였다). 그래서 그는 기독교인의 행위에 대한 비판적 성찰을 위해서는 바르트나 본회퍼에 의해서 제시되어 있는 것보다 더 넓은 바탕을 찾지 않으면 안 되겠다고 생각하였다. 그러나 그도 지적인 학문으로서의 윤리학에서 우리가 무엇을 기대할 수 있고 무엇을 기대할 수 없는가 하는 것에 대해서는 분명한 태도를 취하고 있다. 예를 들면, 이 책을 읽는 어떤 독자들은, 이러저러한 구체적인 경우에 책임적 자아는 과연 어떻게 행동해야만 하는가 하는 일종의 관례적인 규정을 찾아보려 할 것이고, 어떤 독자들은 책임적 행위란

---

6. D. Bonhoeffer, 「윤리학」(Ethics, London : SCM Press, 1955), p. 236 ; Barth가 그의 「교회 교의학」(Church Dogmatics) Ⅲ/4(Edinburgh : T. and T. Clark, 1961), p. 10에서 인용하고 있다.

어떻게 행동하는 것인지를 밝혀 주는 어떤 규칙을 찾으려 할 것이며, 또 다른 독자는 기독교공동체는 그리스도 안에 있는 공동체이기 때문에 다른 공동체보다 우월한 책임을 지닌 공동체라고 하는 확신을 이 책에서 찾아보고자 할 수도 있을 것이다. 그러나 이 책에서 그러한 것을 발견해 낼 수는 없다. 이 책은 다른 사람들에게 그들의 도덕적인 삶이 어떠해야만 한다고 하는 것을 결정해 주는 직접적인 실용성을 지닌 교범은 아니다. 도대체 윤리학이 그러한 것을 마련해 주는 것일 수가 없다고 하는 확신을 니버는 확고하게 지니고 있다.

인간의 행위에 대하여 보편적으로 적용될 수 있는 상세한 일련의 규정들을 니버의 윤리학에서 기대한다는 것은 불가능한 일이다. 특정한 경우에 따라 취하는 행동에 대해서도 마찬가지이다. 도덕적 삶에 대한 비판적 탐구자의 과제는 그러한 규정적인 법규를 만드는 일보다 훨씬 근원적인 데 있다. 그의 과제는 공동체의 도덕적 삶의 뿌리와 기본적인 특성을 드러내는 일, 즉 "그 삶의 풍토"(ethos)를 분석하는 일이다. 공동체가 지니고 있는 이러한 사실에 대한 서술이 이루어져야 비로소 무엇을 해야만 하는가 하는 데 대한 이해가 생겨나는 것이다. 그러나 그러한 이해가 생겨난다 하더라도 도덕적인 행위 규범을 일일이 지시해 주는 것이 도덕신학자들이 해야 하는 특별한 일은 아니다. 설혹 그러한 행위에 대한 안내자나 상담자로서의 기능이 도덕신학자에게 있다 할지라도 그 기능은 상식적으로 생각하는 것과는 아주 다르게 이해되지 않으면 안 된다. 왜 그럴까?

기독교공동체의 도덕이 다른 공동체의 도덕보다 더 좋다고 하는 실증도 없고, 기독교공동체의 기본적인 원칙이 다른 공동체의 그것보다 반드시 좋다는 증거도 없다. 니버는 기독교 윤리가 다른 양태의 윤리보다 우월하다고 주장하거나 기독교 윤리의 자족성(自足性), 즉 모든 도덕적 지혜를 성서나 예수 그리스도로부터 추출해 내면서 그렇기 때문에 기독교 윤리는 그것 자체로 충분하다고 주장하는 도덕신학자들의 노력에 대해 크게 분개하고 있다. 왜냐하면, 그러한 노력은 결국 기독교공동체의 자기 방어적인 태도로 귀결하든가, 아니면 그릇되게 과장된 믿음을 기독교공동체에 부여하게 될 것이기 때문이다. 기독교인의 도덕이 비기독교인의 도덕보다 우월하다거나, 기독교 윤리가 아리스토텔레스의 윤리보다 우월하다거나 하는 것을 판단하는 것은 신이 할 일이다. 기독교공동체가 자기의 윤리적 성찰에서 취해야 하는 진정한 자세는 자기 비판과 참회이지, 오만이나 과장은 아니다.

기독교 윤리는 기독교 신앙과 더불어 비롯한다. 니버는 그의 저서 「계시의 의미」에서 기독교 윤리에 대한 그의 주장과 기독교 윤리의 주장들을 그가 어떻게 한정짓고 있는가 하는 두 가지 사실의 배경에 대한 몇 가지 논거를 제시하고 있다. 이 논거에 의하면, 기독교적 확신을 가지지 않고는 우리 기독교인이 윤리적으로 사고할 수가 없는 것은 분명하다. 그러나 그렇다고 해서 그러한 확신이 분명하게 증명할 수 있을 만큼 모든 다른 확신들보다 우월하다고 주장할 수는 없다. 자기들이 도덕적인 지식을 지니고 있으며, 도덕적인 지혜를 개발할 수 있는 능력을 지니고 있으며, 다른 사람들에게 그들이 행하는 일들의 정당한 과정이 어떠해야만 한다는 것을 결정해 줄 수 있는 힘이 자기들에게 있다고 해서, 기독교공동체가 우월성을 주장할 수 있는 것도 아니다. 기독교 윤리의 독특성은 그 공동체가 고백하고 있는 신의 역사적 계시의 독특성이다. 그런데 이 계시가 신에 관한 지식에 대하여 다른 공동체가 주장하는 것보다 절대적으로 우월하다고 하는 것을 확인하거나 실증하려는 신학의 노력이 잘못인 것과 똑같이, 도덕신학자들의 그러한 노력도 잘못된 것이다. 따라서 윤리학의 과제는 신의 역사(役事)하심을 위하여 보다 우월한 기독교적 인간의 계획을 성취하려는 것이라기보다는, 오히려 신의 역사하심을 "파고 들어가는" (digging, 이 용어는 모리스〈F. D. MAURICE〉가 즐겨 사용한 것인데 니버는 모리스의 이러한 태도가 마음에 들어 이 용어를 적절하고 올바른 것으로 받아들이고 있다) 것이다. 그러므로 우선해야 할 물음은 "무슨 일이 진행되고 있는가?" 혹은 "신이 무엇을 하고 계신가?" 하는 물음이지, "우리가 무슨 일을 해야만 하는가?" 하는 물음은 아니다.

 그런데 만약 우리로 하여금 우리가 어떻게 행동할 것을 지시해 준다든가, 우리는 기독교인이기 때문에 이 세상에서 가장 좋은 도덕성을 지니고 있다고 확신하게 함으로써 우리들 각자가 개인적인 책임으로부터 벗어날 수 있도록 하는 일을 니버가 도와주지 않고 거절해 버린다면, 그의 윤리학은 과연 무슨 소용이 있는 것일까? 그는 다만 명상적인 지적 생활을 즐기고 있는 것일까? 그러나 분명한 것은 그가 가치 자체를 위해 윤리학을 공부하라고 하지는 않으리라고 하는 사실이다. 왜냐하면, 그의 가치 이론은 행할 만한 가치가 있는 것은 이미 인간과의 관계에서 그것이 가치 있는 것이기 때문에 가치가 있는 것이라고 시사하고 있기 때문이다. 그렇다면 윤리적 성찰은 실제로 무슨 소용이 있는 것인가?

 이 책에 대하여 공감적인 태도를 지닌 독자라면 이 책의 내용 속에서 이 물음에 대한 다소의 해답을 발견할 수 있을 것이다. 니버가 윤리학에서 발견하고 있고 또 주장하고 있는 하나의 가치는 그것이 자아 인식(self-knowledge)에 도움이 된다고 하는 사실이다. 물론 윤리학이 단지 자아 인식만을 위한 것은 아니다. 그것은 믿음이 그저 단순한 자아 인식일 수 없는 것과 마찬가지이다. 그러나 자아 인식이 윤리적 탐구와 성찰의 중요한 과제임은 분명하다. 실존주의자들이 지적이고 종교적인 행위에 대하여 지니고 있는 견해에서 우리가 친숙하게 발견할 수 있는 것도 바로 이러한 주제이다. 니버는 실존주의자들의 그러한 확신에 대하여 비판적이면서도 근본적인 데에서는 공감을 하고 있었다. 그러나 "무엇이 실재인가?" 하는 물음에서 "나는 누구인가?" 하는 물음에로 옮겨가는 것이 참으로 적절한 것이라는 것을 지적하기 위해서는 소크라테스마저도 주저 없이 인용하고 있다. 책임에 대하여 묻는 것은 우리 자신들에 대하여 묻는 것이다. 칼뱅(Jean Calvin)식으로 말하면, 기독교인의 경우 이러한 자아 인식은 신에 관한 지식과의 관계에서 생긴다. 그러나 니버의 경우에는 이러한 자아 인식의 본질이 바르트의 주장에서 나타나는 바와 같이, 신에 대한 우리의 지식에서부터 추출되지 않는다.[7] 윤리학은 신에 관한 우리의 지식과 관련되어 있는 우리 자신에 대한 지식이다. 그리고 자아 인식은 한가한 세월 속에서 자신을 갈고 닦아 나아가기 위한 사치가 아니라 책임적인 삶을 위하여 필수적이고 본질적인 것이다. 그렇다고 해서 자아 인식과 책임적인 삶과의 관계가, 마치 우리가 우리 자신들에 관한 선언에서부터 우리가 언제나 무엇을 해야 할 것인가 하는데 대한 후속 선언을 추출해 낼 수 있는 그러한 것임을 뜻하는 것은 아니다. 니버는 인간의 본성에 대한 일단의 정리(正理)를 설정하지도 않았고, 그러한 일단의 정리로부터 우리가 무엇을 해야 할 것인가 하는 데 관한 또 다른 일단의 정리를 추출해 내지도 않았다. 자아 인식은 보다 복합적이고 포착하기 어려운 방법으로 우리의 도덕적인 삶에 영향을 미치고 있기 때문이다.

니버에 의하면, 윤리적 분석과 관련하여 얻어질 수 있는 결과는 그러한 윤리적 분석이 온전성(穩全性, integrity)을 성취하려는 인간의 노력에 도움이 된다고 하는 사실이다. 도덕적인 인간은 그 자신의 인격적인 자리에서 언제나 삶이 전체적으로 완전하고 정돈된 것이기를 바라고, 그렇게 되도록 노력한다. 인간은 언제나 선이 무엇인지를 알면서도 그것을 행할 수 없는 사실과 직면한다. 가족이나 교회나 또 다른 어떤 집단이 자기에게 요청하는 것이 무엇인지를 알면서도 자기 개인의 욕망에 불타게 되는가 하면, 육체의 필요나 욕구에 부딪히면서도 그러한 필요나 욕구와 일치하지 않는 도덕적 자의식에 직면하고 있는 것이다. 그러므로 이러한 상황 속에서 이루어지는 도덕적 삶에 관한 성찰은 이러한 분열의 통일을 바라고,

---

7. 이 책은 바르트의 신학적 사유 양식과 니버의 신학적 사유 양식이 어떻게 다른가를 아주 뚜렷하게 보여 주고 있다. 니버의 머리말이나 본문에서 보면, 그는 그의 인간론을 기독론은 물론 성서에서조차도 추출해 내려 하지를 않고 있다. 니버가 비판하고 있는 또 하나의 신학적 시각(視角)은 W. Elert의 주장에서 잘 반영되고 있다. "근본적인 차이점은 신학적인 윤리가 인간의 자질을 오직 신의 기준에서 판단하고, 인간을 신이 보듯이 바라보는 데 반하여, 철학적 윤리학은 내용에서나 방법에서나 인간의 자기 자신에 대한 이해라는 사실에 있다." 「기독교적 에토스」 (The Christian Ethos, Philadelphia : Muhlenberg Press, 1957), p. 7.

가장 우선해야 할 자기 봉헌이 어떤 것을 위해 이루어져야 할 것인가 하는 것을 분별하며, 인격적인 온전성을 성취하려는 인간들을 도와줄 수가 있다. 윤리학에 대한 성찰은 우리가 늘 듣고 있는 다양한 명령들, 우리가 휘말려들고 있는 여러 가치관의 갈등, 그리고 유일하고 궁극적인 선(善, good)과의 관계에서 나타나는 모든 가치들의 상대성 등에 관한 분석을 통하여 이 같은 도움을 사람들에게 주고 있는 것이다. 뿐만 아니라 윤리학에 대한 성찰은 여러 가치들의 상호 관계에 대하여 우리가 어떤 결단을 행하고, 우리가 실제 살아가는 과정에 관하여 어떤 선택을 결단하는 데 우리에게 많은 도움을 준다. 그러나 그렇다고 해서 우리의 도덕적이고 개인적인 실존이 그 온전성을 이루도록 도와주는 것이 윤리적 사유의 원초적인 목적은 아니다. 그것은 다만 그러한 윤리적 사유의 중요한 결과일 뿐이다.

니버는 윤리학의 중요성을 이제까지 서술한 것과는 다른 각도에서 또 서술하고 있다. 그것은 윤리학적 성찰이 "정확한 행위를 할 수 있도록 도와준다"고 하는 것이다. 이 책에서 그는 우리의 도덕적 곤경의 한 측면으로 하마르티아(hamartia, 죄), 즉 "표적을 맞추지 못함"의 중요성에 관하여 언급하고 있다. 이것은 니버가 발전시킨 "응답의 윤리"(response ethic) 전체에 아주 적합한 개념이다. 여기에서 그는 비록 윤리학이 사람들로 하여금 언제나 표적을 맞출 수 있도록 보장해 줄 수는 없는 것이지만, 그것이 어느 정도의 정확성을 지니고 있는가 하는 그 정확성을 알기 위해서는 도움이 된다고 하는 것을 암시하고 있다. 예를 들면, 온당한 윤리적 성찰이 민주적인 사회에서 살아가는 인간들로 하여금 필연적으로, 그리고 쉽게 모든 시민이 동등한 권리를 가져야 한다는 목표를 이루게 할 수 있는 것은 아니라 할지라도, 자기들의 행동을 인간들이 그러한 목표에 의해서 하도록 도와줄 수 있는 것이다. 그것은 우리의 도덕적인 행동 속에서 일어날 수 있는 어떤 혼란, 예를 들면 삶의 경험 속에 있는 주관적인 내용(하나의 덕목으로서의 사랑)과 객관적인 가치(객관적인 선으로서의 사랑)와의 혼란을 피할 수 있도록 도와줄 수가 있는 것이다. 그것은 때때로 우리의 실천이 성 속에 내포되어 있는 과오, 특별히 우리가 조심스러운 성찰을 하지 않고 행하기 쉬운 행위의 목표와 과정에 관한 지나친 단순화의 과오를 깨달을 수 있게 해주며, 그러한 행위는 지극히 진부하고 상투적인 것임을 드러내 준다. 윤리학은 이처럼 하나의 공동체의 도덕적 삶 속에 있는 긴장과 갈등을 서술할 수 있도록 해준다. 그러나 그렇게 서술될 수 있다고 하더라도, 그러한 긴장과 갈등의 어떠한 것들은, 결국 해소가 되기는 하겠지만, 그리 쉽게 조화를 이룰 수 있는 것은 아니다. 윤리적 탐구는 목적의 어긋남을 해결해 주지도 않고, 어떻게 행동해 나아가는 것이 온당한 것인가를 결정해 주지도 않는다. 그러나 그러한 성찰은 인간으로 하여금 내적인 것이든 외적인 것이든 자기들의 도덕적인 세계를 객관화할 수 있도록 해준다. 그렇게 함으로써 그들의 행위에 대한 그들의 이해를 설명하게 해줌으로써 인간들의 행위가 효과적인 것일 수 있도록 기여하고 있는 것이다.

시종 일관성과 정확성을 유지하려는 몸부림은 개인적인 것이면서 동시에 사회적인 것이다. 니버는 「도덕 서설」(*A Preface to Morals*)에 실린 논문 "조상들이 지니고 있었던 질서의 붕괴"(The Dissolution of Ancestral Order)의 머리에서 리프맨(Walter Lippmann)이 아리스토파네스(Aristophanes)로부터 인용하여 사용하고 있는 "혼란은 제우스(Zeus)를 내쫓은 왕이다(Whirl is King, having driven out Zeus)"라고 하는 말을 인용하고 있다. 온전하기 위한 노력을 하는 것은 자아만이 아니다. 그 자아가 일부가 되고 있는 사회도 여러 방향에서 동시에 봉헌이 요청되고 있고, 각기 다른 가치들이 제시되고 있기 때문에 산산이 단편화되어 있다. 과학적 공동체가 지니고 있는 진리에 봉헌하고 있는 사람은 그 과학적 진리가 도덕적으로 의혹스러운 어떤 영향을 사회적 질서에 끼칠 수도 있으리라는 것을 간과해 버릴 수도 있고, 아름다움 자체에 자신을 봉헌하고 있는 사람은 예술가의 소명이 존재를 해석하는 사람이 되는 것이라는 이해에 쉽게 이를 수가 없을 수도 있으며, 실업계는 효용성과 생산성의 가치에 의해 지배되어 있어 진리와 아름다움의 가치를 전혀 보지 못할 수도 있다. 또한 종교공동체는 자기 내부의 제도적 생활을 추구하는 데만 열성적이어서, 신은 다른 것은 모두 배척하고 종교공동체만을 독자적인 영역으로 삼고 있는 존재라고 주장할 수도 있다. 어떤 의미에서 본다면, 대학은 그 안에서 제각기 다양한 목적과 시각(視角)을 지니고 서로 여러 학문이 경쟁을 하고 있기 때문에 현대 사회가 그 사회적 응집력을 결하고 있는 것을 잘 보여 주는 축소판이라고 할 수 있다. 그런데 이러한 상황 속에서 지적 사업이라고 할 수 있는 윤리학은 우리로 하여금 우리가 그 한 부분이 되고 있는 사회적인 세계에 대한 우리의 해석을, 순수한 사회학적 분석에 의해서가 아니라 윤리적 분석, 즉 불편하게 서로 경쟁을 하고 있고 갈등을 일으키면서도 함께 공존하고 있는 여러 가치, 목적, 목표, 도덕적 주장 및 동경들에 대한 분석에 의하여 더 분명하게 할 수 있도록 도와주고 있는 것이다. 물론 윤리학이 우리가 추구하는 가치들을 명료하게 등급을 매겨 보편적인 선택을 할 수 있도록 우선순위를 마련해 주는 것도 아니고, 사회적·도덕적 불일치가 낳는 긴장과 모호성을 조화롭고 아름다운 전일(全一)한 것이 되도록 하는 이상적인 사회의 설계도를 그려 주지도 않는다. 윤리학은 그런 것이기보다는 자신의 분석을 통하여 도덕적 실존에 대한 우리의 이해를 명료하게 해주고, 그리고 나서 우리로 하여금 사회적인 세계에서 보다 책임적인 자아가 될 수 있도록 해주는 것이다.

따라서 니버는 도덕적인 삶과 행위에 대한 윤리학적 분석의 즉각적이고 직접적인 효과보다는 오히려 간접적인 효과를 주장하고 있다고 말하는 것이 더 정확하리라고 생각한다. 윤리학은 우리로 하여금 우리들 자신이 책임적인 존재라는 사실, 그리고 우리의 세계는 인간 공동체의 책임적인 실존이 실현되는 자리라고 이해할 수 있도록 도와주고 있다. 윤리학의 실제적인 효용성은 인간의 행동이 보다 더 책임적일 수 있도록 의미와 이해의 양태(pattern)를 선명하게 해주고, 해석해 주며, 마련해 주는 데 있다. 어떤 독자들에게는 이러한 주장이 그들이 윤리학에서 바라고 기대하는 것과는 좀 다른 것으로 비쳐질 수도 있을 것이다. 이러한 윤리학은 이 세상에서 그들이 그들의 자유와 판단하고 행동하는 그들의 능력을 실천하는 데서 생기는 개인적인 책임으로부터 그들을 벗어나게 하여 그들로 하여금 안도할 수 있도록 그렇게 해주지 않기 때문이다. 그러나 각 개인이 개인적으로 책임을 지고 있는 것은 사실이지만 그렇다고 해서 한 사람 한 사람이 자기 홀로 내버려져 있는 것은 아니다. 윤리학의 지적 작업은 이 책에서 서술되고 있는 도덕적인 삶과 마찬가지로, 언제나 공동체 안에서 일어나고 있는 것이다. 즉, 윤리학은 다른 사람들과의 대화, 다시 말해 사유하는 인간이라면 의식하지 않을 수 없는 다른 사람들과의 대화이다. 그러므로 다른 사람들과의 소통은 윤리학의 작업 그 자체의 일부인 것이다. 바로 이러한 소통의 과정 속에서 세계를 도덕적 특성을 지닌 것으로 아는 이해는 특정한 개인의 도덕관과 도덕적 행위에 영향을 미치지 않을 수 없고, 그러한 개인의 행위를 통하여 윤리학은 사회적인 세계에 다시 영향을 미치게 되는 것이다.

기독교윤리학에서의 성서의 위치

그러면 기독교공동체의 도덕적인 삶을 비판적으로 분석하는 데에서 성서는 어떠한 위치를 차지하고 있는가? 이 책은 이 물음에 대한 명확한 대답을 하지 않고 있다. 이에 관한 니버의 대답은 오히려 「그리스도와 문화」, 그 중에서도 첫 장에서만 부분적으로 나타나고 있다. 그러나 독자들이 니버의 가르침을 직접적으로 다루어 보면, 이에 관한 대답은 더 명확히 얻을 수 있으리라고 생각한다. 비치(Waldo Beach)와 니버가 함께 편집한 「기독교윤리학」(*Christian Ethics*)의 서문인 "성서윤리학 서설"(Introduction to Biblical Ethics)에서 그는 이 문제에 관한 자기의 몇 가지 견해를 밝히고 있다. 신학이나 윤리학이 모두 성서를 중심으로 해서 논의되고 있는 오늘날의 정황에서 볼 때, 니버의 이에 관한 성찰에 대하여 언급하는 것은 일반적인 문제의 차원에서뿐만 아니라 성서가 기독교적인 행위 원칙의 실제적인 해설을 제시하고 있다고 주장하는 차원에서도 대단히 중요한 의미를 갖는 일이라고 생각한다.

기독교윤리학에서의 성서의 권위의 문제에 대하여 니버가 어떻게 접근하고 있는가 하는 것은 두 가지 다른 형태의 "성서주의"(Biblicism)와 구별해 보면 알 수가 있다. 첫 번째 형태의 성서주의는 자유주의 신학의 기독교윤리학이 주장하는 것이다. 이들은 윤리적 사상과 가르침의 근본적인 기초가 예수의 가르침 속에 있다고 말한다. 자유주의 신학의 전통은 윤리학을 위한 성서의 중요성을 이러한 예수의 가르침에 한정하는 경향이 있다. 좀더 범위를 넓힌다면 구약성서의 예언자들의 몇 가지 선언을 이 예수의 가르침에 덧붙일 뿐이다. 그러나 니버는 이와 반대로, 성서의 신학적 중요성의 회복을 주장하면서도 윤리학을 위한 성서의 권위를 도덕적인 사실을 다루고 있는 성서의 선언에만 국한시키지 않고 있다.

하지만 성서의 중요성을 회복해야 된다고 하는 것을 승인하는 그의 입장이 이른바 보다 새로운 형태의 성서주의에 이르고 있는 것은 아니다. 두 번째 형태의 성서주의는 유일하게 성서만이 인간의 윤리적 책임에 대한 지식의 원천이라고 주장한다. 그러한 입장에 서게 되면 사람들은 심각한 도덕적 행위나 사유를 할 때마다 그러한 행위나 사유에 대한 성서신학적 근거를 찾으려는 경향을 지니게 된다. 오늘날의 유럽 신학자들의 일부가, 예를 들어 국가의 권위에 관한 문제를 로마서 13:1 ~ 7을 다시 해석하거나, 혹은 에베소서나 골로새서에 나타나고 있는 기독론적인 본문(Christological text)으로부터 인간의 세계의 본성을 윤리-신학적으로 해석하기 위한 근거를 찾아냄으로써 해결하려고 노력하고 있는 것에 대하여 니버는 매우 부정적인 견해를 취하고 있다. 도덕적으로 현명한 어떤 것을 말하는 신학자들이 스스로 그러한 것을 성서로부터 얻었다고 생각하는 것처럼, 그렇게 오로지 성서로부터 도덕적인 지혜가 추출되는 것은 아니라고 그는 확신하고 있다. 그는 인간과 도덕적인 세계에 대한 지식은 철학에서뿐만 아니라 심리학 및 사회과학으로부터도 얻을 수 있는 것이라고 하는 폭넓은 열려진 입장을 취하고 있다. 더 나아가서 그는 성서에 대한 윤리적 중요성을 말한다 해도 성서적 용어는 이미 그 사실을 전달하지 못하는 것이 오늘날의 문화적인 정황이라고 하는 사실을 예민하게 지각하고 있다. 그렇기 때문에 그는 최근에 기독교윤리학을 저술한 여러 사람들 중에서 바르트, 본회퍼, 파이퍼(Otto Piper), 엘러트(W. Elert) 등과 기타 유럽의 루터교 신학자들은 인간의 책임의 본성이 지니고 있는 복합성을 언급하기에는 지나치게 성서적이기만 하거나 아니면 성서신학적이기만(고유한 종교개혁의 시각에서) 하다고 하는 사실을 지적하고 있다. 니버가 이 책에서 이 신학자들의 문헌을 자주 인용하지 않고 있는 것은, 무엇보다도 도덕적 실존의 본성이 무엇인지 알려고 하는 가장 중요하고 어려운 자리에 서서 볼 때, 그들의 저서들에서보다는 오히려 철학적인 저서들 속에서 그가 더 깊은 통찰을 얻을 수 있었기 때문이다. 그래서 그는 틸리케(Helmut Thielicke)가 당연히 기독교윤리학에 끌어들였어야 할 그러한 자료들을 향해 관심을 확대하고 연장시키려는 노력을 했을 때 그러한 노력을 즉각적으로 높이 평가했던 것이다.[8] 그는 자기 자신이 윤리학을 공부하면서 비교적 성서적 접근방법을 덜 따르고 있다는 사실에 대하여 불안해하지 않았다. 신학을 연구하는 동료들로부터 가해질지도 모르는 비판에 대하여 전혀 방어할 생각조차 하지 않을 만큼 그는 자신이 있었던 것이다. 사실상 그는 사람들이 말하고 싶은 모든 것을 반드시 성서에 근거하여 발언하지 않더라도 성서가 우리에게 이야기하고 있는 그 속에 우리가 이미 깊이 스며들어 있는 그러한 미국적인 신학의 풍토에서 찾아볼 수 있는 자유를 한껏 누렸던 것이다.

    그러나 그렇다고 해서 도덕신학자인 니버의 성서에 대한 태도가 불명확

---

8. 예를 들면, 「신학적 윤리」(*Theologishe Ethik*, Tübingen : J. C. B. Mohr [Paul Siebeck], 1958), pp. 62 이하를 볼 것.

했던 것은 아니다. 기독교인에게 성서는 당당한 권위를 지니고 있는 것이다. 신 앞에서 이루어지는 인간공동체의 삶을 묘사한 성서 자체 안에서도 경전은 권위를 지닌 것으로 나타나고 있다. 그러나 부분적으로 보면 그 권위가 불확실한 경우도 있다. 구약성서에는 권위적인 율법도 있지만, 이미 기록된 말씀에만 근거하고 있지 않은 살아 있는 말씀을 지닌 예언자들도 있다. 이러한 관점에서 보면 예수 자신의 가르침을 기록한 그 기록도 양면적인 것으로 이해할 수가 있다. 즉, 한편으로 예수는 "천지가 없어질 때까지, 모든 것이 완성될 때까지, 율법으로부터 한 점 한 획도 사라지지 않을 것"이라고 하면서 성서의 권위를 모아 놓은 산상설교에 보면 예수는 "너희는 그렇게 들었지만 …… 나는 이렇게 말한다."고 하면서 또 다른 권위를 이끌어들이고 있다. 그런데 사도 바울은 그의 기독교인으로서의 삶이 부활하신 주님에게 직접 참여한 바 있기 때문에 어떤 것에도 얽매이지 않는 자유로운 자리에 있었으면서도 성서의 권위에 의존하고 있다. 그리고 보면 기독교 도덕신학자들이 성서를 진지하게 취급해야 하는 것은 불가피한 일이다. 성서 자체가 성서를 신중하게 다루고 있기 때문이다.

그러나 그렇다고 해서 양적인 물음을 물을 수는 없다. 아무도 "성서는 얼마만큼의 권위를 지니고 있느냐?" 하는 물음을 온당하게 물을 수는 없는 것이다. 오늘날의 기독교윤리학이 당면하고 있는 과제와의 관련에서 볼 때 그러한 물음은 다른 때와는 달리 이해되지 않으면 안 된다. 우리는 성서가 예수의 도덕적 가르침에서뿐만 아니라 예언자들에게서도, 신과 백성들과의 계약사상 속에서도, 바울과 요한의 신학 및 윤리적 가르침 속에서도 중요하게 여겨져야 된다는 것을 알고 있다. 또한 우리는 성서를 읽되 기독교공동체의 윤리적 전통에 대한 우리의 이해를 가지고 읽는다. 그 전통도 성서와 아울러 권위를 지니고 있는 것이기 때문이다. 뿐만 아니라 우리는 아우구스티누스(Aurelius Augustinus), 칼뱅(Jean Calvin), 루터(Martin Luther), 웨슬리(John Wesley), 에드워즈(Jonathan Edwards), 모리스(F. D. Maurice), 그리고 현대의 신학자들의 저서들도 읽는다. 그런데 이러한 책들을 읽는 과정에서 분명히 도덕적인 주제는 아니지만 성서적인 주제들과 신학적인 주제들이 우리의 시야 속에 나타나게 된다. 예를 들면, 우리는 종말론이라고 하는 주제와 만날 수가 있다. 즉, 종말론 속에서 우리는 심판의 의미, 부활의 의미, 마지막 때의 의미 등을 생각하게 되며, 또한 하나의 공동체가 지닐 미래가 어떠하리라는 것을 믿고 있는 바를 미리 실현하는 장소로서 그 역사를 볼 때, 그 공동체의 삶이 과연 어떠할 것인가 등에 대한 관심을 가질 수 있다. 우리는 인간론이라고 하는 것은 무엇을 뜻하는 것인지, 그리고 신의 은총 안에 있을 수 있다는 것이 무엇을 뜻하는 것인지를 생각하게 되는 것이다. 따라서 예수의 특정한 도덕적 가르침과 신약성서에 있는 그 이외의 도덕적 가르침들은 일상적인 의미에서 성서적이라고 할 때와는 다른 보다 넓은 의미에서의 성서적 틀 안에서 이해되지 않으면 안 된다.

    니버가 저술한 「극단적 유일신론과 서구문화」를 읽은 독자들은 다만 한 분(One)만이 절대적인 존재이며 그 이외의 모든 존재들, 목적, 문화적 표상, 정치, 종교 등은 그 한 분과의 관계에서 볼 때 상대적일 수밖에 없다고 한 그의 주장을 익히 알고 있을 것이다. 성서가 지닌 권위의 한계를 그는 바로 이 같은 틀 안에서 시사하고 있다. 동시에 그는 이러한 틀에 근거하고 있기 때문에 이른바 성서주의를 받아들이지 못하고 있는 것이다. 다만 하나의 절대적인 힘과 권위(only one Absolute Power and Authority, 그는 가끔 권위라고 하는 것은 우리가 동의하면 우리에게 영향력을 행사하지만 우리가 동의하지 않으면 자발적으로 부정되어 버리는 그러한 종류의 힘이라고 말한 바 있다)만이 존재하기 때문에 우리는 성서에다 절대적인 권위를 부여할 수가 없는 것이다. 성서의 권위는 "간접적으로 도출된 권위"(mediate derived authority)이다. 교회의 도덕적인 삶이 경험 안에 있는 그러한 중재된 권위의 유일한 경우는 아니다. 과학이나 정치 안에서도 마찬가지로 다양한 권위들이 존재한다. 그러나 그 중의 어느 하나도 배타적으로 유일하게 지식과 통찰을 드러내 주는 원천은 아니다. 다른 어떤 공동체에서와 마찬가지로 교회에서도 어떤 하나의 권위는 배타적이지 않고도 독특한 것일 수가 있다. 성서가 차지하고 있는 자리는 바로 그러한 것이다. 즉, 성서가 차지하고 있는 자리는 어떤 다른 곳과도 중복될 수가 없다. 예수가 자신을 드러내 보여 준 곳은 성서 이외의 어떤 곳도 없다. 그렇기 때문에 기독교인의 도덕 관념에 대하여 이성이 지니고 있는 권위와는 분명히 다른 것이다. 따라서 비록 절대적이지는 않다 할지라도 기독교윤리학을 위하여 성서의 권위는 필수 불가결한 것이다.

그렇다면 성서의 권위를 기독교윤리학을 위해서 권위의 위계질서 속의 어느 한 자리에 정착시킬 수 있는 것인가 하고 묻고 싶은 사람이 있을 것이다. 즉, 성서가 "지휘 계통(the chain of command)의 어느 위치를 차지하고 있는가?" 하고 물을 수가 있는 것이다. 니버는 이러한 질문은 잘못된 물음이고 그릇된 기대를 가지는 데서 생기는 것이라고 말하고 있다. 공간적인 것을 지칭하는 용어를 사용한다면, 여러 권위는 서로 수평적으로 연결되어 있을 뿐만 아니라 수직적으로도 연결되어 있다. 즉, 교회의 권위는 성서의 권위와 병행하지만 성서 아래 있는 것이기도 하다. 기독교 도덕 안에 있는 권위를 단순한 도식으로 그리는 것은 불가능하다. 성령의 권위도 있고, 퀘이커(Quaker) 교도들에 의하여 가장 강력하게 주장되고 있는 바와 같은 직접적이고 직관적인 확신의 권위도 있으며, 우리의 본성과 연결되어 있을 뿐만 아니라 성경과 정반대로 도덕적인 사고를 하는 우리의 사유 방법과 연결되어 있는 이성의 권위도 있다. 또한 자연은 그것 자체가 기독교 도덕에 관하여 직접적인 권위를 지닌다. 즉, 우리의 삶은 자연적인 사회적 실존이기 때문에 바로 그러한 실존이 준수하도록 요청하는 어떤 규범이 있는 것이다. 그것을 어떤 신학자들은 자연법이라고 하고 또 어떤 신학자들은 창조 외 질서라고도 부른다. 그러나 이러한 여러 권위들을 선험적으로 보편적이고 영구한 위계질서로 정리하려는 노력은 그것이 어떤 것이든 기독교공동체 안에 있는 도덕적 실존의 현실을 훼손할 뿐만 아니라 결과적으로 그 현실을 왜곡하는 데 이르고 만다.

그렇다면 성서의 권위에 대해서 보다 적극적으로 언급될 수 있는 것은 어떤 것일까? 이 물음에 대한 대답은, 윤리학을 하나의 비판적인 학문으로 여기고, 인간의 실제적인 도덕적 삶을 위하여 그 윤리학이 얼마나 실천적인 효용성을 지니고 있는가 하는 것을 묻는 물음에 대한 대답과 같은 것이다. 성서의 권위는 오류를 범할 수 없는 것이 아니다. 즉, 성서의 권위는 책임적인 인간이 무엇을 말해야 하며, 무엇을 해야 하는가를 조금도 잘못이 없이 말해 줄 수 있는 그러한 것이 아니라 다만 "신뢰할 만한 것"(truthfulness)일 뿐이다. 성서의 권위가 도덕적으로 전혀 잘못이 없다고 주장하게 되면 도덕 문제에 관한 서로 모순된 성경 구절들 때문에 큰 싸움이 벌어질 수도 있을 것이다. 예를 들면, 이사야 2:4에는 "칼을 쳐서 보습을 만들라"고 되어 있지만 요엘 4:10에는 "보습을 쳐서 칼을 만들라"고 되어 있다. 이처럼 뚜렷한 어려움이 성서 자체 안에만 있는 것은 아니다. 해석자에게도 과오를 범할 수 있는 가능성은 충분히 있다. 하지만 성서는 여전히 신뢰할 만한 것이다. 왜냐하면 그것은 신 앞에서의 인간의 삶에 대한 의지할 수 있고 믿을 만하며 정직하고 신뢰할 수 있는 증언이기 때문이다. 따라서 성서는 유용한 것일 수가 있다. 그러나 그저 유용한 것이 아니다. 그것은 기독교공동체의 사상과 행위를 변화시키는 지도자의 역할을 담당하고 있기 때문에 유용한 것일 수 있는 것이다.

그렇기 때문에 우리는 이제 성서가 지니고 있는 "교육적 권위"(educational authority)에 대하여 말할 수가 있다. 교사들은 자기들을 매개로 하여 학생들이 보다 궁극적인 실재의 권위와 직접적인 관련을 맺도록 하는 역할을 한다. 성서의 역할이란 바로 이 같은 교사의 역할과 같은 것이다. 성서가 중요한 것은 성서가 무엇인지를 우리가 알기 때문이 아니라 인간에게 역사하는 신에 대한 지식, 그리고 신 앞에 있는 우리들 자신들에 대한 지식을 성서가 우리에게 제공해 주기 때문이다. 즉, 성서는 우리로 하여금 우리가 살고 있는 세계를 이해하게 해주며, 삶 자체에 대한 의미있고 다듬어진 견해를 가지게 한다. 마치 과학자가 그로 하여금 과학자일 수 있게 해주는 일정한 방법, 논리, 그리고 훈련의 권위 아래 있듯이 기독교공동체도 그 공동체의 도덕적 본체가 현실적으로 존재할 수 있게 해주는 성서의 강력한 권위 아래 있는 것이다. 성서의 다듬어줌이 없이는 공동체가 그리스도의 마음을 헤아려 본다는 것은 불가능한 일이다. 즉, 그 공동체가 성서를 연구하지 않고는, 신이 그 공동체를 책임적인 공동체로 부르고 있다는 것을 아는 것은 불가능한 일이다. 그러나 성서는 항상 자기가 중개하는 권위만을 지적하고 있다. 그래서 유능한 교사처럼 자신을 불필요한 존재로 만들려고 한다.

성서는 또한 "확증을 주는 권위"(corroborative authority)라고 언급될 수가 있다. 성서는 기독교공동체 및 그 구성원들의 판단과 행위의 정당성 여부를 가늠하는 법정이다. 양심이 오로지 성서의 연구에 의해서만 절대적으로 결정되는 것은 아니다. 그러나 기독교인은 양심의 문제를 성서에 가지고 와서 그 성서 안에서 판단을 받거나 확증을 얻는다. 기독교공동체도 어떤 다른 공동체와 마찬가지로 기만적인 합리화를 할 수 있고, 탈선되고 왜곡된 목적을 지닐 수가 있다. 이때 성서는 정당성의 법정이 되어 교회로 하여금 스스로의 탈선을 수정하고 진정한 목적을 확인하도록 도와준다. 성서를 이러한 확증을 위하여 사용하는 것은 다른 사례에서도 찾아볼 수 있다. 예를 들면, 토지에 관한 법률 정당성 여부는 그 정당성의 기초가 되는 헌법 앞에다 그 토지에 관한 법을 놓고 법원이 해석함으로써 가늠되는 것과 마찬가지인 것이다.

그러나 성서는 그 내용이나 기능 양면에서 아주 독특한 하나의 권위를 가지고 있다. 성서는 기독교공동체에서 그 어느 곳에서도 찾아볼 수 없는 신앙의 기록이다. 성서는 초월적인 한 분, 곧 우리의 역사 밖에 있으면서 우리와 마주하여 있는 한 분의 역사적 계시를 이야기해 주고 있다. 그것은 임마누엘의 이야기—신이 우리와 더불어 있다는 이야기이다. 그것은 또한 영에 관한 이야기, 내재하는 원리—우리 안에서 역사하는 성령에 관한 이야기이기도 하다. 따라서 성서는 우리의 신학을 마련해 준다. 그리고 신학이 없이는 기독교윤리학이란 있을 수가 없는 것이다. 인간의 도덕적 실존을 위한 궁극적인 권위를 이해하려면 불가결한 삼위일체적 양태도 성서 속에서 발견할 수 있는 것이다. 신은 창조주—힘이 드러나는 분—로 나타난다. 그러나 그러한 창조주 속에서는 선(善)이 불확실하다. 그런데 신은 우리와 함께 있는 신, 즉 아들로 나타난다. 그 안에는 선이 현존한다. 그러나 힘은 분명하지가 않다. 동시에 신은 성령으로 나타난다. 성령은 신의 현존을 드러내는 분이다. 그러나 그때 신의 궁극적인 본성은 신비 속에 은폐되어 있다. 그런데 성서는 수육(受肉) 속에서 힘은 선이며 선은 힘이라는 사실을 우리에게 보여 준다. 즉, 우리의 기독교 신앙과 삶은 신의 이 같은 선과 힘에 대한 이해에 근거하고 있는 것이다. 그러므로 성서는 신에 대한 우리의 지식과 그분 앞에서의 우리의 실존을 위한 독특하고 불가결한, 그러나 중재되고 파생된 권위이다.

성서 안에 담겨 있는 삶과 사상에 관한 이야기 속에서 나타나고 있는 신의 역사적 현현이 얼마나 니버에게 중요한 것인가 하는 것을 이 책을 읽는 독자들은 제대로 간파할 수가 없을 것이다. 그 같은 문제는 "기독교적 행위의 원칙"의 문제를 다룬 그의 윤리학의 두 번째 책의 내용이 되고 있다. 그러한 문제가 이 책에서는 다만 신에 대한 응답을 언급하는 속에서 함축적으로만 설명되고 있다. 따라서 저자 자신으로부터 직접적인 설명을 듣는 것은 불가능하지만 신이 우리에게 행하는 그의 모든 역사 속에서 어떻게 스스로를 드러내고 있으며, 그 역사하심에 대하여 우리는 우리의 행위 속에서 어떻게 응답하는가 하는 데 대한 니버의 해석, 즉 그렇게 행하는 신과 행함을 받는 신에 대한 니버의 해석을 묘사하는 것은 중요한 일이라고 생각된다.

우리에게 역사하는 신에 대한 응답

"책임은 인간에게 과해지는 모든 행위 속에서 신이 역사하고 있음을 긍정하는 것이다. 그러므로 인간에게 과해지는 모든 행위에 대하여 인간은 신의 역사하심에 응답하듯이 그렇게 응답하는 것이다." 니버의 이 같은 언급은 그의 기독교윤리학 강좌에서 그의 대부분의 문하생들이 가장 잊지 못하고 있는 주제이다. 이러한 언급은 그의 사상체계 안에서 가장 어려운 문제를 담고 있는 것이기도 하다. 그것은 미묘하고 암시적으로 직설법과 명령법을 종합하고 있다. 그리고 분명히 이 말은 기독교윤리학과 도덕적인 삶을 위하여 신학적 성찰의 과제가 얼마나 중요한 것인가를 진지하게 나누고 있다.

우리에게 역사하는 신에 관하여 니버는 어떤 때는 보다 많이 언급하려 하기도 하고, 또 어떤 때는 보다 적게 언급하기도 한다. 「계시의 의미」에서는 보다 성서적인 언어가 나타나고 있는데 반하여, 「극단적 유일신론과 서구문화」를 읽어보면, 신은 존재에 관한 추상적인 언어에 의하여 가장 잘 언급될 수 있는 것이라는 인상을 받는다. 그가 어느 때 발언한 것의 일부는 학생들이나 교인들이 신학적인 취미에 빠져 왜곡되어 있는 것을 알고 그에 대하여 응답한 것이기도 하다. 이 서문을 쓰는 것은 그의 사상의 강조점이 어떻게 바뀌어졌는가 하는 것을 서술하려는 것도 아니고, 그의 사색 속에서 지배적이고 일관하는 것이 무엇인지를 주장하려는 것도 아니다. 다만 그의 체계적인 강좌 속에서 끊임없이 반복되고 발전되어 온 그의 윤리학과 관련된 그의 신학의 주된 주제들의 윤곽을 그려보고자 하는 것이다.

우리는 니버가 다른 신학적인 윤리학과의 관계에서 무엇을 긍정하려 했고, 무엇을 회피하려 했는지를 살펴 볼 수가 있다. 그는 신은 행위자이며, 인간은 행위하는 자아이기보다 행위가 부과되는 존재라고 하는 루터의 주장을 깊이 받아들였다. 그러나 「그리스도와 문화」 제5장에서 지적하고 있듯이 니버는 신과 인간 및 세계와의 관계에 대하여 루터가 주장하는 개념이 지니고 있는 지나친 이원성, 곧 정의의 "적절한"(proper) 역사(役事)와 "부적절한"(alien) 역사, "두 영역"(two realms), 율법과 복음 등의 이원론을 포용할 수가 없었다. 니버는 아우구스티누스, 칼뱅, 에드워즈[9] 등이 자기들의 저술들에서 신의 주권을 긍정하고 있는 것을 통하여 자신의 삶과 사상의 심연을 종교적으로 그리고 신학적으로 알고 있었고, 스피노자의 철학적 결정론조차도 여러 점에서 그의 공감을 샀을 뿐만 아니라 그것은 그의 사색을 이끌기도 하였다. 그러나 신의 절대성과 주권에 대한 그의 언급이 결코 이러한 역사적 자료에 각주(脚註)를 붙인 것은 아니다. 그는 자유롭게 존재(Being)에 관한 언어를 사용할 수 있었다. 그러나 그는 그러한 언어의 자기의 용례(用例)를 틸리히나 아퀴나스의 용례와는 다른 것으로 구별하였다. 그는 이 점에 있어서는 에드워즈가 자기의 지적 스승임을 고백하고 있다. 유일신론에 대한 그의 기호(嗜好), 그리고 주권자인 신에 대한 그의 편향(偏向)이 그로 하여금 바르트가 예수 그리스도는 모든 사물이 그의 안에서, 그를 통하여 창조되었으며, 그에 의하여 지배되고 속량받는 그러한 유일한 분이라고 하는 단일한 강조를 하고 있는 광범위한 신학적 프로그램을 더 마음에 들게 했는지도 모른다고 생각할 수도 있다. 그러나 그는, 루터가 주장하고 있을 뿐만 아니라 브루너(Emile Brunner)의 책 「신의 명령」(*Divine Imperative*)에서 주장하고 있는 창조의 역사(役事)와 구속(救贖)의 역사 간의 명백한 이원론이 지나친 것으로 일축하고 있는가 하면, 또 한편으로는 바르트가 신의 창조의 역사, 지속의 역사, 구속의 역사 사이의 중요한 차이를 기독론의 포용적 배타성(inclusive

---

9. 니버의 신학적 배경에 대한 현존하는 최선의 분석조차도 그의 사상이 지니고 있는 아우구스티누스적 · 종교개혁적 · 에드워즈적, 그리고 미국적 뿌리에 관한 적절한 해석을 내려 주지 못하고 있다. 이에 관해서는 그의 사상적 배경을 집필한 저자 자신도 인정하고 있다. 「신앙과 윤리」(*Faith and Ethics*)에 있는 Hans Frei의 "니버의 신학적 배경(Niebuhr's Theological Background)"을 볼 것.

exclusiveness)에다 합치시켜 버린 것도 마찬가지로 비판적으로 받아들이고 있다. 니버는 모리스가 말한 것처럼 "사랑의 심연은 죽음의 심연보다 깊다"고 말하면서, 모리스가 그랬던 것처럼 사물의 순서에서 은총은 죄보다 앞서 있는 것이라고 확언할 수 있었다. 그러나 그는 그러한 자신의 확신이 바르트가 언급한 바 있는 이와 비슷한 확언이 이루어진 같은 성질의 신학적 본 고장으로 굴절되어 들어가도록 하지는 않았다. 뿐만 아니라 그는 두려운 심판자인 신도 간과하지 않았다. 이 같은 점들을 예거하자면 이 서론의 목적과는 상관없이 한없이 확대될 것이다. 니버는 대부분의 책들을 그 책의 저자에 대한 공감을 전제하고 읽었다. 그렇기 때문에 그의 신학적 성찰은 근본적으로 비논쟁적이었다. 따라서 그가 가장 혹독한 비판을 가한 사람들이 실은 그가 가장 많이 배운 사람들이었다. 그러나 그의 신에 관한 성찰은 점점 그의 칸트(Immanuel Kant)적인 지성과 트뢸치(Ernst Troeltsch)다운 지식에 의하여 비옥하게 되었다. 그러한 지성과 지식은 그로 하여금 신에 대한 언급을 아주 신중하게 다루도록 하였다. 즉, 자기 자신이나 어떤 다른 사람이 여러 존재(the Many)를 넘어서는 유일한 분(the One)에 대해서 언급하는 그 언급이 문자적 표현에 집착하지 않고 더 깊은 데까지 이르려는 진지성을 지니게 하였던 것이다.

"우리의 행위 속에서 우리에게 알려진 신은 누구인가?" 하는 물음에 대하여 대답하는 것은 어떤 의미에서 보면 "이스라엘 자손들에게 알려진 신, 예수 그리스도에게 알려진 신, 초대교회에 알려진 신, 역사(歷史) 안에 있는 공동체에 알려진 신은 누구인가?" 하는 또 다른 물음에 대한 답변이기도 하다. 윤리학에서의 성서에 관한 니버의 견해에 대하여 논술하면서 그가 근본적으로 삼위일체적 신앙 양태를 지니고 있다는 사실은 이미 지적한 바 있다. 신은 우리의 창조주이다—그는 자기를 힘으로 드러낸다. 신은 우리의 통치자이며 심판자이다—그는 자기를 질서로 나타낸다. 신은 우리의 구속자이다—그는 자기를 선과 자비로 나타낸다. 그런데 니버의 이같은 삼위일체적 주장이 방어적인 따위의 것은 아니다. 다시 말하면, 그가 자기의 정통성(그가 전혀 관심을 두지 않았던 문제이다)을 증거하기 위하여 삼위일체적인 윤리를 상술하려고 한 것은 아닌 것이다. 또한 그는 성서에서 신이 인간에게 나타나는 모습이 삼위일체적이라는 것을 도출해 내기는 했지만 그렇다고 해서 바로 이러한 사실에 입각하여 "그렇기 때문에"라고 하는 사유방식에 이르지도 않았다. 즉, "신은 성서적으로 볼 때 삼위일체적인 방식으로 자기를 나타내고 있다. 그러므로 우리는 삼위일체의 교리를 마련하고 그로부터 어떻게 신이 오늘날 우리를 다스리고 있는가 하는 선언을 유도해야 할 것이다" 하는 투의 논리를 전개하지는 않았던 것이다. 그의 신학적인 윤리학에서는 신앙의 삶과 사유의 삶이 어떠한 공허한 교리적 사유를 인정하는 것보다 더 밀접하게 통합되어 있다. 신은 성서가 그를 우리의 창조주이고 통치자이고 구속자라고 말하고 있기 때문에 그러한 분인 것이 아니다. 성서 안에 나타나고 있는 사람들의 삶에서 발견할 수 있는 것은 곧 현재의 신앙의 삶 속에서 발견할 수 있는 것이기도 하다. 그러므로 성서 속에 있는 사람들에게 신이 자기를 계시한 것을 이해하는 것과 같다. 즉, 우리에게 행하는 신의 역사를 지각하는 것은 성서적 사건 속에서 신이 행한 행동을 아는 것이기도 한 것이다.

그렇기 때문에 니버에게 있어서 신을 삼위일체적으로 이해하는 것이 중요했던 것을 기독교 사상사가 지니고 있는 어떤 이념형을 그가 지속하고 있었던 것이라고 이해해서는 안 된다. 그것은 도덕적 공동체의 현재적인 경험 자체를 신에 대한 응답으로 이해하고 있는 그러한 경험의 일부이다. 그것은 마치 성서시대(Biblical times) 이후 그러한 삼위일체적 이해가 공동체의 경험의 일부가 되어 왔던 것과 같은 것이다. 그런데 그는 이러한 사실을 설명하고 제시하면서도 윤리학이 지니고 있는 이 같은 신학적 측면이 객관적이고 형이상학적인 문제들을 제기하고 그러한 문제들에 대한 합리적인 해결들을 추구하는 순수한 지적 작업이라고 하는 인상은 주지 않고 있다. 니버는 자기 제자들에게 철저한 개인적인 느낌 속에서 신이 자기의 창조주이며, 자기의 지탱자이며, 자기의 심판자이고, 자기의 구속자임을 전달하곤 했다. 그러나 이 같은 개인적인 느낌, 그리고 이러한 종교적이고 도덕적인 의식이 현존하면서도 그에게 있어서의 신은 어떤 사적(私的)인 것, 혹은 배타적으로 제한적인 것이 되지는 않았다. 신은 거대한 자연의 신이고, 복합적인 역사적 사건의 신이며, 생명의 신인 것과 마찬가지로 죽음의 신이기도 하다.

신과 세계와의 관계를 마치 그 관계가 그것 나름의 독특한 역사적 연대기(年代記)를 지니고 있는 것처럼 언급하는 것은 니버의 설명이 지니고 있는 특성이 아니다. 사실, 그의 계시관은 신의 역사하심을 어떤 시대 구분에 따라 나누는 것을 허락하지 않고 있다. 즉, 신은 처음에 세상을 창조했고, 그 다음에는 세상을 다스리시고 심판하시며, 다시 그 다음에는 세상을 속량하는 것처럼 그렇게 나누지도 않고 있는 것이다. 분명히 신은 세상을 창조하였다. 그러나 그 창조주는 동시에 통치자이며 구속자이다. 그는 언제나 그랬다. 그리고 그는 그가 다스리고 속량하는 세계 속에서 끊임없이 창조적이다.[10] 지탱자, 심판자로서의 역사하심은 곧 창조주와 구속자로서의 역사하심이다. 구속자로서의 신의 행위는 창조주와 지탱자로서의 행위인 것이다.

신이 지금은 자기를 창조주로 나타내고, 그 다음에는 그 당대의 공동체에게 구속자로 나타나면서, 그의 현존이 마치 그가 이 쪽 얼굴을 보였다가 다음 순간 다른 쪽 얼굴을 보여 주는 구분된 순간들로 나뉘어질 수 있는 것처럼 신을 시사하는 것도 니버의 특징은 아니다. 신은 동일한 때, 동일하게 우리에게 과해지는 행위 속에서 우리의 창조주이고 통치자이며 구속자로 현존한다. 바로 이 점에서 그가 루터교의 교리에 만족하지 못했음이 분명하게 드러나고 있다. 즉, 그들의 신에 대한 좌우 편향적인 견해, 곧

---

10. 니버는 기독론에 대한 어떠한 정확한 설명도 우리에게 남겨주지 않았다. 어쩌면 의도적으로 그랬는지도 모른다. 그러나 많은 그의 제자들은 그의 신학적인 주제들이 특히 기독론 중심적인 오늘날 기독론을 통해(니버는 이러한 경향이 과도하고 비참한 것으로 보았다) 어떻게 서로 관련되고 있는지 알기 위하여 그의 기독론을 계속 추구하고 있다.

한편으로는 창조주이며 통치자이고 또 다른 한편으로는 구속적인 그러한 신관(神觀)은 신이 단일하신 분이라고 하는 데 대한 니버의 느낌, 그리고 신의 창조 행위 속에 이미 속량이 현존해 있었다고 하는 느낌, 신의 구속 행위가 모든 것을 제대로 정리해 주리라고 하는 것에 관한 느낌, 신의 심판 안에 있는 은총, 그리고 신의 은총 안에 있는 심판에 관한 그의 느낌을 어지럽히는 것이었다. 더욱이 니버에게는 신의 구속의 역사(役事)가 인간의 개인적인 죄에 대한 자비로운 용서와 신과의 새로운 인격적 관계의 회복에만 한정된 것이 아니었다. 구속자는 개개인 간의 개인적인 죄의 용서에 임해 있듯이 정의의 수립을 통하여 세계를 질서 있게 하는 곳에도 현존해 있는 것이다. 그러므로 신은 이스라엘에 있는 신의 자손들에게 임재해 있듯이 그렇게 기독교 교회 안에 있는 그의 자녀들에게도 임재해 있는 것이다. 뿐만 아니라 신은 기독교권인 서방세계에서와 마찬가지로 세계의 비기독교적 지역(문화적인 의미에서)의 사건들 속에서도 창조주로, 지탱자로, 심판자로, 구속자로 활동하고 있는 분이다.

그러나 신학적이고 윤리적인 분석을 하기 위해서는 창조주인 신에 대한 우리의 응답과 통치자인 신에 대한 우리의 응답, 그리고 구속자인 신에 대한 우리의 응답 등을 구별할 수가 있다. 우리가 신이 한 분임을 부정하지 않으면서도 신이 삼위일체임을 승인할 수 있듯이, 각 응답이 서로 완전히 분리되어 있고 단절되어 있는 것이라고 판단하지 않고도 그 응답의 특성을 분석할 수가 있는 것이다. 그래서 니버는 자기의 기독교윤리학을 가르치면서 "창조주인 신에 대한 응답," "통치자인 신에 대한 응답," "구속자인 신에 대한 응답"으로 장을 나누어 전개시켰던 것이다. 이러한 주제 밑에서 서술된 그의 전형적인 내용을 간략하게 살펴보기로 한다.

기독교인의 신앙과 삶 속에 신은 모든 사물의 창조주로 인식되고 있다. "존재하는 것은 어떤 것이든 좋은 것이다"라고 하는 것은 니버의 사상이 지니고 있는 공리(公理)이다. 그리고 이 같은 공리는 그로 하여금 세상에 관한 그의 첫 번째 응답이 세상에 대한 수용적이고 긍정적인 성향을 지니게 해주었다. 창세기에 있는 창조 설화를 통하여, 시편의 증언을 통하여, 그리고 인간과 사물에 대한 예수의 가치 부여를 통하여(예수의 생애와 가르침을 보면 우리는 이 사실을 알 수 있다.) 인간은 첫째로 각기의 사물이 그 나름대로 독특성을 지닌 좋은 것이며, 둘째로 그러한 모든 사물들은 서로의 관계 맺음 속에서도 좋은 것이라는 사실을 긍정할 수가 있는 것이다. 성서에서 증언되고 있는 것은 실은 삶 속에서 그렇게 증언되고 있는 것이다. 죄인조차도 좋은 사람이다. 죄인이라 할지라도 의로운 사람이 결코 할 수 없는 어떤 다른 방법으로 그는 다른 사람을 위하여 선할 수가 있는 것이다. 이 같은 사실은 아우구스티누스, 기독교 시인들, 성 프란시스(St. Francis), 울만(John Woolman), 그리고 죄에 의하여 황폐하게 된 인간의 폐허조차도 고귀하다고 하는 칼뱅의 확신 속에서도 증언되고 있다. 그러므로 모든 사물을 좋게 만든 그 한 분은 스스로 그의 창조 속에서, 그리고 그의 속량하는 역사(役事) 속에서, 사랑을 하는 유일한 존재로 사람들에게 알려지도록 한다. 우리는 신에 의하여 비로소 귀중한 존재가 된다. 그 밖의 창조물도 마찬가지이다. 따라서 우리는 우리 자신의 가치에 대한 편견에 빠지지 않고도 세상의 좋음을 사랑할 수 있을 만큼 자유로운 존재인 것이다.

신이 사랑으로 창조하신 것에 대한 우리의 사랑의 응답은 여러 단계로 분석될 수가 있다. 우리는 존재하는 것을 그저 받아들이기만 할 수가 있다. 그것은 최종적인 심판은 우리들 자신의 일이 아니라고 하는 것을 확인하는 것이다. 그러나 이 단계를 넘어 우리는 또한 우리들 자신, 이웃, 그리고 우리의 적(敵)마저도 긍정할 수가 있다. 자연의 세계도 긍정되어야 한다. 사실, 기독교 종말론에서 보면 새 하늘과 새 땅의 긍정과 상관 없이 하늘과 땅이 사라지기를 바라는 것은 아니다. 세상의 긍정은 그 세상을 이해하려는 욕망에 이르게 한다. 인간은 받아들이고, 긍정하고, 그리고 나서 "여기 무엇이 존재하는가?" "여기에서 언급되고 행해지는 것은 무엇인가?" 하고 묻는다. 신앙에 의하여 불러일으켜지는 좋은 세상에 대한 사랑은 그 다음으로 "과학적"인 응답에 이른다—즉, 인간들의 세계, 역사적 사건들의 세계, 자연의 세계에 대한 이해에 이르는 것이다. 더 나아가 창조주인 신의 행위의 좋음에 대하여 인간은 세상을 경작(cultivation)하는 것으로 응답한다. 즉, 세상을 되어져감의 상태 속에 두는 것이다. 인류 문화 전체는 아직 형태를 갖추지 못한 세계에다 갈고 닦는 교화의 행위를 부과하는 것, 혹은 그 세계를 틀을 잡아 나아가는 과정 속에다 두는 것이다. 기독교인은 세상을 "돌봄"(tending)으로써 응답한다. 즉, 인간은 그가 세상을 경작하는 자이고 돌보는 사람이지 세상의 창조자는 아닌 것이다. 그런데 끝으로 지적해야 할 것은, 인간은 그 자신이 창조적일 수 있는 가능성을 지니고 창조되었다고 하는 사실이다. 창조적인 신에 대한 인간의 응답은 인간이 자기의 한정된 창조성을 가지고 신의 창조 행위의 현실에 참여하려는 것이다. 그는 창조주가 사물을 만들었듯이 그렇게 사물을 만든다. 뿐만 아니라 인간은 이전에 존재하지 않았던 사물을 만든다—하나의 교향곡을 작곡한다든지 기계를 만든다든지 하는 것이 그러한 것이다. 그런데 이러한 매 단계마다, 특별히 창조적인 단계에는, 우상숭배에의 유혹이 따른다. 즉, 이러한 맥락에서 보면 그러한 유혹은 다른 것이 아니고 우리가 다만 응답자(responders)라고 하는 사실, 즉, 우리는 창조주인 신에게 응답하고 있을 뿐이라고 하는 사실을 망각하는 유혹이다. 그러나 창조주인 신의 행위에 의하여 가능해진 선에 대한 열려지고 참으로 즐거운 응답의 가능성을 죄의 현실성에 부정하는 것은 아니다.

인간은 지탱자이고 심판자인 신, 곧 주권을 지니고 있는 통치자인 신에 대해서도 응답한다. 그것은 부분적으로 말하면, 인간이 질서 있는 삶에 대하여 응답한다고 하는 것이다. 자연법에 기초한 윤리학, 창조의 질서에 기초하고 있는 윤리학은 도덕적 실존의 이러한 측면을 특별히 강조한다. 그러나 그러한 윤리학들은 제각기 그 왜곡된 경향과 뿌리깊은 난점들을 지니고 있다. 부조리한 인간이 과연 세계가 지니고 있는 본질적이고 올바른 질서를 분간할 수 있는가 없는가 하는 문제도 있고, 세상을 동태적으로 보는 것이 아니라 정태적으로 보는, 즉 창조 속에서 질서지워져 나아가는 행위로 사물을 보기보다는 존재하는 사물이 단번에 질서정연하게 된 창조로 생각하는 경향도 있다. 또한 언제나 질서를 가치 중립적인 무제약적 시각에서 보기보다는 특정한 역사적 관점에서 보려는 필연성을 가지고 있으며, 창조의 윤리와 속량의 윤리를 지나치게 날카롭게 구분하려는 경향도 지니고 있다. 로마 가톨릭, 루터교, 브루너 등에게 공통된 것이 바로 그러한 구분인 것이다. 결국 율법과 질서의 윤리학에서는 독특하고 개별적인 조건들 안에서 출현하는 역사적 현실을 강조하기보다는 보편적인 양태 (universal pattern)를 강조하는 경향이 있다. 그러나 그러한 윤리학의 관심 속에는 결코 우리가 상실하지 말아야 할 타당한 주장이 있다. 인간은 일정한 한계와 가능성 안에서 질서지우는 일에 참여하고 있다는 주장, 그리고 인간은 신의 통치와 일치하는 인간관계의 구조에 참여하지 않으면 안 된다고 하는 주장이 그것이다.

도덕적 행위란, 우리를 다스리는 신의 통치 행위에 대한 응답으로 인간이 행하는 인간의 행위이다. 신이 우리의 통치자로서 행위하는 가장 뚜렷한 모습으로 나타나는 것은 인간이 한계와 유한성을 경험하는 데에서이다. 우리는 우리를 한정짓는 다른 존재들과 만나거나 우리의 한계를 지각하게 하는 다른 존재들과 부닥칠 때 비로소 우리의 유한성을 의식하게 된다. (니버는 인간이 비존재 자체와 조우하는 것이 아니라 다른 존재와의 관계 속에서 자기들의 한계와 만나는 것이라고 믿고 있다.) 인간은 육체적으로 유한하다. 그는 자기를 지탱해 줄 바닥이 있어야 한다든가 숨실 공기가 있어야 한다든가 하는 것을 경험하면서 자기가 무엇엔가 의존하지 않으면 안 되는 존재임을 이해하게 되고, 그러한 이해 속에서 자신의 육체적 능력의 한계와 만나는 것이다. 그는 또한 자기가 존재하기 위해서는 필수적인 자기 부모의 존재, 그리고 자기를 죽음으로 이끌 어떤 힘 등을 경험하면서 시간적인 차원에서의 자기 육체의 한계와 만난다. 인간은 정신적으로도 유한하다. 다른 사람의 생각을 꿰뚫어 보는 인간의 능력은 자기 자신의 지성의 한계에 의해서 제한되어 있을 뿐만 아니라 자기 자신의 것으로 삼을 수 없는 다른 사람의 경험의 여러 측면 때문에도 한정되어 있다. 자연계에 대한 우리의 사유도 우리가 생각하는 대상의 현실성에 의하여 제한되고 있다. 인간은 또한 자기 자신의 자아성(selfhood) 안에 한정되어 있다. 즉, 그의 행위는 그의 의지의 능력에 의하여 제한되어 있고, 그의 정서는 그의 이성을 제한하고 있는 것이다. 뿐만 아니라 인간은 그의 실존 안에서 나-너 관계의 필연성에 의하여 한정지워져 있다. 자아는 자기 자신의 실존을 위하여 다른 자아와의 대화에 의존하고 있다. 자아는 승인과 인정을 요청하는 다른 자아들과 부닥치고 있는 것이다.

인간의 삶이 지닌 사회적 영역에서도 이와 비슷한 분석을 할 수가 있다. 미국의 역사적 가능성은 미국 자체의 역사적 과거, 미국의 자연 자원, 현재 미국이 다른 나라들과 어떻게 조우하고 있는가 하는 것 등에 의하여 제한되고 있다. 우리는 우리의 문화적 유산에 의해서도 제한되고 있다. 그것은 우리가 어떻게 있어야 하고 어떻게 행동해야 할 것을 비록 부분적으로나마 허용하는 틀이 되고 있는 것이다. 우리는 또한 기술공학에서 우리들이 성취한 우리 자신들의 성공에 의해서도 제한되어 있다. 기술공학은 무기를 통하여 혹은 자연의 오용(誤用)을 통하여 우리가 도달하고 있는 자아 파괴에 대한 공포를 만들고 있다. 우리는 우리에게 적대적인 러시아와 기타 다른 국가들의 존재에 의해서도 제약을 받고 있다.

신은 우리에게 과해지는 다른 사람의 한계에 의해서 뿐만 아니라 그 다른 사람의 존재를 한정지으려는 우리의 몸, 우리의 마음, 우리의 관계, 우리의 국가적 실존 등을 사용하여 세계를 통치한다. 마치 아버지가 자기 가족을 위하여 책임을 져야 하는 자신의 입장에 의하여 한정지워지듯이 가족은 또한 그 아버지의 행위에 의하여 제한을 받는다. 우리의 동맹국들은 그들의 자율성과 동일성을 유지하려는 관심을 가지고 우리를 제한한다. 마찬가지로 우리도 그들을 제한한다. 즉, 그들이 우리의 지지에 의존하고 있다는 사실을 가지고 그들을 제한하는 것이다. 마치 우리의 행위가 러시아에 의하여 한정되듯이 러시아의 행위는 우리의 힘에 의하여 제한되고 있는 것이다.

　니버가 신의 통치 행위의 한계를 그것이 지닌 부정적인 내용만으로, 즉 유한성에서 비롯하는 위협으로만 이해하고, 또 해석하고 있는 것은 아니다. 유한성이 짜는 직물(織物)은 지탱해 주는 지주(支柱)들로 이루어진 직물이기도 하다. 신은 신이 아닌 다른 존재를 통하여 나타나는 객관적인 힘을 가지고 우리를 통치하는 그러한 통치자이기도 하고, 다른 것들을 향하여 우리의 실존을 유지하고 앙양시키는 그러한 지탱자이기도 하다. 인간은 자기에게 과해지는 다른 존재의 한계를 통하여 아픔과 고통을 경험할 뿐만 아니라 그들을 통하여 기쁨과 긍정을 경험하기도 한다. 인간은 사람들의 실존에다 아픔과 고통을 줄 뿐만 아니라 동시에 그들을 지탱하고 그들에게 기쁨과 선을 가져다 주기도 하는 것이다.

　한계의 정황은 어디에나 있는 보편적 현상이다. 그리고 그것은 불신앙(不信仰) 속에서 응답될 수도 있고, 신앙 속에서 응답될 수도 있다. 불신앙 속에서는 그 한계의 정황에 대한 응답이 "당신의 뜻이 아니라 나의 뜻이 이루어지이다" 하고 사람들이 이야기하는 그러한 투쟁에 이를 수도 있고, 세계를 두 개의 진영, 곧 우리들의 세계와 우리들의 적의 세계 그리고 우리의 선과 다른 사람들의 악이라고 하는 배타적인 두 개의 진영으로 나누어 버릴 수도 있다. 예를 들면, 이러한 입장은 국제 관계를 이해하는 데도, 신이 우리나라와 동등한 강력한 힘을 지닌 다른 나라의 존재를 통하여 어떻게 우리를 다스리고 있는지, 또 그러한 강력한 힘의 존재가 그러한 힘을 지닌 그 나라 자체를 위해서는 물론 우리나라를 위해서도 어떻게 유익할 수 있는지를 전혀 살펴보려 하지 않는다. 뿐만 아니라 불신앙 속에서는 인간이 지니고 있는 도덕적 문제의 핵심은 오직 자아 안에, 즉 자아의 의지 안에만 있는 것이라고 생각한다. 그래서 도덕적으로 민감한 불신자는, 선의 적은 인간의 관계성이 지니고 있는 복합성이 아니라 개인적인 무능이나 욕망의 힘이 지니고 있는 것으로 믿어, 도덕적 질서를 잘못 해석하는 경우가 많다. 스피노자(Baruch Spinoza), 톨스토이(Leo Tolstoy) 같은 예리한 정신의 소유자들도 이러한 방향으로 기울어졌던 것 같다.

그러나 인간은 신앙 속에서도 그 한계의 정황에 응답할 수가 있다. 니버가 지지하고 있는 극단적 유일신론의 신앙은 주권을 지니고 모든 것을 통치하는 그러한 신에 대한 신앙이다. 따라서 그러한 신앙에 의하면, 이 지상에는 신의 힘 이외의 어떠한 힘도 존재하지 않는다. 성서적인 설명을 보더라도 앗시리아인과 빌라도가 악의 세력과 전적으로 동일시되지는 않고 있다. 그들은 제각기 신의 주권적인 목적과 행위 안에 속해 있는 자들이다. 물론 신의 통치에는 종말론적 차원이 있다. 즉, 우리는 신의 왕국을 대망(待望)하고 있는 것이다. 그러나 성서는 신의 힘과 권위가 지금 이곳에서 현존하고 있음을 증언하고 있다. 윤리와의 관련에서 본다면 이 같은 사실은, 사람들이 자기를 한정지우면서도 또 지탱해 주고 있는 힘은 실은 신의 통치 행위를 위해 봉사하는 힘이라고 해석하고 있음을 뜻한다. 따라서 그러한 사람들은 마르크스주의가 발흥하는 데 대해서도 그것이 어떻게 "기독교" 공동체가 지니고 있는 부정(不正)과 계급의 이해(class-interest)를 심판하고 있는가를 알기 때문에 무엇보다도 먼저 자신의 참회로 응답한다. 즉, 마르크스주의 속에서 오히려 신의 심판과, 우리 국가의 한계, 우리 문화의 한계를 보면서, 마르크스주의가 출현하게 된 원인이 결국 우리의 잘못에 근거하고 있는 것이기 때문에 그것을 시정하는 행위로 그 사상에 대한 응답을 하고 있는 것이다. 개인적인 고통에 대해서도 인간은 우선 참회를 통하여 이에 응답한다. 인간의 고통이 얼마나 자주 자기 자신의 그릇된 행위와 자기 의지에 의하여 야기되는가를 알기 때문이다.

이 같은 견해를 상술하기 위해서 니버는 정치적인 비유나 사회적인 비유를 거의 편중되게 들고 있다. 분명히 그는 그러한 문제를 다루면서, 이른바 신정론(神正論, theodicy)의 문제가 마치 순수히 합리적이고 논리적인 문제이듯 그렇게 객관적으로 말쑥하게 다듬어지는 지적 체계를 지닌 것이라고는 생각하지 않고 있다. 모든 점에서 그러하듯이 그는 여기에서도 신앙을 지니고 있는 살아 있는 사람의 살아 있는 응답을 분석하고 있는 것이다. 신은 왕이다. 즉, 그는 법률 수여자이며 심판자인 것이다. 또한 그는 삶을 지탱해 주는 분이며 삶의 보상자이다. 그러므로 그는 "너의 아버지와 어머니를 영광스럽게 하라. 그리하면 네 생애가 길러지리라.……"고 말한다. 또한 신이 그렇게 통치하기 때문에 어떤 미래적인 종말론에 대한 편애로 인하여 신명기(申命記)적인 서술 양태가 간과될 수는 없는 것이다. 그래서 미국의 평원에서 몰아치는 모래바람은 신의 통치 행위에 적절하게 응답하지 못하고 대지를 착취한 인간의 범죄의 징표가 된다. "주님은 그가 사랑하는 사람을 쫓아버리신다"-아픔과 고통은 오히려 인간의 영의 성장을 위한 기회가 된다. 인간은 다른 사람의 행위 때문에 대신 고통을 당하기도 한다. 즉, 인간의 행위와 과오의 결과는 서로 연결된 인간공동체의 각 부분을 통하여 확산되는 것이다. 뿐만 아니라 때때로 우리는 다른 사람의 과오에 대한 책임이 우리에게 있는 경우도 있다. 이것이야말로 비행(非行)에 대한 사회이론이 지니고 있는 가장 옳은 주장이다. 주권을 지닌 통치자인 신은 이렇게 역사와, 인간 상호간의 경험과, 자연 안에서의 그의 행위를 통하여 우리를 통치하고 지탱하며 심판하고 있는 것이다.

그러므로 기독교공동체는 이러한 입장에서 자신의 위치가 한계 안에 있음을 안다. 때때로 니버는 기독교공동체의 응답을 자아 부정(self-denial)이라고 하는 주제 밑에서 전개하고 있다. 그러나 그때 그것이 전통적인 수도원적 의미에서의 자아 부정은 아니다. 그는 수도원적인 의미에서의 자아 부정은 실존적인 책임과 자아 부정을 보다 강하게 요청하는 한계상황으로부터 탈출하려는 노력이라고 보고 있다. 독신생활은 가족 안에서의 실존의 한계로부터 탈출하는 것일 수 있으며, 빈곤은 소유의 책임으로부터 도망치는 것일 수 있고, 겸손은 수도원 안에서보다는 사회적 관계의 얽힘 속에서 다른 사람에 의하여 굴욕을 당할 때 더욱 잘 나타날 수 있는 것이다. 니버에게 자아 부정은 자아 소원(自我疏遠, self-detachment)이나 자아 증오(self-hatred)가 아니었다(그는 바로 이 점을 비롯하여 몇 가지 다른 면에서 프롬의 기독교 해석을 비판한 바 있다). 자아 부정이란 오히려 신이 우리를 제한하는 존재들을 통하여 우리를 통치하는 그 통치 행위와의 관계 속에서 조용히 그 사실을 받아들이는 것, 참회하는 것, 그리고 십자가를 지는 것이다. 그것은 곧 신이 인간의 유한함을 받아들이는 그 신의 받아들임을 인간이 받아들이는 것이다. 그것은 신의 의도를 대행하는 어떤 유한한 존재의 의도를 긍정하는 것이 아니라 신의 의도와의 관계를 긍정하는 것이다. 그러므로 자아 부정은, 언제나 우리가 우리 자신을 발견하는 실제적인 정황—즉 가족의 일원, 교수, 목회자, 공장 노동자, 우리 국가가 처하고 있는 이 역사적 시점에서의 시민 등으로 있는 그러한 정황과 관련되어 있는 것이다. 그것은 인간의 작업 범위가 제한되어 있음을 받아들이는 것이고, 그 영역의 한계 안에서 우리가 행동해야 함을 받아들이는 것이다. 그것은 다른 사람의 가치를 긍정하는 것이며, 최후의 심판과 부활의 희망 속에서 미리 심판과 투쟁과 승리를 사는 삶이다. 그것은 다른 사람을 위해 봉사하면서 창조적이고 지탱해 주고 해방시키는 행위를 지향해 나아간다. 그것은 우리의 행위가 결코 완전하게 옳은 것도 아니고, 우리의 행위가 다른 사람들에게 고통을 야기할 수도 있는 (전쟁에서처럼) 불완전한 것임을 알면서도 다른 사람을 그렇게 제한하는 우리의 책임을 스스로 받아들이는 것이다. 그것은 우리가 제한하는 행위가 (예를 들면, 가정이나 국가 안에서) 동시에 다른 사람들이 행하는 제약 아래 있다는 것, 그렇기 때문에 그러한 제약 행위는 자아 억제(self-restraint)에 의해서만 실현되는 것이 아니라, 그 억제에 대한 다른 사람들의 제약을 받아들임으로써 이루어지는 것이라는 것을 승인하는 것이다.[11]

거룩한 통치자이고 우리를 지탱하는 분이며 우리의 심판자인 그분은 또한 우리를 구속해 주는 분이기도 하다. 그러므로 기독교인의 삶은 신의

---

11. 이 맥락에서 니버는 언제나 기독교 평화주의의 문제를 토론하고 있다. 그리고 "양심의 판단에 의한 전쟁 참여"에 대한 자기 입장을 설명한다. 그에 의하면 그것은 제지를 당하는 것과 마찬가지로 제지자가 되는 것이다.

속량하는 행위에 대한 응답이다. 신의 창조 행위, 통치 행위 그리고 속량 행위는 쉽게 서로 구별되지 않는다. 또 우리가 응답하는 우리에게 과해진 사건들도, 이미 지적했듯이 어떤 경우는 창조적인 것이고, 또 어떤 사건은 통치적인 것이며, 또 어떤 다른 경우는 구속적인 것이라고 확연하게 구분되어 있는 것이 아니다. 그러나 아무튼, 신의 속량하는 일에 대한 우리의 응답을 우리들이 어떻게 생각하고 있는가를 살펴보는 것은 매우 중요한 일이다. 왜냐하면 기독교인들은 흔히 기독교 윤리의 특징을 "속량하는 윤리"(redemptive ethics)로, 또는 교회의 도덕적 특징을 속량하는 공동체(redeeming community)라고 주장하려는 경향이 있기 때문이다. 이제 살펴보겠지만 니버에 의하면 그러한 주장은 그릇된 것이다.

니버는 신의 구속 행위가 실제로는 결코 그것 자체의 단일한 행위로 고립되어 있거나 한정되어 있을 수 없는 것으로 보고 있다. 구속주인 신은 영원한 아들(the Eternal Son), 영원한 그리스도(the Eternal Christ), "존재 이전에 있었고, 존재 이후에도 있는"(pre-existent and post-existent) 분이다. 그러므로 그의 단 하나의 행위도 속량 행위로만 절대화될 수는 없는 것이다. 만약 신이 구속주라면 그는 언제나 구속주이며, 언제나 구속주였을 뿐만 아니라 또한 언제나 구속주일 것이다. 그러나 역사 전체 속에서 신의 속량 행위를 계시하는 특정한 행위들도 있다.[12] 출애굽의 사건이 계시하고 있는 것은 구속주인 신이다. 그리고 기독교인에게만이 아니라 모든 인류에게, 그리스도 안에서 나타난 신의 행위는 구속주인 신을 계시하는 것이다. 신의 계시 행위 자체가 구속적인 것이다. 그리하여 출애굽의 사건은 이스라엘 자손들의 역사를 바꾸어 놓았으며, 예수 그리스도 안에서 일어난 신의 행위를 통하여 세계의 역사가 바뀌어진 것이다.

구속(救贖)을 과거의 어떤 일들에다 고정시키려 한다든지 혹은 전적으로 미래의 행위에다 한정시키려 하는 것은 모두 잘못된 것이다. 신은 그의

---

12. 이 문제는 물론, 이와 관련된 다른 문제들을 충분히 살펴보려면 「계시의 의미」를 읽도록 할 것.

모든 행위 속에서 구속주이다. 과거에 일어난 구속의 행위는 그것이 현재의 삶 속에서 재연되지 않는 한 현실적이지 않다. 또한 미래에 일어날 구속의 행위도 그것이 현재 미리 일어나지 않으면 의미가 없는 것이다.

신의 구속 행위의 의미를 설명하기 위하여 다양한 양극적 대립(polarities, 니버가 즐겨 사용하는 사유 양식이다)을 이용할 수 있다. 하나는 객관·주관(objective-subjective)의 대립이다. 모리스의 표현대로 하면 아직은 모든 사람들이 인정하고 있지 않지만, 예수 그리스도는 주님이고 죄의 세력은 깨뜨려졌다. 이것이 객관성의 극점이다. 그러나 이 같은 사실이 사람들에게 계시적인 진실로 받아들여지지 않으면 그들에게 아무런 일도 일어나지 않는다. 그러므로 우리는 이 같은 객관적인 측면만이 아니라 주관적인 측면도 지니지 않으면 안 된다. 그리스도는 보편적인 주님(the Universal Lord)이기도 하지만 신자들이 신앙으로 받아들인 주님이기도 하다. 따라서 이 두 대립되는 양극은 모두가 진실이다. 또 다른 하나는 "주리적(主理的)·주의적(主意的)"(theoretical-voluntary) 양극의 대립이다. 우리는 구속의 힘이 현실적이고 현재적이라고 하는 것을 이해할 수가 있다. 그러나 그 인식이 의지의 행위, 곧 신앙의 행위와 단절되면 어떠한 일도 일어나지 않는다. 또 다른 대립으로 개인과 공동체의 양극 관계를 들 수 있다. 구속은 개인적인 특성을 지니고 있다. 즉, 나의 죄가 용서를 받는 것이다. 그러나 구속은 공동체적 특성도 아울러 지니고 있다. 전 세계가 속량을 받는 것이다. 이밖에도 신과 인간과의 대화라고 하는 양극적인 대립도 현존한다. 신은 구속하기 위하여 행동한다. 그러나 자유로운 인간이 그 신의 행위에 응답하기 전에는 어떠한 구속도 이루어지지 않는다. 인간이 자기의 의지, 자기의 창조된 자유의 실천 속에서 신에게 응답할 때 비로소 신은 자기의 구속 행위를 통해 인간에게 새로운 자유를 줄 수 있는 것이다.

구속주인 신에 의하여 빚어진 구속의 윤리에 관하여 우리가 언급할 수 있는 것은 무엇인가? 우선 무엇이 구속의 윤리가 아닌가를 서술하면서 이를 찾아보기로 하자. 구속의 윤리(ethics of redemption)는 구속적인 윤리(redemptive ethics)가 아니다. 즉, 구속에 관한 윤리이지 구속하는 윤리가 아닌 것이다. 윤리 자체가 인간을 구속하려 하는 그러한 구속하는 윤리는 신의 행위를 인간의 행위와 혼동하는 근본적인 과오에 근거하고 있는 것이다. 그러므로 교회의 행위가 그 교회공동체의 구성원을 속량하는 것은 아니다. 그들을 속량하는 것은 구속의 행위를 하는 신의 행위이다. 사랑의 행위를 통하여 자기의 이웃을 속량하는 것도 회개한 사람 자신이 아니다. 그 이웃을 구속하는 것은 신이다. 기독교공동체가 속량하는 공동체라고 하는 개념은 신과 인간 사이에 있는 이 근본적인 다름을 간과한 그릇된 것이다. 그리고 이 같은 과오는 인간으로 하여금 자기들의 삶 속에서 스스로 완전주의에 이르려는 열망에 빠지도록 하고, 그것은 결국 오만함에 이르게 된다.

　구속의 윤리는 또한 구속받는 자의 윤리가 아니다. 구속의 윤리는 역사상의 어느 특정한 집단의 사유물도 아니고, "구속받은 자"라고 주장하는 어느 집단의 윤리와 동일한 것이 될 수도 없는 것이다. 참으로 구속을 받은 사람들은 과거의 짐으로부터 자유로운 사람들, 자기 자신들의 윤리를 주장하는 데서부터 자유로워진 사람들, 창조적일 수 있을 만큼 자유로운 사람들이다. 따라서 구속의 윤리는 리츨(Albrecht Ritschl) 학파에서 주장하듯이 그러한 방법으로 구속의 종교(religion of redemption)와 연합되어 있는 것도 아니다. 구속의 종교는 두 가지 방법으로 윤리와 연결되어 왔다. 첫째는 윤리적일 수 있는 내적인 동기와 충동을 부여하면서 윤리와 연결되어 있고, 둘째는 윤리적으로 실패한 사람들을 위한 용서를 마련해 주면서 윤리와 연결되어 있다. 그러나 이 이중성이 실현되면 우리는 흔히 신의 행위는 종교와 교회의 영역에다 한정하고, 인간의 행위는 일상적인 시민적 삶의 영역에다 한정시키기 시작한다. 니버는 그와 같은 구분에 반대하면서, 신의 구속의 행위는 종교의 영역 안에서 살고 있고, 또한 교회와 세계 안에 있는 윤리의 영역 안에서 살고 있는 인간의 행위를 넘어서면서도 아울러 그 인간의 행위 안에 있음을 주장하고 있다.

 신은 우리를 무엇으로부터 구속하시고 무엇을 향해 우리는 구속을 받는 가? 신약성서가 주장하듯이 우리는 죄로부터, 율법으로부터, 악으로부터, 그리고 죽음으로부터 구속을 받는다. 우리는 자기 중심적인 삶으로부터, 그리고 우리의 미성숙으로부터 구속을 받는다. 또한 우리는 부정한 삶으로 부터 순수한 은총의 삶을 향해 구속을 받는다. 우리가 그리로 향하여 구속 을 받는 그 은총의 삶은 자유의 삶, 방어하지 않아도 되는 삶이다. 그것은 사랑(니그렌〈Anders Nygren〉의 저서 「아가페와 에로스」 *Agape and Eros* 에서 설명하고 있는 사랑의 의미에서보다는 아우구스티누스가 「보편교회의 도덕」 *The Morals of the Catholic Church*에서 설명하고 있는 의미에서의 사랑) 의 삶인 것이다. 우리는 우리 자신들을, 비록 왜곡된 형태로 현존하고 있기는 하지만, 선과 연결시킬 수 있을 만큼은 자유롭다. 다시 말하면, 우리는 신과의 관련 속에서 선하고 매력적이고 가치 있는 것을 사랑할 수 있을 만큼은 자유로운 것이다. 우리는 또한 봉사하는 삶을 살 수 있도록 구속을 받는다. 니버는 루터의 짧은 논문인 「기독교인의 자유에 관하 여」(*On the Liberty of the Christian Man*)를 봉사라고 하는 주제를 설명하기 위하여 즐겨 사용한 바 있다. 우리는 신의 구속하는 행위에 의하여 사랑을 받을 뿐만 아니라 또한 의롭다고 하는 인정을 받는다. 그렇기 때문에 우리 는 사랑 안에서 살 수 있고 또한 그 사랑 안에서 이웃에 봉사할 수 있는 것이다. 신은 우리가 지니고 있는 자아의화(自我義化, self-justification) 의 필요에서부터 우리를 구속해 주고, 우리로 하여금 이웃의 필요와 의도 에 봉사하도록 우리를 자유롭게 해준다. 또한 우리는 영원한 생명을 향해 구속을 받는다―요한복음과 사도 바울의 서간문들이 이에 관해 설명하고 있듯이 성령 안에서의 새로운 생명을 향하여 구속을 받는 것이다. 따라서 신이 성령 안에서 새로운 생명을 우리에게 주고, 우리의 실존 안에서 영원 한 생명을 준다는 확신을 우리는 가지게 되는 것이다.

 어떤 면에서 보면, 우리는 기독교인의 삶의 특성을 구속에 대한 응답을 하면서 사는 삶이라고 분석할 수가 있다. 그렇기 때문에 우리는 기독교적인 구속의 윤리에 관하여 분명한 언급을 할 수가 없다. 그것은 자유롭게 받았기 때문에 자유롭게 주는 삶이다. 그것은 또한 기쁨의 삶이기도 하다. 그리고 그것은 용서와 감사의 삶, 즉 우리와 다른 사람과의 관계를 변화시키는 삶이기도 하다. 기독교적인 구속의 윤리는 이 모든 직설적인 요소를 지니고 있을 뿐만 아니라 그것 자체의 명령법(imperative)도 마찬가지로 지니고 있다. 그것은 육체의 무절제에 속해 있다든지, 자만스러움에 빠져 있다든지, 사랑의 울타리를 치고 다른 사람을 그 울에서 쫓아버린다든지 하지 않는 자유로운 삶이다. 우리는 다시 새로운 속박의 멍에를 지지 않는다. 우리는 우리가 용서받았듯이 다른 사람을 용서하려 하고, 다른 사람에 의하여 대접을 받았듯이 다른 사람에게 봉사하려 하게 된다.

결국, 신의 구속하는 행위가 주는 효과는 "구속의 윤리"를 창조하는 것이 아니다. 그 효과는 우리가 지니고 있는 모든 존재하는 관계에다 그 나름의 자격을 부여하는 것이다. 그것은 모든 우리의 행위를 변화시켜 주고 우리 행위의 가치를 바꾸어 놓는다. 예를 들면, 그것은 우리가 우리 주변에 있는 밖의 악을 공격하듯이 우리 자신 안에 있는 악을 공격하게 한다. 그것은 우리의 마음을 움직여 우리와 관계를 맺고 있는 다른 사람들의 선을 찾아내도록 하며, 또한 잃어버린 자를 찾아 구원하도록 한다. 그것은 우리의 행위를 자유와 사랑으로 채워 준다. 이로 말미암아 우리는 선을 실현하는 다른 사람들에 대한 창조적인 응답을 하게 되는 것이다.

니버는 신이 다른 사람의 행위를 통하여 우리에게 자신의 행위를 과하고 있고, 그러한 신의 행위에 대한 응답의 삶이 어떤 것인지를 설명하고 있다. 그런데 니버의 이러한 주장 속에서 우리는 이 책에서는 뚜렷하지 않게 혹은 그저 가끔 지적하는 것으로만 나타나고 있지만, 그의 사상체계 속에 있는 중요한 요소들을 찾아 볼 수 있다. 특히, 로버트슨 강좌는 응답의 삶, 책임의 삶의 양태가 어떤 것인가를 진술하고 있어, 이를 통하여 우리는 기독교적인 삶을 사색하는 한 철학자의 심성을 살펴볼 수 있다. 또한 우리가 읽고 있는 이 책의 부록을 보면, 우리는 기독교적인 삶을 사색하는 한 신학자인 니버의 모습을 완전하게 파악할 수가 있다. 그러한 그의 모습은 그의 가르침 속에 언제나 담겨져 있던 것이다. 그는 때때로 신학은 신의 행위와 본성에 관한 성찰이라고 말하면서, 윤리학은 신의 행위와 본성에의 응답에 관한 성찰이라고 말한 바 있다. 기독교 윤리를 이렇게 정의하고 있기 때문에 우리는 기독교적인 삶을 사색한 한 철학자가 체계적인 기독교윤리학을 발전시키기 위해서는 불가피하게 기독교 신학자가 될 수밖에 없었음을 이해할 수가 있다. 왜냐하면 구속주인 신에의 응답이기 때문이다. 만약 이 소개의 글을 통하여 독자들이 어떻게 책임적인 자아가 아버지이고, 아들이며, 성령이고, 우리의 주님인 예수 그리스도의 아버지인 신의 행위와 관계지워져 있는가를 비로소 생각하거나 알게 되는 데 도움이 되었다면, 이 글의 제한된 소기의 목적은 이루어진 것이라고 생각한다. 누구나 저자 자신 이상으로 저작의 결점을 더 잘 아는 사람은 없는 법이다. 그리고 이 책에 이어 두 번째로 "기독교적 행위의 원리," 그 다음에 세 번째로 "평범한 삶 속에서의 기독교적 책임"에 대해서도 니버 자신보다 더 저술하고 싶었던 사람은 없을 것이다.

머리말 : 기독교 도덕철학에 관하여

「책임적 자아」에 관한 다음의 로버트슨 강좌는 부제가 "기독교 도덕철학에 관한 고찰"(An Essay in Christian Moral Philosophy) 이었다. 그것은 앞으로 그 강좌의 내용을 읽을 독자들이 가질 수도 있을 기대에 대하여 미리 경고를 하기 위하여 첨부한 것이었다. 그 주제에 대한 나의 접근은 신학이나 철학에 전문적으로 종사하고 있는 사람들이 사용하고 있는 의미에서의 신학적인 것, 혹은 철학적인 것이 아니다. 철학이나 신학은 그 어떤 것도 "기독교 도덕철학"의 논리적 합법성이나 학문적 정당성을 인정하지 않고 있다. 그렇기 때문에 그 어느 학문도 우리가 기대하는 바를 충족시켜 줄 수는 없다. 나도 철학이라는 용어를 널리 사람들이 받아들이고 있는 것처럼 지혜나 지식에 대한 사랑이라는 의미에서 사용하기는 하지만, 그 단어를 전문적인 학술적 용어로 사용하지는 않고 있다. 그러므로 내가 "기독교 도덕철학"이라고 한 그 부제는, 단순히 행위하는 인간인 자기 및 자기와 같은 다른 인간들의 실존의 양태를 이해하고 싶은 한 기독교인의 성찰을 발언하고자 그렇게 표현했을 뿐이다.

그러므로 나의 관점은 기독교 신자의 관점이고 내가 이해해야 하는 대상은 인간의 도덕적 삶이다. 그리고 그 방법은 가장 넓은 의미에서의 철학적인 방법이다. 이러한 관점, 대상, 그리고 방법에 대하여 좀더 부연하기로 한다.

나는 나 자신을 기독교인이라고 부른다. 그러나 나 자신을 이렇게 부르는 나의 권리에 대하여 도전을 할 사람도 있을 것이다. 그들이 여러 신조들 중에서 어떤 신조를 기독교인이면 반드시 지녀야 한다고 요구하고 있는데 나는 그것을 찬성할 수 없기 때문에 그럴 수도 있고, 나 자신의 양심이 지니고 있는 기준을 포함한 여러 도덕적 기준 중에서 어떤 특정한 기준에 따라 살 것을 다른 사람들이 내게 요청하는데 내가 그 기준에 동조하지 않기 때문에 그럴 수도 있다. 그러나 여전히 나는 나를 기독교인이라고 부른다. 그 까닭은, 비록 내가 시간적으로 뿐만이 아니라 영혼의 입장에서 보더라도 예수 그리스도와의 사이에는 엄청난 간격이 있지만, 그럼에도 불구하고 나는 역시 예수 그리스도를 따르는 사람이기 때문이다. 다시 말하면 삶과, 나 자신과, 나와 같은 다른 인간들과, 우리의 운명에 대한 나의 사유방식이 예수 그리스도가 우리의 역사 속에 임재했다는 사실에 의해서 수식되어 있어 나는 그분의 영향력에서부터 벗어날 수가 없음을 믿고 있기 때문이다. 뿐만 아니라 나 자신이 그러한 사실로부터 벗어나고 싶지도 않기 때문이다. 무엇보다도 내가 나를 기독교인이라고 부르는 것은, 내가 이해하는 한, 나의 신과의 관계가 나 개인의 역사와 우리 모두의 역사 속에 오신 예수 그리스도의 이러한 임재에 의하여 깊이 좌우되었다고 하는 사실 때문이다. 어떤 의미에서 본다면 나는 내가 나 자신을 20세기 인간이라고 부르는 것과 똑같은 식으로 나 자신을 기독교인이라고 부르지 않으면 안 되리라고 생각한다. 기독교인이 된다고 하는 것은 단순히 나의 운명의 일부이다. 그것은 다른 사람이 회교도나 유대교도가 된 것이 그 사람의 운명인 것과 마찬가지이다. 오늘날 대단히 많은 인류가 이러한 의미에서 기독교인이 되고 있다. 인류는 예수 그리스도의 영향을 많이 받고 있어서 유대교나 회교조차도 예수 그리스도가 우리들 사이에 있었다고 하는 사실을 증언하고 있는 것이다. 그러나 내가 나를 기독교인이라고 부르는 것은 이러한 사실 그것 자체보다도 이 운명적인 사실을 내가 받아들였고, 또한 내가 예수 그리스도가 오신 그 원인(cause)이라고 이해하는 것과 나 자신의 목적을 동일한 것으로 간주했다고 하는 데에 더 큰 까닭이 있다. 나는 그 원인을 단순히 인간과 신과의 화해라고 말하고자 한다. 물론 이 용어는 많은 설명이 필요하다. 그것은 여러 맥락 속에서 사용되고 있고, 그렇게 사용되면서 어느 때는 죄의식을 함축할 수도 있고, 또 어떤 때는 피흘려 속죄한다는 등의 많은 의미를 지닐 수도 있다. 예수 그리스도가 인간을 신에게 화해시키는 정확한 방법이 어떤 것이며, 자신과 더불어 화해의 사명을 수행하도록 예수 그리스도가 인간에게 도전하는 그 방법이 어떠한 것인가 하는 것에 대해서는 누구와도 다를 생각이 없다. 나는 다만 신과 인간과의-모든 사물이 존재하게 된 원인인 힘과 우리 인류와의-우정을 이룩하는 화해가 우리의 신학들이 꿈꾸어 온 것 이상으로 보다 많은 측면을 지니고 있으리라고 확신하고 있을 뿐이다. 많은 다른 기독교인들에게도 마찬가지이겠지만 나에게도 예수 그리스도는 신을 인간에게 오게 하고, 인간을 신에게 다가가게 하며, 아울러 인간이 서로, 그리고 자기들의 세계와 화해하도록 하는 이 목표를 위하여 살았고, 돌아갔고, 다시 산 분이다. 나는 이 우정을 이룩하는 일이 인간의 실존이 지니고 있는 관건이 되는 문제라고 생각한다. 왜냐하면 예수 그리스도-그의 운명-와 그 자신-즉, 그의 사명-을 통하여 이 같은 사실이 내게 분명하게 되었기 때문이다. 다시 말하면, 그분 안에서 나 자신은 나 자신의 화해에 대한 전망을 보기 때문이고, 이러한 예수 그리스도의 화해의 목표를 나 자신의 것으로 만들도록 하라는 도전을 그로부터 받았기 때문이다. 이러한 이유 때문에 나는 나 자신을 기독교인이라고 부른다.

그렇기 때문에 기독교인이라고 하는 말은 나 자신의 관점과 시각을 결정하고 있다. 나는 하나의 입장을 천명하기 위하여 채택될 용어는 기독교적이지도 말아야 하고 유신론적인 것이지도 않아야 하는 것이 아닌가 하고 스스로 숙고해 보았다. 나는 유신론적인 도덕철학(theistic moral philosophy)은 자연적인 도덕철학(naturalistic moral philosophy)이 자연 안에서 그리고 자연으로부터 살아가는 인간과 더불어 비롯하는 것처럼,

그 출발점을 신과의 관계 속에서 살아가는 인간의 실존에다 두고 있는 것으로 이해하고 있다. 쾌락주의 철학이 인간의 삶의 기준을 쾌락에 두고 그 쾌락을 추구하는 욕망에서부터 비롯하고 있듯이, 유신론적 도덕철학은 인간의 모든 추구 속에는 신에 대한 추구가 있다고 하는 것에서부터 비롯하는 것이다. 그러므로 이 책에서 취하고 있는 관점은 근본적으로 유신론적이다. 그러나 그렇다고 해서 내가 자연에 관한 논의로부터 신에 관한 논의에 이른다든가, 도덕을 논의하는 데서부터 출발하여 신에 관한 논의에 이르려 하지는 않는다. 비록 어떤 독자들이 이 책의 어느 부분들을 읽고, 그 부분이 신의 존재를 도덕적 입장에서 실증하려는 논의의 특성을 지니고 있다고 생각할 수 있다 할지라도 그러한 논의가 나 자신의 본래적인 의도의 일부였던 것은 결코 아니라는 것을 밝히고 싶다. 나는 인간이란, 신 안에서 존재하고 움직이며 그 안에서 자기의 있음을 비로소 지닌다고 믿고 있다. 그것은 인간이 지니고 있는 근본적인 관계는 다른 것과의 관계가 아니라 바로 신과 맺어진 것이라고 믿는 것이다. 그런데 이것은 출발점이지 귀결점이 아니기 때문에 이를 유신론적 도덕철학이라고 부르고 싶은 유혹을 느끼게 된다. 그러나 비록 인간에 대한 신의 관계는, 그의 임재를 인간이 받아들이느냐 아니면 거절하느냐 하는 데 따라 그 내용이 주어지는 것이 아니라 할지라도, 신에 대한 인간의 관계는 분명히 그러한 것에 의하여 그 관계의 내용이 주어진다. 나는 인간에 대한 신의 관계를 추상적으로 생각할 수가 없다. 나의 신과의 관계가 역사적으로 조건지워지는 것은 불가피한 것이다. 비록 회교도나 유대교도들이 내가 생각하는 동일한 신을 생각하고 있다고 하는 것을 내가 안다고 할지라도 나는 신에 관하여 그들이 생각하듯이 그렇게 신을 생각할 수는 없는 것이다. 또한 나는 나 자신이 신에 대하여 단순하게, 그리고 유신론적으로 생각하도록 자리잡아 온 신과의 특정한 관계를 넘어서서 그 이상의 어떤 다른 관계를 맺을 수 있으리라고 추정할 수도 없다. 나에게는 분명히 기독교 신과 비견할 그 같은 존재, 혹은 그러한 존재 원칙은 없다. 기독교인은 그와 신과의 독특한 관계를 지니고 있다. 나는 그러한 관계로부터 나 자신을 단절할 수 없다. 그것은 마치 어떠한 유대교도나 회교도 스스로가 유대교도나 회교도인 자기의 관계 정황으로부터 자신을 단절할 수 없는 것과 같은 것이다(비록 기독교 우상이 존재한다 할지라도). 그러므로 이제까지 말한 관점에 대하여 많은 것이 언급되지 않으면 안 된다고 생각한다. 내가 아는 한, 모든 철학자들은 자기들이 그렇게 고백하고 있는 것은 아니지만 각기 자기들의 입장을 지니고 있다. 그러나 그렇다고 해서 내가 앞에서 말한 관점을 철학적인 관점이라고 옹호하려는 것은 아니다.

우리가 탐구하고자 하는 대상은 기독교윤리학의 경우에서와 같이 단순히 기독교적인 삶이 아니라 전반적인 인간의 도덕적인 삶이다. 바로 이 점에서 나는 마치 기독교적인 삶이 여하튼 다른 양태의 인간 실존과는 단절되어 있는 것처럼 생각하고 그 기독교적인 삶을 다루려 하는 많은 신학자들과 의견을 달리하고 있다. 기독교적인 삶이 그 나름의 독특한 스타일을 지니고 있는 것은 분명한 사실이다. 그리고 자연주의적 윤리나 쾌락주의적 윤리와는 다른 기독교 윤리라고 하는 것이 존재하는 것도 사실이다. 따라서 기독교적인 삶을 비판적으로 검토하기 위한 기독교윤리학의 필요에 도전할 생각은 없다. 사실상 나 자신도 기독교 도덕철학에 관한 이 저술의 후반부에서는 기독교윤리학을 지향하고 있다. 그러나 이곳에서의 나의 관심은 다만 기독교적 관점에서 우리들 인간의 삶을 이해하려는 것이지 어떤 다른 입장(자연에 대한 사회적 적응이나 조정과 같은)에서 기독교적 삶을 이해한다든가, 기독교적 관점에서 오직 기독교적인 삶만을 이해한다든가 하는 것은 아니다.

끝으로, 철학이라고 하는 용어를 사용한 데 관하여 좀더 그 정당성을 설명해야 하리라고 생각한다. 나는 두 가지 이유 때문에 이 책의 저술이 기독교 도덕철학에 관한 논구라고 주장한다. 그 첫 번째 이유는 나 자신이 철학 속에서 비로소 부분적으로나마 기독교적인 삶을 포함한 인간의 어떠한 삶의 형태에도 적용되는 분석 도구의 발전과 접하게 되기 때문이다.

나는 모든 삶이 응답성(responsiveness)의 특성을 지니고 있다고 주장한다. 분명히 우리는 우리로 하여금 응답하게 하는 행위들을 다르게 해석한다. 그러나 우리가 그 행위들을 신의 행위로 해석하든, 악마의 행위로 해석하든, 아니면 맹목적으로 움직이는 원자의 행위로 해석하든 간에 우리가 그 행위에 대해 응답한다고 하는 것만은 분명한 사실이다. 두 번째 이유는 기독교 도덕철학은 현재 이해되고 있는 신학의 개념에서 볼 때 신학이라기보다는 오히려 철학이기 때문이다. 왜냐하면 나의 접근방법이 비록 성서를 숙지하고 있는 것이기는 하지만 성서를 중심으로 하고 있는 것은 아니기 때문이다. 도덕적인 삶을 마치 비역사적인 것처럼 여기고, 영어의 도덕 언어들의 이념이나 용어는 마치 비역사적 존재의 순수 감정이나 순수 개념들만을 언급하는 것처럼 여기면서, 도덕적인 삶을 분석하려는 철학자들과 나의 의견을 같이 할 수 없다. 성서를 비역사적인 책으로 취급하고, 마치 자기들은 비역사적인 인간들인 것 같은 입장에서 성서를 해석하려는 신학자들에게 대해서도 나는 마찬가지로 불안하고 불편하다.

리차드 H. 니버

제1장 책임의 의미

I

오늘날 사람들은 과거에 관습적으로 도덕이라든가 선이라든가 하는 기호(記號)의 도움을 받아 언급하던 인간 실존의 국면에 대하여 말할 때 책임(responsibility) 이라는 단어와 이와 동일한 계열의 용어들을 널리 사용하고 있다. 책임적인 시민, 책임적인 사회, 우리 직무의 책임, 그리고 이와 비슷한 구절들이 자주 사람들의 입에 오르내리고 있다. 이러한 책임의 의미는 비교적 최근에 생겨진 것이다. 책임 있는(responsible) 이라는 단어는, 예를 들어 "비록 그 입이 크기는 하지만 그 큰 몸에 비해 보면 그렇게 걸맞지 않게(not responsible) 큰 것은 아니다" 하는 문장에서 볼 수 있듯이 상응하는(correspondent) 것을 의미하는 것이었다. 그런데 그 단어가 "위대한 신이 우리를 책임적인 존재(responsible being)로 취급하신다" 하는 문장에서의 용례처럼 일반화되어 사용된 것은 19세기와 20세기에 이르러서이다.[1] 그렇기 때문에 이 단어는 의무(duty), 법(law), 덕(virtue), 선(goodness) 그리고 도덕성(morality) 등 손위 형제들이 많은 단어가족 중에서 비교적 막내 또래에 속한다. 그 단어의 이 같은 역사는 물론 이미

---

1. Oxford English Dictionary.

잘 알고 있는 현상과 낡은 이념을 표현하기 위해 사람들이 새로운 기호를 찾아낸 것 이상의 아무런 의미도 없는 것이라고 생각할 수도 있다. 사실 많은 저술가들이 이 단어를 그렇게 이해하고 사용하고 있는 것은 그들이 이 단어를 소박하게 정의(正義)하고 있음을 통하여 잘 알 수 있다. 그러나 이 단어는 참으로 우리가 잘 알고 있는 현상이나 낡은 이념만이 아니라 우리가 관습(mores)이라든가 풍토(ethos)라든가, 합당한 것(what is due)이라든가, 덕스러움(being virtuous), 즉 사람답다든가 하는 오랜 상징들을 사용할 때 이러한 표현들이 미처 포용하지 못하면서도 우리 시야에 들어오는 다른 측면들이 지니고 있는 인간 실존의 현실성을 파악하고 이해할 수 있는 새로운 상징을 우리에게 제공해 줄 수도 있는 것이다. 바로 이 후자의 경우가 이 단어에 대한 올바른 이해이리라고 나는 믿고 있다. 즉, 책임이라고 하는 용어가 지닌 상징성은 우리가 자신을 이해하고 행동하는 우리 자신들을 정의하려고 모색할 때 우리 심성의 깊은 바닥에 있는, 말하자면 은폐된 어떤 관계, 혹은 암시, 또는 직유(直喩) 등을 포용하고 있는 것이다. 그러나 우리가 관심을 갖는 것은 그 단어 자체도 아니고, 그 단어를 사용할 때 우리가 어떤 의도를 지니는가 하는 우리의 주관적인 의도도 아니다. 우리의 과제는 이 상징의 도움을 받아 윤리학의 이중적인 목적, 즉 아득한 때로부터의 영원한 명령인 "너 자신을 알라"(Gnothi seauton)에 순종하고, 또 우리가 스스로 결정하고, 선택하고, 자신을 봉헌하는—그렇지 않으면 우리에게 필연적인 인간적 자유를 짐으로 질 수밖에 없는—우리 자신들의 행위를 이끌어 줄 안내를 추구하려는 두 가지 목적을 촉진시키는 데 있다.

인간은 행위 주체인—즉, 자기 행위에 책임을 지고 있는 존재인—자기 자신에 대한 인식을 오랜 역사를 통하여 끊임없이 탐구해 오면서 자기의 실제적인 삶의 형태를 이해할 뿐만 아니라, 행위하는 그 실제적인 삶에다 일정한 형태를 부여하는 여러 다른 상징과 개념들을 효과적으로 사용해 왔다. 가장 일반적인 상징은 만드는 사람(maker), 지어내는 사람

(fashioner)이었다. 도대체 행위하는 인간은 어떠한 사람과 같은가? 이러한 물음에 직면하면 인간이란 자기의 이념에 따라, 어떤 목적을 위하여, 사물을 축조(築造)하는 기술공(artificer)과 같다고 하는 생각이 쉽게 떠오른다. 우리가 바퀴와 화살, 옷과 주택, 선박, 도서(圖書), 그리고 사회 등을 만드는 그러한 기술적인 일들로부터 하나의 상(像, image)을 취하여 그것을 인간의 행동하는 삶 전체에다 적용할 수는 없을까 하고 생각하는 것이다. 인간의 이상과 목적과 방법에 관한 상식적인 생각뿐만이 아니라 극히 세련된 철학도 이러한 사유를 통하여 인간의 실존을 해석하고 있다. 그래서 아리스토텔레스(Aristoteles)는 그의 「윤리학」(Ethics)-서구에서는 이 분야에 가장 영향력이 있는 책-을 "모든 기술과 모든 물음과 또 이들과 비슷하게 모든 행위와 추구는 어떤 선(善)을 목적으로 사유된 것이다"라고 하는 말로 시작하고 있다.[2] 그런데 예를 들어 그는 고삐를 만드는 기술이라든가, 말을 타는 기술이라든가, 군사적인 전략 등의 모든 기술을 넘어, 인간의 삶 자체를 자료로 삼는 선한 인간과 선한 사회의 실현을 목적으로 하는 이른바 기술 중의 기술, 주된 어떤 기술이 있지 않으면 안 된다고 말하고 있다. 그 희랍 철학자 뿐만 아니라 알게 모르게 그를 따르는 많은 사람들에게는 인간이란 그가 바라는 목적을 위하여 자기를 빚어가는-비록 스스로 그렇게 하지는 않지만-존재로 인식되고 있다. 이와 관련하여 우리는 우리들 자신에 대하여 특별히 두 가지 사실을 언급할 수 있다. 우리는 어떤 목적을 향하여 행동한다는 것 혹은 목적지향형이라고 하는 것이 그 하나이고, 또 하나는 우리가 우리 자신에게 어떤 행위를 하고 있다는 것, 즉 우리는 우리 자신을 만들어가고 있으며 우리 자신에게 어떤 형태를 부여하고 있다는 사실이다. 아리스토텔레스의 위대한 기독교인 제자인 아퀴나스(Thomas Aquinas)는 그와 정면으로 대하면서 다음과 같

---

2. 「아리스토텔레스 저작집」(*The Works of Aristotle*), W. D. Ross 편(Oxford: Clarendon Press, 1925), Vol. IX, 「니코마케아 윤리학」(*Ethica Nichomachea*). Bk. I, 1.

이 말하고 있다. 즉, "인간에 의하여 행해지는 행위 중에서 참으로 올바르게 인간적인 행위라고 불려질 수 있는 것은 하나의 인간인 인간에게 적절한 행위만이다. 바로 이 점에서 인간은 비이성적인 피조물과 다르다. 즉, 인간은 자기 자신의 행위의 주인인 것이다.…… 그러나 인간은 이성(reason)과 의지(will)에 의거할 때 비로소 자기 행위의 주인이 된다. 그렇기 때문에 자유 의지(free-will)는 의지와 이성의 기능이라고 말해질 수 있는 것이다. 따라서 자발적인 의지로부터 전개되는 행위만이 올바르게 인간적인 것이라고 할 수 있다.…… 이제, 분명한 것은 어떠한 힘에 의하여 비롯된 것이든 모든 행위는 그 힘이 대상으로 삼고 있는 그 대상과 그 힘과의 관계 속에서 그 힘에 의하여 야기된다고 하는 사실이다. 그런데 의지의 대상은 선한 모습을 하고 있는 어떤 목적이다. 그러므로 모든 인간의 행위는 목적을 위한 것이지 않으면 안 된다."[3]

물론, 목적을 위해 행동하고 사물에 모습을 부여하는 그러한 '만드는 사람으로서의 인간'(man-the-maker) 상(像)은 사람들이 그것을 오래 사용하여 오는 동안 관념론자, 실용주의자, 쾌락주의자, 자아 실현론자들에 의하여 다듬어지기도 했고 비판을 받기도 하였다. 그러나 그러한 인간상은 여전히 지금도 지배적인 상으로 남아 있다. 뿐만 아니라 그러한 인간상은 삶의 영역에 넓게 적용할 수가 있다. 확실히 목적이 있음과 인간됨은 병행하는 것 같다. 심지어 결정론자들마저도 결정론이 진실이라고 하는 사실을 제시하려고 하는 것을 보면, 인간은 누구든지 목적이나 바라는 미래의 상태를 마음속에 지니고 행동한다는 것이 어떤 것이며, 또한 그가 바라는 목표를 향하여 매순간 한 걸음씩 움직여 나아가면서 그 걸음걸음이 과연 적합한 것인가를 묻는 것이 얼마나 중요한 것인가 하는 것을 알고 있는 것 같다. 삶 속에 있는 대부분의 경우에 우리는 실제로 이렇게 '목적과

---

3. 「신학대전」(*Summa Theologica*)」, Prima Secunda, Q. I., Resp. J. Rickaby. S. J. 역, *Aquinas Ethicus*(London : Burns and Oates. Ltd., 1896), Vol. I.

수단'을 연결하는 사유태도를 취하고 있으며, 우리의 목표가 과연 무엇인 가를 묻고 있다. 예를 들면, 교육은 그 자체의 목표를 지니고 있다. 마찬가지로 종교도 그 자체의 목적이 있다. 비록 그 자체의 목적은 다만 사실에 대한 지식, 혹은 진실뿐이라고 규정하지만 과학도 그 나름의 목적을 지니고 있음에는 틀림이 없다. 판사는 피고의 과오가 있는지 없는지를 판단하기 전에 그 피고가 그러한 행동을 하게 된 의도가 어떤 것이었는지, 혹은 그가 자신의 행동의 결과를 예견할 수 있는 능력을 가지고 있었는지 없었는지 하는 것을 미리 알아본다. 또한 입법도 목적론적으로 사고한다. 즉, 법을 제정하려면 개개 시민이나 다양한 사회집단의 욕망을 알아야 하는데, 그러기 위해서는 사람들이 제각기 권력이나, 번영이나, 평화나, 쾌락이나 간에 어떤 목적을 추구하고 있다는 것을 인정하고 그러한 목적과 연결시켜 그 개인이나 집단의 욕망을 인식하는 것이다. 그리고 더 나아가 어떻게 그 다양한 개별적인 목적들이 하나의 공통된 사회적 목표로 조직화될 수 있는가 하는 물음이 제기될 때에도 그들이 지니고 있는 목적과의 관련에서 이 문제를 생각한다. 여러 도덕론들과 도덕적인 훈계들도 대부분 인간 행위의 미래지향적이고 목적 합치적인 특성을 전제하고 있다. 그러한 도덕론이나 도덕적 훈계가 서로 다른 것은 대부분 그 여러 이론이나 훈계가 권면하거나 받아들이도록 요청하는 목적이 다만—비록 충분히 진지하게 생각한다 할지라도—서로 다르기 때문이다. 즉, 인간성 자체와 더불어 인간에게 부여되었다고 생각하는 목적의 차이 때문에 그렇게 달라지는 것이다. 쾌락에의 의지, 삶에의 의지, 권력에의 의지, 자아 충족에의 의지, 사랑하고 사랑 받으려는 의지, 죽음에의 의지, 그리고 이밖에도 많은 다른 생리적인 충동들은 그것이 강제적인 것이든 아니면 매력적인 미래의 상태로 앞에 놓여 있는 것이든 간에 인간에게 가장 자연스러운 것이다. 그런데 우리가 우리 자신들이 지니고 있고 우리들 자신 안에 있으며 또한 다른 사람들 안에도 있는 이 같은 인간의 본성을 우리들의 몸과 마음의 내밀(內密)한 영역의 관리자로 여기거나 사회적인 일—행복을 추구하는 가족의 일로부터 평화를 추구하는 국제사회의 일에 이르기까지-의 지도자로 취급하는 경우에 우리는 "도대체 어느 정도의 거리에 떨어져 있는 일의 상태에 도달할 것을 겨냥해야 하는가? 그리고 그 가능한 목표를 성취하기 위하여 우리가 취하지 않으면 안 될 직접적인 조치는 어떤 것인가?" 하는 물음을 묻지 않을 수 없다. 따라서 목적론자(teleologist)는 우리가 도덕이라고 부르는 것 속에서, 즉 자아 규정(self-definition)을 하려는 이중적인 과정 속에서, 인간의 삶을 해석할 뿐만 아니라 그것을 계도(啓導)하려 한다. 많은 사물들은 물론 자기자신조차도 지어내는 이른바 '만드는 사람'이라고 하는 상징도 많은 계획적인 일을 밝혀줄 뿐만 아니라 개인적인 실존이라고 하는 이 알 수 없는 것도 밝혀 드러나게 해주고 있다. 이러한 맥락에서 보면 인간의 자유는 궁극적인 목적에 의하여 자아 결정(self-determination)을 하지 않으면 안 되는 필연성으로 나타나고, 인간의 실천이성은 포용적인 목적과 배타적인 목적, 직접적인 목적과 궁극적인 목적을 분별하는 능력, 그리고 수단을 목적과 연결시키는 능력으로 나타난다.

물론, 자기들의 행위를 이해하고 구체화하기 위하여 이 같은 '만드는 사람'이라는 인간상을 채택하고 있는 사람들이, 실현되어야 하는 이상을 선택하는 데도 서로 완전히 일치한다든지, 주어진 자료를 바라고 있는 어떤 형태나 바람직한 형태로 만들 가능성이 얼마나 있는가를 측정하는 데서도 서로 아무런 이의 없이 동일한 의견을 가지고 있는 것은 아니다. 인간의 목표는 즐거움을 위하여 성취되어야 하는 것인가 혹은 그 이상의 또 다른 목적에 사용하기 위하여 성취되어야 하는 것인가? 그 목표는 개인의 즐거움이나 개인의 이용을 위하여 실재되어야 하는 것인가, 아니면 직접 부닥치고 있는 사회나 모든 보편적인 공동체를 위하여 설계되어야 하는 것인가? 하는 물음들은 끊임없이 논의되어 왔을 뿐만 아니라 개인적으로 결단을 하려 할 때 그 개인에게 끊임없이 제기되는 물음으로 여전히 남아 있다. 그러나 그러한 논의와 결단이 실은 개인적 실존의 본성에 대한 우리의 공통된 이해의 배경과는 상반되게 행해지고 있다. 우리는 자아들을

―우리들 자신의 자아나 우리와 같은 다른 사람들의 자아―빚어내는 작용을 하는 데 있어서 기술자이기도 하고, 직공이기도 하며, 장인(匠人)이기도 하고, 예술가이기도 한 것이다.

우리의 삶의 일반적 특성에 대해서 많은 사람들 사이에서 여러 시대에 걸쳐 널리 퍼져 있던 또 하나의 주요한 인간상은 인간을 행위자(agent)로 보는 것이다. 이것은 인간을 율법 아래에서 사는 '시민인 인간'(man-the-citizen)의 상으로 보는 것이다. 이 같은 상징의 도움을 받아 자기 자신들은 물론 인간 일반을 이해하는 사람들은 개인적인 삶을 기술(techne)이나 예술(art)로 해석하는 견해의 부적합성과 결점을 자기들 나름대로 지적하고 있다. 우리를 장인(匠人)으로 보는 입장에서는 삶의 목적과 수단 양자가 모두 우리 자신들이 통어할 수 있는 것이 되지만, 우리를 개인으로 여기고 다루든 공동체로 취급하여 다루든 간에 우리 자신들을 다루는 일은 그 어떤 것도 우리 뜻대로 되지 않는 것이다.

'만드는 사람으로서의 인간'은 자기 목적에 적합하지 않은 재료를 거절할 수가 있다. 그런데 그 재료가 다른 것이 아니고 우리의 개인적인 본성과 우리의 사회적인 본성 안에 있는 바로 우리들 자신인 경우에는 그렇게 거절해 버릴 수가 없다. 우리의 몸, 우리의 감각, 우리의 충동 등은 우리에게 주어진 것이기 때문에 우리가 그런 것들을 가질 것이냐 가지지 않을 것이냐 하는 것은 이미 우리가 통어할 수 있는 문제가 아니다. 우리가 이러한 우리의 몸, 감각, 충동 등과 맺고 있는 관계는 예술가가 그가 사용하는 재료와 맺고 있는 관계와 같은 그러한 것이 아니라 한 도시의 통치자가 그 도시의 시민과 맺고 있는 관계와 같은 그러한 것이다. 그 도시의 통치자는 좋든 싫든 자기 도시의 시민들을 받아들일 수밖에 없다. 미래와의 관계에서도 마찬가지이다. 삶을 예술작품으로 이해하고, 예술작품을 완성하듯이 삶을 완성할 수 있다고 하는 생각과 관련해서 미래의 문제를 살펴보면, 우리가 여기에서 발견할 수 있는 것은 미래의 운명은 그것이 행운이든 악운이든 간에 마치 "계모의 인색한 밥그릇"처럼 우리를 마음대로 할 수 있는 어떤 낯선 힘에다 우리들을 맡겨 버린다고 하는 사실이다. 그러므로 만약 소크라테스가 아리스토텔레스가 서술한 바 있는 행복한 삶을 자기 자신을 위해서 구체적으로 설계했다 하더라도 그것은 아무런 소용도 없는 일이다. 우리는 우리와 같은 수많은 인간들과 살고 있고 엄청난 자연의 힘이 현존하고 있는 그 속에서 살아가고 있다. 이러한 삶은 마치 대성당처럼 여러 세대에 걸쳐 건축될 수 있는 그런 것이 아니다. 도대체 어느 인간이 자기 종국(終局)을 계획할 수 있겠는가? 그 누가 과연 염려한다고 해서 자기의 존재, 자기의 인격, 자기의 업적 등이 후세의 사람들에 의하여 기억될 수 있을 만큼 지속되리라는 것을 보장할 수 있겠는가? 우리가 하는 일이 우리 자신들에 관한 것인 경우, 우리는 우리가 가지고 일하는 그 재료도, 미래의 건축물도 우리 마음대로 할 수가 없다. 그러므로 우리가 지니고 있는 이 삶은 예술과 같은 것이라기보다는 정치와 같은 것이다. 정치란 가능성의 예술이다. 우리가 우리들 자신이 어떤 존재인가를 이렇게 깨달을 때 우리가 할 수 있는 일은 무엇인가? 그것은 우리가 다스려지고 있듯이 그렇게 우리 자신들을 우리가 다스리지 않으면 안 된다고 하는 것, 그 이상의 어떤 것도 아니다.

많은 도덕철학자들과 신학자들은 서로 의견이 다르면서도 적어도 위의 사실에 대해서는 의견의 일치를 보고 있다. 그래서 그들은 우리의 개인적 실존의 현실성을 정치적인 상(political image)의 도움을 받아 이해하고 있다. 기술 상징의 경우에서와 마찬가지로 이것도 단순한 하나의 상(像)만은 아니다. 그것은 우리의 실제적인 삶으로부터 추론된 것이기 때문이다. 하나의 상징이기 때문에 그것은 어떤 특정한 경험이 모든 경험을 해석하기 위하여 사용될 수 있고, 부분이 전체를 해석하기 위하여 사용될 수 있음을 보여 주고 있다. 우리는 관습(mores), "너는 이래야만 한다(Thou shalt), 그러면 안 된다(Thou shalt not)"하는 계율과 규정, 그리고 어떤 것을 하라는 지시와 어떤 것을 해도 좋다는 승인들 속에 있으면서, 비록 자기 실존에 이르는 것은 아니지만 비로소 자아 인식에 도달한다. 원시인들이 삶의 영역 전체에 투사된 자기네 공동체의 율법에 대하여 그것이 누구나 준수해야 하는 보편적인 법(themis)이라고 하는 느낌을 가지고 있는 것을 보아도 그렇고, 오늘날의 어린이들이 자기들의 부모란 어떤 일은 하지 못하게 하고 어떤 일은 해도 좋다고 하는 그러한 사람들이라고 하는 부모상을 가지고 있는 것을 보아도 그렇고, 도대체 우리가 살고 있는 이 삶은 도덕, 관습이 지닌 어떤 관례, 사회 풍토(ethos), 율법과 계율, 타율과 자율, 자아지향성과 타자지향성, 승낙과 불허, 사회적·법률적·종교적 재가(裁可) 등을 고려하지 않으면 안 되는 것이다. 우리의 삶 전체의 모습은 바로 이와 같다. 그렇기 때문에 우리가 반드시 대답하지 않으면 안 되는 다음과 같은 물음들, 즉 "어느 율법을 내가 승낙할 것인가, 그리고 어느 율법에 내가 저항할 것인가? 나 자신과 다른 사람들을 어떤 법, 또는 어떤 법률체계에 의하여 다스릴 것인가? 내가 통치자인 영역은 어떻게 다스려야 하며, 내가 규칙에 따라 참여하고 있는 영역은 어떻게 관리할 것인가?" 등의 물음이 제기되는 것이다.

'만드는 사람'이라고 하는 상징의 경우에서처럼 '시민'이라고 하는 상징도 널리 일상적인 삶에 적용될 수 있어, 많은 전문적인 이론가들에 의하여 유용한 것으로 인식되어 왔다. 예를 들면, 인간은 지적인 행위를 하면서 어떤 다른 목적을 위하여 유용하거나 그것 자체로도 즐거움을 줄 수 있는 그러한 하나의 참된 지식체계를 실현하기 위해서, 그 지적 활동 안에서 이루어지는 자신의 생각과 탐구에 일정한 방향을 제시할 뿐만 아니라 자기가 관찰하는 일, 개념화하는 일, 비교하는 일, 관계를 맺는 일 등을 논리의 법칙이나 과학적 방법의 법칙에 따라 수행한다. 만약 그가 단순히 추론하는 동물만이 아니고 하나의 인간이라면 자기의 물음을 그러한 규칙이나 법에 의거하여 다스린다고 하는 것은 그에게는 대단히 중요한 일이 아닐 수 없다. 다시 말하면, 인간이 정치적인 영역에서 행하는 것은 질서, 평화, 번영, 복지 등의 목적을 추구하는 것만이 아니다. 그러한 추구를 근본적인 것이라고 할 수 있을는지는 몰라도 그것만은 아닌 것이다. 인간이 정치적인 영역에서 행하는 것은 그가 행하는 모든 것을 타당성 있는 온당한 법칙(rule of justice) 아래서 행하려 하는 것이다. 그렇기 때문에 만약 우리가 실제로 가끔 그래왔듯이, 이제까지 서술한 두 개의 상징을 서로 연합시키려 한다며 비록 그렇게 결합을 시키는 데서 독특한 어려움이 생긴다 할지라도 온당성(justice) 자체가 목적이라고 말하지 않으면 안 된다. 시민으로서의 인간상은 우리의 모든 사회적 실존에 적용된다. 우리는 우리의 행위가 다른 사람들에 의하여 통제되는 가정, 이웃, 국가 등의 규제 밑에서 살고 있다. 우리는 이러한 규제들을 반대할 수도 있고 또 이에 대하여 저항할 수도 있고 또 실제로 그렇게 하기도 한다. 그러나 어떤 법들은 우리가 승인해야 하고, 또 우리 자신들에게도 어떤 규칙을 과해야 하며, 우리의 삶을 어떤 규율에 의하여 관리하는 것이 필요하다는 것-즉, 도덕적으로 필요하다는 것-도 우리는 알고 있다.

다시 말하지만, '만드는 사람'으로서의 인간상을 지니고 있는 경우에서와 마찬가지로 자아행위(self-conduct)를 이해하고 규제하기 위하여 시민 상징을 채택하는 사람들도 다양한 분야들을 고려하고 있다. 어떤 사람들은 통치되어야 하는 공화국이란 주로 제각기 다른 잡다한 자아로 이루어진 것으로 본다. 즉, 통일성을 추구하는 다양성, 혹은 자신을 많은 역할로 각양각색이게 한 통일체로 보는 것이다. 몸과 마음은 두 개이면서도 하나로 합쳐져 있다. 그 속에는 많은 굶주림과 충동과 분노와 사랑이 덩어리져 들어 있다. 그렇기 때문에 육체의 다양성은 적어도 정신적인 내용의 다양성과 거의 같은 그러한 다양성을 지니고 있다. 따라서 이러한 상황 속에서 우리가 자아의 통일, 인격이라고 부르는 그 다양성의 조화를 어떻게 성취할 수 있을 것인가 하는 것은 사물을 관리하는 자아(administrative self)에게 하나의 도전적인 질문이 아닐 수 없다. 사실상 그러한 과제는 외부의 제어와 규제 없이 이루어지는 것도 아니고, 내적인 동의와 자아 입법(self-legislation)이 없이 이루어지는 것도 아니다. 이러한 자아 다스림(self-government)이 실제로 어떻게 이루어지느냐 하는 것은 많은 심리학적인 문제들 중의 하나일 뿐만 아니라 도덕론자들의 관심사이기도 하다. 이와는 달리 공화국을 바라보는 입장도 있다. 즉, 이러한 견해에 따르면 공화국은 자아들이 모인 인간공동체이다. 그런데 그 공동체가 지니고 있는 다양성이란 결국 제각기 다른 욕망을 가지고 있고 서로 여러 규제를 가하고 많은 사람들이 지니고 있는 다양성이다. 그렇기 때문에 공동체적인 삶은 기존의 법을 준수하는 삶과 새로운 법을 부여하는 삶 등 두 가지의 삶을 사는 것이다. 이와는 달리 혹 우리가 마음속에서 생각하고 있는 공동체가 보편적인 사회일 수도 있다. 그리고 여기에서 추구되는 것은 자연의 법칙, 또는 일반적인 영역에서 법을 만드는 시민들이 그러하듯이 그저 동의하면서 받아들일 뿐만 아니라 적극적으로 받아들이도록 사람들에게 요청되고 있는 보편적인 신의 뜻일 수도 있다.

법률을 제정하고, 법에 복종하며, 법을 관리하는 행위자로 자아를 이해하려는 노력은 오랜 역사를 지니고 있다. 그러한 자아 이해를 실제로 사용하는 경우 많은 이론적이고 실제적인 문제들이 일어나기도 하였지만, 그것은 동시에 대단히 유익한 것이기도 하였다. 인간을 입법자이면서 아울러 법률 준수자로 보는 인간의 상징은 근원적인 것일 수도 있고 다만 하나의 문화적인 상징일 수도 있다. 그러나 어떠한 경우이든 이 같은 상징은 우리로 하여금 실존의 넓은 영역을 이해할 수 있도록 도와주고 있을 뿐만 아니라 복합적인 결단을 수행하는 데도 우리들로 하여금 우리들의 안내자를 발견할 수 있도록 하는 데 도움을 주어 왔다.

||

이론적인 윤리학의 역사에서 뿐만 아니라 실제적으로 결단을 행하는 데도 우리의 개인적인 실존을 '스스로 행위하는 존재'(self-acting beings)로 이해하는 이러한 두 상징을 사용하는 데는 많은 논쟁이 있었을 뿐만

아니라 절충을 하고 조정을 하는 많은 노력이 경주되었다. 인간을 언제나 '만드는 사람'으로 생각하는 사람들은, 법을 제정하는 일은 건축을 하는 일보다 낮은 것이라고 생각한다. 그들은 옳은 것이란 선한 것과의 관련에서 정의되어야 하는 것이라고 생각하고 있고, 규정이란 실리적(實利的)인 성격을 지닌 것이어서 다만 목적을 위한 수단일 뿐이라고 생각한다. 따라서 모든 법률은 사람들이 바라고 있든가 바람직한 목적의 성취를 위하여 그 법이 얼마나 기여하는가 하는 그 공헌에 의하여 그 법 자체의 존재를 정당화하지 않으면 안 된다. 그러나 인간의 실존을 원초적으로 시민상의 도움을 받아 생각하는 사람들은 반대로 선한 점을 옳은 것에 종속시키려 한다. 그들에게는 다만 올바른 삶(right life)만이 선한 것이다. 그리고 그러한 바른 삶은 미래의 이상이 아니고 언제나 현재적인 요청이다. 브로드(C.D. Broad)가 연방주의자(federalist) 학파라고 부른 바 있는 이들은 '만드는 사람'이라는 인간상이나 시민으로서의 인간상 중의 어느 하나만의 도움으로는 우리의 실존을 파악할 수 없기 때문에 양자를 모두 채택해야 한다고 말하고 있다. 결국 그들은 이중적인 이론을 우리에게 맡기고 있는 셈이다. 그런데 그 두 부분은 본질적으로 조화가 되지 않고 있다. 그러나 이론들간의 갈등은 실제적인 갈등의 연장이다. 즉, "나는 무엇을 해야만 할 것인가?" 혹은 "우리는 무엇을 해야만 할 것인가?" 하는 물음에 대답하고자 할 때 개인적인 삶과 사회적인 삶 사이에서 일어나는 실제적인 갈등의 연장인 것이다. 바로 그러한 갈등이 일어나는 자리에서 우리는 우리의 개인적인 실존과 사회적인 실존이 본으로 삼아 그것에 의하여 우리 자신과 사회를 조형하는 여러 다양한 이상들(ideals)에 관한 논의로부터, 우리에게 요구되는 것 혹은 요청되는 것은 과연 무엇인가, 그리고 그것은 도대체 누구에 의해서 요구되고 있는가 하는 논의로 옮겨간다. 그러한 관심의 이동은, 달리 표현해서, 법이란 당연히 복종해야 할 것이라는 개념에서의 법에 대한 논의로부터 "우리 앞에 있는 이상(理想)의 관점에서 볼 때 과연 어떤 법이 정당화될 수 있는가?" 하는 물음에로의 이동이라고 할 수도 있다. 예를 들면, 인종차별의 철폐를 성취하려면 어떻게 해야 할 것인가 하는 실제적인 문제에 부딪혔을 때 우리는 인종차별을 부정하는 국법이 준수되어야 한다는 주장과, 그것만이 아니라 그것 이상으로 가장 이상적인 상태가 실현되어야 한다고 하는 젊은 흑인들의 요구 사이에서 논의를 전개하고 있는 것이다.

우리가 부딪히는 실제적인 이러한 논의들이 우리에게 보여 주고 있는 것은 다른 것이 아니다. 우리들이 자신들을 이해하고 계도하기 위해서 채택한 근본적인 상(像)들이 사실상 많은 도움을 주고 있기는 하지만 그 상들은 실재의 진정한 복사(複寫)가 아니라 여전히 그저 상이고 가정이라는 사실, 따라서 실재는 상의 경계를 넘어 있다는 사실, 그렇기 때문에 우리가 우리들 자신에 관한 진실을 탐구하고 실존을 추구하려면 그러한 물음은 상 이상의 어떤 것 혹은 상과는 다른 어떤 것의 필요가 생각되어야 하고 또 충족되어야 한다고 하는 사실 등을 시사해 주고 있는 것이다.

이 같은 정황에서 볼 때 책임이라고 하는 새로운 상징이 생겼다고 하는 것은 매우 중요한 일이다. 이 상징은 우리의 행위가 이루어지는 그 행위의 소재인 우리 자신들의 실존을 이제까지와는 다르게 이해하고 정의하는 또 다른 대안이기도 하고, 혹은 이제까지의 이해와 정의를 보위하는 것이기도 하다. 책임이라고 하는 개념 안에 내포되어 있는 것은 '응답하는 인간'(man-the-answerer), 대화하는 인간, 자기에게 과해진 행위에 대응하여 행동하는 인간상이다. '만드는 사람'으로서의 인간상과 '시민'으로서의 인간상의 경우에서처럼 '응답하는 인간상'도 우리에게 제유(提喩, synecdochic analogy : 일부로써 전체를, 특수로써 일반을 나타내는 비유-역자 주)를 제공해 주고 있다. 우리 자신을 총체적으로 이해하려 할 때 우리는 우리 행위 중의 일부가 지니고 있는 상을 이용한다. 다시 말하면, 오늘날에 이르러 비로소 우리는 모든 우리의 행위가 어떤 일정한 양태를 따라 이루어지는 것이라고 생각하게 된 것이다. 우리에게 발언하는 다른 사람들에게 우리가 응답할 때 우리의 그 응답은 일정한 양태를 지니고 있는 것이다.

대화에 참여하는 것, 우리에게 질문된 물음에 대답하는 것, 어떤 공격에 대항해서 우리 자신을 방어하는 것, 명령에 응하는 것, 도전과 직면하는 것 등은 지극히 일상적인 경험이다. 그래서 이제 우리는 우리의 모든 행위를 우리에게 과해진 행위에 대하여 반응하고 응답하는 이러한 특성을 지니고 있는 것으로 생각하고자 한다. 인간의 자아 속에서 세 가지 혹은 그 이상의 겉으로 드러나는 능력이 있다고 본 과거의 기능론적 심리학(faculty psychology)과, 인간의 심상은 연상법칙에 의하여 작용한다고 이해한 연상심리학(associationist psychology)은 인간의 행위란 자극에 대한 반응이라고 하는 생각을 우리에게 잘 알게 해준 상호 작용의 심리학(psychology of interaction)에 의하여 대치되었다. 생물학과 사회학도 심리학과 마찬가지로 우리에게 인간이란 자기들에게 어떤 힘이 가해지기도 하고 그 힘에 반응하기도 하며 자기들을 잡아끌기도 하고 밀어내기도 하는 자연 및 사회 세력의 장(場) 한가운데 있는 존재라고 하는 것을 인식할 것을 가르쳐 주고 있다. 우리는 또한 역사를 이해하려 할 때에도 당대의 사회와 그 사회의 지도자들이 어떤 이상을 향하여 자기들의 노력을 경주하고 있는가 하는 것을 알아보면서 이해하려 한다든가 그들이 복종하는 법이 어떤 것인가에 관하여 물으면서 이해하려 한다든가 하기보다는, 그 사회가 어떠한 도전에 그들이 응하고 있는가를 물으면서 이해하려고 한다. 그렇다고 해서 '만드는 사람'으로서의 인간상이라든가 시민으로서의 인간상이라든가 하는 보다 오랜 인간상들이 이 같은 생물학적·심리학적·사회학적·역사적 분석 속에서 그 의미를 상실해 버렸다고 말하는 것은 아니다. 다만 우리가 오늘날의 심리학, 오늘날의 사회 연구, 그리고 오늘날의 역사학을 이전에 있었던 인간상에 대한 연구의 예와 비교해 보면 그 차이가 대단하다고 하는 것을 말하고자 하는 것이다. 삶의 여러 양태가 서로 결합되어 있는 모습들을 어떻게 우리가 지각하고 이해하며, 어떻게 우리가 정치적인 일, 경제적인 일, 교육적인 일 등을 비롯한 그 밖의 구체적인 일들을 수행해 가는가 하는 것을 서술하려면 많은 다른 상들을 계속 사용하지 않으면 안 될 것이다. 그러나 분명한 것은 오늘날의 사유양태는 상호작용이라고 하는 사실이다.

이 같은 상을 윤리학의 분야에서 사용하는 것은 아직 고려되고 있지 않다. 그래서 책임이라는 말을 행위자로서 이해되는 자아에 관하여 사용할 때면, 그 단어는 흔히 이전에 있었던 상들의 도움을 받아 목표를 향한 의미의 조정, 혹은 법을 준수할 수 있는 능력 등으로 해석된다.[4] 그러나 우리는 우리에게 과해진 행위가 어떤 것인가를 해석하고, 그러한 우리 자신들의 해석에 따라 그 행위에 응답하여 행동하는 존재라고 하는 이해는 아주 유용한 개념이다. 그것은 이전의 상만을 채택한 때에는 분명하게 나타나지 않는 우리들의 자아 규정 행위(self-defining conduct)의 여러 측면을 선명하게 볼 수 있도록 해주기 때문이다.

사실, 이 상을 가지고 인간을 이해하는 일은 이미 옛날의 도덕론자들의 관찰 속에서 예시되고 있는 것이기도 하다. 아리스토텔레스는 덕을 이루는 중용(mean)이 무엇을 뜻하는가를 설명하고 있는데, 그때 그가 자기 마음 속에 지니고 있었던 것은 바로 우리가 언급한 그러한 종류의 이해(즉, 중용이란 적절한 응답(fitting response)일 것이라는 그러한 생각)였는지도 모른다. 왜냐하면 그는 "적절한(right) 때, 적절한 사물과의 관련에서, 적절한 사람을 향하여, 적절한 동기를 지니고, 적절한 방법으로" 두려움과 신뢰와 욕구와 분노와 자비를 느끼는 것이 "중용적인 것, 그리고 최선의 것"이라고 말하고 있기 때문이다.[5] 흔히 스토아 윤리학은 본래 목적론적이거나 율법과 관련된 것으로 해석되고 있다. 그러나 스토아 윤리학의 특징은

---

4. W. Fales, 「지혜와 책임」 (*Wisdom and Responsibility*, Princeton : Princeton University Press, 1946)을 참조할 것, "비록 궁극적인 인간의 목적이 인격을 설명하고 의도를 구성하는 것은 아니라 할지라도 인간은 명상의 대상만이 아닌 그 궁극적인 목적들에 의하여…… 결정된다고 하는 많은 증거들이 있다. 그 궁극적인 목적이 인간에게 과하는 압력이 곧 책임으로 느껴지는 것이다."(pp. 4f) Fales는 책임에 관한 느낌을 설명하려 하고 있지만 그 느낌 자체를 분석하지는 않고 있다. pp. 56-58, 67, 71, 144를 참조할 것

5. Op. cit., Bk, II, 6.

그것이 고통의 윤리, 즉 인간에게 그 자신이 견뎌내지 않으면 안 되는 것으로 과해지는 행위에 대한 인간의 반응의 윤리라고 하는 데 있다. 스토아 철학자의 주요 물음은 "어떻게 하면 인간은 부딪히는 사건들에 대하여 감정에 사로잡히지 않은 채-즉, 사건에 의하여 야기되는 원색의 감정에 대하여 수동적이거나, 그러한 감정에 종속되지 않고-이성을 가지고 반응할 수 있을 것인가?" 하는 것이다. 그런데 스토아 철학자에게는 이 이성이라고 하는 것이 감정을 통어하는 법률 부여의 힘도 아니고, 이상을 실현하려는 심성이 지니고 있는 어떤 목적 지향적인 움직임도 아니다. 그것은 오히려 해석하는 힘이다. 즉, 그 힘은 자아가 예속되어 있는 그 행위의 합리적인 근거를 이해할 뿐만 아니라, 자아로 하여금 감정에 의하여 흔들리지 않고 합리적이고 자유롭게 응답할 수 있도록 하는 힘인 것이다. 스피노자에게서는 자아가 반응하는 그 사건과 존재에 관한 합리적인 해석에 의하여 좌우되는 이러한 응답에 관한 생각이 중요한 역할을 하고 있다. 분명히 그는 어느 정도 이상론자라고 할 수 있다. 그는 자기가 어떻게 하면 "영원히 계속해서 지고한 행복을 누릴 수 있는 기능을 발견하고 또 획득할 수 있을 것인가"[6] 하고 묻고 있는 것이다. 그러나 그는 이러한 목표가 성취될 수 없음을 재빠르게 주목하고 있다. 인간으로 하여금 자기들에게 일어나는 일들에 대한 불명료하고 자아 중심적이며 감정이 일게 하는 해석들 대신에 모든 사건들을 확연한 총체 속에 있는 이해할 수 있는 합리적인 사건들로 받아들이는 분명하고 뚜렷한 해석을 지니도록 그들의 이해를 교정하지 않는 한 그러한 목적의 실현은 불가능하다는 것을 알고 있는 것이다. 자기 자신의 감정으로부터의 자유, 그리고 감정을 통하여 자기에게 벌어진 여러 가지 사건들의 압제로부터의 자유는 자아 속에서

---

6. 「올바른 지식에 관하여」(*Tractatus de intellectus emendatione*), Ⅰ, 1. (편자가 참고로 한 이 논문의 영역본에는 라틴어본에 나타나고 있는 구절들의 구분 번호 표시가 되어 있지 않다. 그러나 위에서 인용된 문장은 비교적 그 논문의 시두 부분에서 나타나고 있는 것이다. - 편집자).

일어나고 있을 뿐만 아니라 그 자아에게 생기는 여러 사건들에 대한 그 자아의 응답이 올바른 해석을 통하여 결과적으로 변화됨으로써 획득되는 자유이다. 이 이외에 자연주의 윤리학(naturalistic ethics)과 마르크스주의(Marxism)에도 응답에 관한 생각이 담겨져 있음을 발견할 수 있다.

철학적인 이론의 영역 밖에 있는 우리의 실제적인 삶의 영역에서도 우리의 행위가 지니고 있는 여러 문제를 해결하기 위해서는 그 문제들에 대한 이러한 방법을 사용하는 것이 거의 불가피하다는 사실이 특별히 두 정황에서 드러나고 있다. 사회적인 긴박한 사태와 개인적인 고통이 그것이다. 사회로 하여금 그 나름의 특성을 가지게 하는 중요한 결단들은 공동체가 자기에 대한 도전으로 여기고 직면하지 않으면 안 되는 어떤 긴박한 상황이 만들어 내는 바로 그 상황의 기능이라고 흔히 이해해 왔다. 물론, 바람직한 미래를 향한 이상, 희망, 충동들이 그러한 결단을 하는 데서 자기들의 몫을 제 나름대로 연출하고 있고, 전승된 법률들도 그러한 결단을 하는 데 중요한 것이 되고 있는 것은 틀림없는 사실이다. 그러나 미래가 그 결단 여하에 따라 달라질 수 있는, 그래서 결국 그 미래가 의존하고 있는 결단, 그리고 바로 그 결단으로부터 새로운 법률이 생기는 그러한 결단은 사회에 과해진 어떤 행위에 대한 응답의 행위 속에서 이루어진 것이다. 그리고 이 행위는 지금 어떤 일이 벌어지고 있는가 하는 것을 어떻게 해석하는가 하는 데 따라 그 방향이 달라진다. 예를 들어보자. 현대의 미국은, 미국을 건국한 조상들은 그러한 생각을 하지 않았겠지만, 도전에 대한 응답이라고 하는 척도에서 본다면 남북 전쟁의 소용돌이 속에서 비로소 태어난 것이라고 볼 수 있다. 또 뉴딜(New Deal) 정책을 시행하던 때 복지 국가를 이루어야 하겠다는 결단을 하게 된 것도 경제적인 불황에 대한 응답, 그리고 끼어들고 싶지 않으면서도 외국에서 일어나고 있는 전쟁들에 대한 반응으로 국제정치가 벌어지고 있는 그 영역 속에 미국이 개입하지 않을 수 없는 상황에서 이루어진 것이다. 이러한 사건들은 적극적이고 실제적인 자아에 대한 규정이 하나의 이상의 추구라든가 어떤 궁극적인 율법에 고수해서 이루어지는 것이기보다는 도전에 대한 응답에서 비로소 생기게 된다고 하는 사실을 그 나름의 사회 영역에서 실증하고 있다. 개개인의 경우에도 마찬가지이다. 한편으로는 기회가, 또 다른 한편으로는 제한된 사건들이 주형(鑄型)이 되어 그 속에서 자아는 자기가 어떻게 그러한 기회와 사건이 지닌 한계에 반응하느냐 하는 그 응답의 성격에 따라 자기 자아를 규정하게 된다는 것을 우리는 알고 있다.

  어쩌면 이 같은 사실은 고통의 경우에 가장 잘 드러날는지도 모른다. 그런데 이 고통의 문제에 관해서는 철학적인 윤리학 이론에서는 물론 신학적인 윤리학에서조차도 거의 관심을 기울이지 않고 있다. 그러나 삶을 조금이라도 경험해 본 사람이라면 누구나 자기가 알고 있는 사람들의 사람됨은 그들이 어떤 형태의 고통을 겪어왔는가 하는 것에 따라서 결정되어 있음을 알고 있다. 그러나 그렇다고 해서 그들을 결정한 것이 단순히 그들에게 어떤 일이 일어났는가 하는 것만은 아니다. 보다 중요한 것은 그들에게 일어난 일에 대하여 그들이 어떻게 응답했는가 하는 것이다. 그리고 이 반응들은 자기네들이 당한 고통을 어떻게 해석했는가에 따라서 형성되어 온 것이다. 이와 같은 이른바 고통의 윤리학을, 삶은 목적 지향적이라고 하는 일반적인 가설을 가지고 다룰 수도 있을 것이다. 그러나 그렇게 하면 당연히 고려해야 하는 데도 간과해 버릴 수밖에 없는 많은 것이 생기게 된다. 왜냐하면, 그러한 입장에서는 고통이란 다른 것이 아니고 목적을 향해서 나아가는 우리의 움직임을 단절해 버리는 것이라고 말할 수 있겠지만 그것은 다만 고통의 의미의 일부만을 언급하고 있는 것이기 때문이다. 고통은 즐거움을 추구하는 우리의 삶의 움직임을 우리의 힘을 초월하는 어떤 것에서부터 와서 부정해 버리는 것이기도 하고, 자아 실현이나 잠재적인 가능성을 현실화하려는 삶의 움직임을 좌절시켜 버리는 것이기도 하다. 고통이란 우리가 제어할 수 없는 어떤 것이 우리의 실존 안에 현존하고 있다는 것, 혹은 우리의 법이 아닌 다른 법에 따라 작용하는 어떤 행위가 스스로 법률을 만드는(self-legislating) 우리의 실존 안에 침입해 들어왔다고 하는 것이 드러난 것이기 때문에, 그것은 목적론적인 윤리학과 의무론적인 윤리학, 즉 인간을 '만드는 사람'으로서의 인간으로 혹은 '시민'으로서의 인간으로 보는 윤리학의 영역 안에서는 적절한 자리를 차지할 수가 없다. 그렇지만 많은 사람들, 어쩌면 모든 사람들은 개인적으로든 집단으로든 자기들에게 주어지는 고통에 대한 자기들의 반응 속에서 자기자신들을 규정하고, 자기 나름대로의 개성을 지니게 되며, 그들 자신들의 기질(ethos)을 함양시켜 나아간다. 그런데 그들의 반응은 결국 그들에게 일어난 일, 그들에게 과해진 행위를 그들이 어떻게 해석하느냐 하는 그 해석의 기능이다. 인간의 자아 행위(self-conduct)는 목적에서 비롯하는 것도 아니고 그렇다고 율법에서 비롯하는 것도 아니며, 다만 그가 어떻게 응답하느냐 하는 사실과 더불어 비롯하는 것이라고 하는 이해가 현실적이고 타당성이 있는 접근이라고 하는 사실을 역사적으로 또 경험적으로 더 많이 예증할 필요는 전혀 없다. 다시 말하면, 자아 행위는 존재하는 것 자체인 자아에 대한 물음에서 비롯하는 것이 아니라 자아와 부딪힌, 그리고 자아에게 과해진, 어떤 것에 대하여 그 자아가 응답하고 있는 이른바 응답관계(response-relations) 속에 있는 자아에 대한 물음으로부터 비롯한다고 하는 경험적이고 역사적인 더 많은 예를 찾아내는 것은 불필요한 일이다. 예를 들면, 이러한 물음들은 부모가 되어 자식을 키우면서 "저 아이에게 가장 적절한 것이 무엇일까? 그 아이의 삶 속에서 지금 일어나고 있는 일이 어떤 것일까?" 하고 묻는 그 부모의 원초적인 행위 속에 이미 내포되어 있다.

이제까지 논의한 것을 우리는 다음과 같이 요약할 수 있을 것이다. 목적지향적인 입장은 "내가 무엇을 해야 할 것인가?" 하는 물음에 대답하기 위하여, 먼저 "나의 목표, 나의 이상, 나의 종국성은 무엇인가?" 하는 물음을 묻고, 의무론적인 입장은 도덕적인 문제가 생겼을 때 이에 대답하기 위하여 우선 "나의 삶을 다스리는 법은 어떤 것인가? 내 삶의 제일 법칙은 무엇인가?" 하는 물음을 묻는다. 그러나 책임은 결단과 선택의 매순간에 "어떤 일이 일어나고 있는가?" 하는 물음을 우선 묻는다. 만약 우리가 가치를 나타내는 개념적인 용어를 사용하여 이를 묘사한다면 이 세 가지 접근의 차이는 선한 것(the good), 올바른 것(the right), 그리고 적합한 것(the fitting)이라고 표현할 수 있을 것이다. 왜냐하면, 목적론은 언제나 올바른 것을 자기 안에 종속시키고 있는 지고선(至高善)을 관심하고 있고, 철저한 의무론은 우리의 행복에 어떤 일이 일어날 것인가 하는 것과는 아무런 상관없이 다만 올바른 것에만 관심한다. 그러나 책임의 윤리에서는 적합한 행위(fitting action)만이, 즉 하나의 응답과 그 응답 이후에 또 어떤 응답을 해야 할 것인가를 예상하는 이른바 응답의 총체에 적합한 행위만이 선한 것에 이바지하는 것이고, 또한 그것만이 올바른 것이다.

책임의 이념을 우리의 자아 행위(self-action)의 이해를 위해 유용한 것이게 하려면 우리는 그 책임이라는 개념이 과거의 이론 속에서는 어떻게 활용되었고 또 일상적인 경험 속에서는 어떻게 사용되었는가 하는 것에 대하여 이제까지 언급한 예비적인 이해보다 훨씬 더 분명하게 그 이념을 마음속에 지닐 필요가 있다. 이에 대한 우리의 정의는 가능한 한 분명해야 할 뿐만 아니라, 할 수만 있다면 이제까지 사람들이 자기들의 행위와 작용을 이해하기 위하여 사용했던 다른 위대한 사상들과 연결된 상징들을 사용하지 않고 그 정의가 이루어지지 않으면 안 된다. 그래야만 우리는 자아 이해를 위한 비교적 정확한 도구를 발전시킬 수 있고, 또한 그 도구의 가능성과 한계를 이해할 수 있을 것이기 때문이다.

책임이론의 첫 번째 요소는 응답(response)이라고 하는 이념이다. 모든 행위, 즉 우리가 애매하게 도덕적 행위라고 부르는 것까지 포함한 모든 행위는 우리에게 과해진 행위에 대한 응답이다. 그러나 그것이 우리에게 과해진 해석된(interpreted) 행위에 관한 응답이 아니면 우리는 그것을 자아의 행위라거나 도덕적 행위라고 부르지 않는다. 심장의 고동에서부터 무릎의 굴신(屈伸)에 이르기까지 우리의 몸의 영역 안에서 일어나는 모든 행위도 분명히 반응이다. 그러나 만약 그러한 행동들이 해석과 더불어 행해진 것이거나 일어난 것이 아니라면 그러한 행위는 자아 행위의 영역에 속하지 않는다. 우리들 자신들이 어떤 존재인가를 정의하려면 우리들 자신들에 대한 많은 것을 언급하지 않으면 안 될 것이다. 그러나 어떤 것이 이야기되든 간에 분명히 우리가 언제나 언급해야 할 필수 불가결한 것은, 인간이란 그가 무엇을 안다고 하는 이른바 지각(awareness)에 의하여 특징지워진다는 사실, 그리고 이 지각은 사건들을 이러한 일인지 저러한 일인지 분간하고, 서로 비교하며, 분석하는 지성의 작용이며 또한 그 지각은 그 사건들을 서로 관련시켜 그러한 사건들이 우리에게 맹목적인 행위가 아니라 이해된 것, 그리고 의미를 지닌 것이 되게 한다는 사실이다. 그렇기 때문에 비록 우리의 눈꺼풀은 빛에 대하여 순수히 반사적으로 반응하지만, 자아는 그 빛을 빛으로, 즉 어떤 해석된 것, 이해된 것, 그리고 그 밖의 현상과 연관된 어떤 것으로 여기고 그 빛에 응답한다. 그러나 이것은 단순한 예에 불과하다. 사실상 이보다 훨씬 더 복합적으로 우리는 우리에게 과해지는 사물들을 그 사물 하나 하나의 별개로 보는 것이 아니라 전체의 부분으로, 서로 연결된 것으로, 그리고 보다 넓은 의미들을 드러내는 상징적인 것으로 해석하고 있다. 우리가 여기에서 채택하고 있는 이 넓은 해석의 여러 양태들이 우리에게 과해진 행위에 대하여 우리가 어떻게 응답하는가 하는 것을 결정하는 것이라고—비록 기계적으로 그런 것은 아니지만—생각된다. 우리는 국가 상호간의 행위의 의미를 끊임없이 해석하지 않고는 국제적인 사건들을 이해할 수가 없을 뿐만 아니라 서로가 제각기 하나의 국가의 입장에 서서 상호간의 행위를 할 수도 없다. 러시아와 미국의 충돌은 상대방이 폭탄과 미사일을 제조하고 있다든가, 다른 나라들에게 차관을 제공한다든가, 상호간에 비난의 발언을 한다든가 하는 사람들에 대한 반사적인 반응이 아니다. 그 충돌은 서로가 상대방이 왜 그렇게 행동하는가 하는 것을 상대방의 의중(意中)을 짐작하면서 해석하는 두 공동체 간의 충돌이다. 그래서 미국인들은 러시아가 취하는 직접적인 행위를 드러난

대로 이해하지 않고 사실은 그 드러난 행위의 배후에 은폐되어 있는 공산주의자의 심성이나 러시아인의 심성의 표현으로 이해하려 한다. 그래서 우리는 상대방의 이상한 낯선 행위에 부닥칠 경우 그것을 보다 넓은 역사적 총체의 맥락에서 표출되는 하나의 상징으로 보고 이를 해석하면서 이 해석에 따라 우리는 우리의 응답을 하게 된다. 해석하고 그리고 응답하는 이러한 과정은 집단 상호간의 만남에서는 어느 경우에나 찾아볼 수 있다. 관리인과 피고용인과의 관계가 어떤 것인가를 생각할 경우, 우리는 단순히 그 두 집단이 의식적으로 추구하는 목적이 무엇인가를 묻지도 않고, 그들이 복종하고 있는 '스스로 만든 법률'(self-legislated law)이 어떤 것인지에 관해서도 묻지 않는다. 우리는 그들이 어떻게, 각기 자기들이 해서한 것에 따라, 상대방의 행위에 대하여 반응하는가를 묻는다. 그러므로 노동조합의 활동은 노동자들이 추구하는 목적이 무엇인가를 묻기보다는 관리자들이 자기네들의 관리 행위에서 추구하는 목적을 노동자들이 과연 어떤 것이라고 믿고 있는가를 물을 때 더 잘 이해할 수 있을 것이다. 물론 노동이나 관리에 그 나름대로의 합목적성의 요소가 있음을 부정해서는 안 된다. 그러나 상호간의 반응에서 보다 중요한 것은 각 집단 자체의 목적을 정의하는 것보다 상대방의 목표에 대하여 각기 두 집단이 어떤 해석을 하고 있는가 하는 것이다. 이와 비슷하게, 보다 큰 집단간의 모든 상호 관계를 보더라도 그 속에 있는 법률과 의무의 개념은 행위자의 반응을 직접적으로 이끌어 자기보다는 자기네들이 반응하는 대상인 상대방의 행위가 어떤 것인가를 해석하는 데서 보다 중요한 자리를 차지하고 있는 것으로 생각된다. 우리는 법률의 이념을 우리 자신들의 행위의 안내자로 여기고 이용하기보다는 우리가 반응하든가 우리에게 반응하든가 하는 사람에게 우리가 어떻게 해야 할까를 예상하기 위한 방도로 사용하고 있다. 판사가 어떤 법에 근거하여 판결하려는지를 알고 싶을 때 변호사들이 취하는 태도도 우리가 우리의 모든 집단관계가 어떤 것인지 알기 위해서 행하는 태도와 거의 유사하다. 가톨릭 교도거나 개신교도이거나 간에 우리가 하나의 종파인으로 행동할 때에도 우리는 우리들 자신의 법에 주목하고 행동하기보다는 다른 종파에 속한 사람이 지니고 있는 그들의 법을 이해하고 그 법에 따라 그들이 행동한다고 하는 사실을 주목하면서 우리의 행동을 취하지 않으면 안 된다.

 집단관계에서 예시한 이러한 점들은 개인의 경우에도 마찬가지로 적용이 된다. 우리는 우리에게 과해진 행위에 응답할 때 그 행위의 의미를 해석하면서 반응한다. 심리학자들의 주장에 의하면, 어린아이의 성격은 부모의 강제나 명령에 의하여 형성되기보다는 그러한 명령을 통하여 표현되고 있는 부모의 태도에 대한 어린아이의 해석에 의하여 형성된다고 한다. 열등감과 우월감, 공격적인 성격, 죄책감, 다른 사람과 만날 때 갖는 두려움, 그리고 이웃을 사랑하라는 계율에 쉽사리 따르지 못하는 성격 등은 서로 다른 사람의 태도와 가치에 대한 자기 나름의 해석 여하에 따라 결정되는 것이다. 우리는 비단 사회 안에서만 응답하는 존재로 사는 것이 아니다. 더위와 추위, 폭풍과 청명한 날씨, 지진과 조수(潮水), 건강과 질병, 동물과 식물 등 생명을 부여할 뿐만 아니라 죽음을 초래하기도 하면서 우리에게 영향을 끼치는 자연계 안에서 그 자연의 사건들을 해석하고 그 자연현상들에게 응답하는 존재로 살아가고 있다. 다시 말하면, 우리는 이러한 자연의 사건들에 대하여 우리들 자신들의 해석에 따라 반응하고 있는 것이다. 더 부연할 필요도 없는 일이지만, 그러한 해석은 단순히 우리의 의식적이고 이성적인 심성만이 맡아 하는 일은 아니다. 우리들 자신 안에 깊이 침잠되어 있는 기억, 부분적으로만 우리가 직접적으로 통어할 수 있는 우리의 감정과 직관 등이 맡아 하는 일이기도 하다.

 그러므로 책임이라는 개념의 두 번째 요소는, 책임이란 그저 단순한 응답 행위가 아니라 우리가 대답을 하지 않으면 안 되는 그 물음에 대한 우리의 해석에 따라 응답하는 행위라고 하는 사실이다. 우리가 책임이라는 개념을 가지고 행동하려 할 때는 "나의 목적은 무엇인가?" 혹은 "나의 궁극적인 법률은 무엇인가?" 하는 물음보다는 "어떤 일이 일어나고 있는

가?", "나에게 이루어지고 있는 일은 어떤 일인가?" 하는 물음을 우선
물으면서 "내가 어떻게 해야 할 것인가?" 하는 물음에 대한 대답을 모색한
다. 세 번째로 지적할 수 있는 것은 책무(責務, accountability)라고 하는
요소이다. 이 용어는 흔히 법률적인 개념으로 규정되고 있지만, 그 용어를
우리들이 자아 행위를 통하여 응답하는 그 응답 양태의 본질적인 부분을
언급하는 것으로 이해하면 그 의미가 더 분명해진다. 우리의 행위는 그
행위가 우리에게 과해진 해석된 행위에 대한 반응일 때에만 책임을 지는
것이 아니다. 우리가 이렇게 응답하면 그에 대한 또 다른 응답이 저렇게
나올 것이라고 하는 예상된 상황 속에서 이루어진 행위에 대해서도 우리의
행위는 책임을 지는 것이다. 행위자의 행동은 마치 대화 속에서 서로 주고
받는 말과 같은 것이다. 대화 속에서의 발언은 먼저 발언된 상대방의 말에
상응하는 또는 알맞은 대답을 해야겠다고 노력을 하면서 대답이 마련될
뿐만 아니라 또한 이렇게 이쪽에서 대답을 하고 나면 상대방은 또 어떤
대답을 할 것인가를 예상하면서 이루어진다. 대화에서의 그러한 발언은
뒤도 돌아보고 앞도 내다보면서 행해진다. 그리고 그러한 대화는 자기
발언에 대한 반대, 수긍, 수정 등을 예상한다. 그러므로 지금 이 자리에서
우리가 하고 있는 대화에서의 발언은 앞으로 그 대화가 전개되어 나아갈
대화 전체의 일부를 이루고 있는 것이고, 따라서 그 발언은 전체적인 의미
를 포용하는 것이지 않으면 안 된다. 그러므로 이러한 의미에서 본다면,
정치적 행위는 그것이 이전에 일어난 일에 대한 응답일 경우에만 책임을
지는 것이 아니라 일단 이루어진 정치적 행위에 대한 반응을 예상하고
바로 그 반응에 대해서도 책임을 지는 것이다. 이렇게 생각을 하고 보면,
원자적으로 분산된 단위체로 여겨질 수밖에 없는 행위는 어느 것도 책임적
인 행위라고 할 수가 없다. 책임은 어떠한 주어진 사태에 대해서도 이에
응답하면서 그 결과를 받아들이고, 그러한 자기의 현재의 행위 속에서도
앞으로 또 지속될 상호 작용을 예상하면서 행위하고 있는 그러한 행위자
안에 있는 것이다. 바로 이러한 관점에서부터 우리는 오늘날에 와서 많이

논의되고 있는 문제, 즉 한 개인은 자기 행위에 대하여 어느 정도까지 사회적으로 책임질 수 있는가 하는 문제를 밝혀볼 수도 있을 것이다. 책임이라고 하는 의미에서 보면 이 문제는 다음과 같은 물음으로 단순화할 수 있다. 즉, "사회는 법정이나 다른 기관들을 통하여 과연 누구에게 그리고 어떻게 반응해야만 하는가?" 하는 물음이 그것이다. 예를 들어, 살인사건이 일어났다고 하자. 이때 사회는 오직 살인자 그 한 사람에게만 반응을 해야 할 것인가, 아니면 실은 그 살인자가 오히려 어떤 주어진 행위에 대한 응답자로 행동한 그 사회 자체에 대하여 반응해야 할 것인가? 더 나아가 이렇게 물을 수도 있다. 우리가 범죄자 개인에 대하여 순전히 법률적인 사고(思考)에 의하여 반응함으로써 그 범죄자 개인을 단지 법을 준수하지 않는 인간, 또는 자기 마음대로 법을 만들어 자의적(恣意的)으로 행동하는 존재로 해석할 것인가? 아니면 그 범죄자 개인의 행위를 보다 광의의 맥락을 통하여 해석함으로써 그의 실존의 다른 차원을 또 하나의 그의 자아로 인정하면서 그를 이해해야 할 것인가? 범죄자를 자기가 행한 행동에 대하여 어떤 반응이 있을 것이라고 하는 것을 예상할 수 있는 자아를 지닌 존재로 취급하고, 그러한 이해에 근거하여 그도 잠재적으로는 응답하는 인간이라고 취급하면서 그에게 어떤 행위를 과해야 할 것인가? 아니면 그 범죄인에 대한 사회적 반응을 반사회적인 행동을 한 그의 육신에다만 한정시키고, 아예 그는 어떤 사태를 해석한다든가 예상하면서 반응하는 것을 배울 수 없는 존재로 여겨야 할 것인가? 그렇다면, 우리는 결국 그를 교육시키는 것이 그에 대한 가장 적합한 반응인가? 아니면 그에게 정신치료를 하는 것이 적절한 반응인가? 아니면 감옥에 가두는 것이 응당한 반응인가?

   책임이 지니고 있는 이 세 번째 요소-우리가 반응한 것에 대한 또 다른 반응을 예상하는 것-는 우리로 하여금 적어도 이 단계에서는 네 번째이면서 동시에 최종적인 의미심장한 구성 요소인 사회적 유대(social solidarity)에 관하여 관심을 가질 수 있도록 해주고 있다. 서로 연결된 관계들로 이루어진 하나의 사회를 형성하는 것은 여러 존재들의 끊임없는 상호 작용이다. 바로 이 같은 상황 속에서 우리의 행동이 우리에게 과해진 행위에 대하여 반응할 때 그 행동은 비로소 책임 있는 행동이 되는 것이다. 그러므로 서로 단절되어 있는 행위들에 대하여 연결되지 않은 해석에 근거하여 반응하는 일련의 응답 행위는 진정한 의미에서의 자아의 행위일 수가 없다. 그러한 행위는 다만 몸은 동일한데-물론 몸이 동일하다고 하는 것은 외견상 그렇게 보이는 것이다-그 동일한 몸과 연결된 일련의 마음의 상태를 나타내는 것일 뿐이다. 개인적인 책임이란 자아가 연속성을 지니고 있는 것을 의미한다. 즉, 자아가 반응하는 행위에 대한 해석이 비교적 일관된 도식을 가지고 있듯이 적어도 그 도식과 일치하는 자아의 지속성을 자아가 지니고 있음을 뜻하는 것이다. 뿐만 아니라 개인적인 책임이란, 하나의 응답 행위가 행해지는 이른바 행위자의 공동체가 자체의 연속성을 지니고 있을 때 가능한 것이기도 하다. 그러므로 어떤 사람이 응답한 행위에 대한 또 다른 사람의 반응이 그 처음 사람으로 하여금 응답을 할 수밖에 없게 한 최초의 행위와 전혀 다른 원천에서 이루어지는 그러한 상호 작용 속에서는 이른바 책임적인 자아란 있을 수가 없는 것이다. 이 문제에 관하여는 제2장에서 더 충분히 논의하기로 하겠다.

따라서 책임이라고 하는 이념이나 양태는 행위자 자신의 행위가 지니고 있는 이념이나 양태라고 요약하여 정의할 수 있다. 즉, 자기에게 과해지는 행위에 대한 해석에 따라 반응하고, 자기가 응답한 것에 대한 반응이 어떠할 것인가를 예상하면서 반응하는 그러한 응답 행위가 지니고 있는 이념이라고 정의할 수 있는 것이다. 그런데 이러한 행동은 모두 그 행동을 하는 행위자들이 속해 있는 연속성을 지닌 공동체 속에 있는 현상이다.

이러한 의미에서 볼 때 도덕적인 삶이 곧 책임적인 삶(responsible life)이라고 하는 이해는 현대적인 사유와 친화성(親和性)이 있을 뿐만 아니라, 내가 믿기로는 기독교적인 삶의 역사적 규범을 나타내 주는 성서적 에토스(ethos)를 이해하는 하나의 열쇠-유일한 열쇠가 아니라-를 제공해 주는 것이기도 하다. 과거에는 신구약성서의 에토스를 목적론적 이론과 그 이론이 지니고 있는 '만드는 사람'이라는 인간상의 도움을 받아 이해하려는 많은 노력을 해왔다. 그래서 입법자(立法者), 예언자, 예수 그리스도, 그리고 사도들의 사상이 가장 위대한 이상적인 것으로 우리에게 제시된 바 있다. 때때로 그러한 이상은 신의 통찰력이 지닌 이상으로 서술되기도 했고, 때로는 완전성으로, 또 어떤 때는 영원한 행복으로, 그리고 어느 때는 신의 왕국에서의 모든 사물의 조화, 혹은 모든 사물은 아니라 할지라도 적어도 모든 인간의 조화로 서술되기도 하였다. 이 모든 해석들 하나하나는 그 같은 사실을 증언하는 많은 성구들로 보강되었고, 따라서 성서와 성서적 에토스를 따르는 기독교적인 삶에 대하여 타당성 있는 많은 언급들이 이 해석의 한계 내에서 발언된 것도 분명한 사실이다. 그러나 이러한 방법을 따르는 해석자들은 성서가 지니고 있는 많은 것을 생략하기도 하였고, 그 이외에도 다른 종류의 많은 자료들-예를 들면 종말론적 자료들-을 그 자료가 위치하고 있는 관계 상황에서부터 떼어내어 버리거나 성서가 자아에 대하여 이러한 투로 발언할 수 있도록 하기 위해서는 그 자료가 부적절하다고 판단하여 치워 버리기도 하였다. 더욱이 칸트적인 상징주의(Kantian symbolism)가 특히 지배적인 독일의 해석자들은 언제나 인간을 법을 준수하는 입법자로 보고 그러한 인간에 대한 의무론적 해석을 성서적 해석을 이해하는 관건으로 사용하였을 뿐만 아니라, 진정한 기독교적 삶이 어떤 것인가를 정의하기 위해서도 사용하였다. 대부분의 구약성서 해석자들은 말할 것도 없고 오늘날의 바르트(Karl Barth)와 불트만(Rudolf Bultmann)에게도, 성서 윤리는-기독교 윤리도 마찬가지이지만-복종의 윤리(ethics of obedience)로 이해되고 있다. 그렇다면 그러한 틀 안에서 기독교인의 자유를 과연 어떻게 해석할 것인가? 그리고 종말론은 어떻게 생각해야 할 것인가? 하는 문제들과 부딪히지 않을 수 없고, 이 때문에 이러한 입장에 서있는 해석자들은 그들의 재간을 심하게 소모하고 있다. 불트만은 철저한 복종의 윤리를 유지하기 위하여 종말론을 실존주의로 바꾸어 버렸고, 바르트는 복음의 에토스가 지니고 있는 독특성을 의무론적 사유와 조화시키기 위하여 율법을 복음의 형태로, 그리고 계율을 허용으로 바꾸지 않으면 안 되었다. 분명히 성서 안에는 율법, 계율, 복종 등에 관한 많은 언급이 들어 있다. 그러나 이러한 식으로 해석하는 것은 우리가 성서에서 발견하는 그 같은 것들에 대한 폭행이기도 하다.

그런데 이제 우리가 책임의 이념을 가지고 성서를 접근한다면, 비록 완전히 적절하게 해석할 수는 없다 할지라도, 다른 것보다 더 충분하게 이 윤리의 독특한 특성을 해석할 수 있으리라고 생각한다. 이스라엘 역사가 위기에 처했을 때, 그리고 초대 기독교공동체가 위기에 봉착했을 때, 사람들이 제기한 결정적인 물음은 "무엇이 우리의 목표인가?" 하는 것이라든지, "무엇이 근본적인 율법인가?" 하는 것이 아니라, "도대체 지금 우리에게 어떤 일이 일어나고 있는가?" 그리고 "그 일어나고 있는 일에 대하여 우리가 행해야 할 적절한 반응은 무엇인가?" 하는 것이었다. 이사야(Isaiah)는 자기 백성들에게 충고를 하면서, 그들이 복종해야 할 율법을 환기시키지도 않았고 그들이 바라고 나가야 할 목표를 언급하지도 않았다. 그는 다만 이스라엘의 적의 행위 속에 감추어져 있는 신의 의도가 어떤 것인지 주목할 것을 자기 백성들에게 요청했을 뿐이다. 매 위기의 순간마다 그와 그의 동료들이 제기한 물음은 일어나고 있는 일에 대한 해석에 관한 것, 즉 직접적으로 서술한다면, 그 일어나고 있는 일이 가뭄이든, 적의 침입이든, 왕조의 멸망이든 간에 그러한 일에 대한 해석에 관한 것이었다. 이스라엘 사람들은 일어나고 있는 모든 일 속에서 신의 행위를 발견하고 이해하여 그 일에 대한 적절한 응답을 하려는 백성이었다. 신약성서의 경우도 마찬가지이다. 예수가 가리키고 있는 신은 율법을 부여하는 명령자가 아니라 작은 일 그리고 큰 일을 행하는 행위자이고, 참새와 백합꽃의 창조자이며, 눈을 멀게도 하고 뜨게도 하는 궁극적인 분이고, 수많은 행위자들의 다양한 행위 속에 숨어 있으면서도 시대의 징표를 어떻게 해석해야 할 것인가를 아는 사람에게는 어떤 방법으로든 볼 수 있도록 하는 통치자이다.

그렇다고 해서, 우리의 모든 도덕적인 생활 일반 뿐만 아니라 특별히 성서적 윤리를 책임의 이념으로 분석하는 것이 인간의 윤리적 삶의 이해 혹은 기독교 윤리학의 체계를 구성하는 완전히 새로운 방법이라고 주장하려는 것은 아니다. 현실은 언제나 생각의 틀보다는 큰 것이다. 그런데도 우리는 현실을 그 생각의 틀에다 밀어 넣으려고 한다. 그러나 책임이라고 하는 이념을 가지고 하나의 자아로서 실존하는 우리들의 도덕적 실존과 특별히 기독교인으로서 실존하는 우리의 실존에 접근해 본다고 하는 것은 전통적인 사유가 지니고 있는 목적론과 의무론이 미처 보여줄 수 없는 몇 가지 측면, 곧 행위자인 우리의 삶의 어떤 측면들을 어느 정도 알 수 있게 해줄 것이다.

책임을 지고 사는 삶의 몇 가지 특별한 측면들은 다음 강좌들에서 다루기로 한다. 그러나 어떤 강좌에서도 나는 결코 "우리는 책임적이어야 한다"고 하는 의무론적 자세를 취하지도 않겠고, "목표가 곧 책임이다"라고 하는 이상론적인 자세를 취하지도 않을 작정이다. 다만 나는 "누구에게 또는 무엇에 대하여 나는 책임을 지고 있는가? 그리고 나 자신은 어떤 상호 작용의 공동체 속에 있는가?" 하는 물음을 마음속에 두고, 우리에게 과해지는 행위에 대하여 반응하는 우리의 삶을 생각해 볼 것을 요청할 뿐이다.

제2장 사회 안에서의 책임

I

현대는 우리의 관심이 인간의 삶의 사회적 특성에 강하게 집중되고 있는 시대이다. 바로 이러한 현대에서 책임이라는 이념을 인간의 자아 이해를 위한 중요한 양태(pattern)로 고려하게 되었다고 하는 것은 우연한 일이 아니라고 생각한다. '만드는 사람'으로서의 인간상과 연결되어 이해되고 있는 행위자라고 하는 자아 개념은 아무래도 어딘가 개인적인 성향을 띠고 있는 것으로 느껴진다. 물론 이러한 자아가 어떤 하나의 이상과 일치하는 자기 자신의 삶만을 살아가는 것은 아니다. 마치 정치 지도자가 사회를 어떻게 구성할 것인가를 궁리하고 그 사회를 다스리는 것처럼, 그리고 마치 교육자가 사람들로 하여금 자기들의 잠재적 가능성을 실현하도록 도와주는 것처럼, '자아를 만드는 사람'인 행위자는 결코 외로운 자아가 아니다. 그런데도 그러한 자아는 여전히 자기 자신을 본래 이념이나 이상과 관련하여 비로소 존재하는 것으로 이해한다. 그러한 자아는 이성과 이성의 대상-그 대상이 플라톤적인 이데아(idea)이든, 아리스토텔레스적인 질료(質料)이든, 과학적인 이론이든, 혹은 상식적인 사실이든 간에-이 함께 공생(共生)하면서 살아가는 합리적인 존재로 자기자신을 규정하는 것이다. 그런데 자신을 그처럼 합리적인 존재로 규정할 때 나는 단지 나 자신에 대한 관찰만을 하고 있는 것이 아니라 실은 나 자신에 대한 하나의 선택마저도 하고 있는 것이다. 그러므로 이제 나에게서 가장 중요한 것은 이해하는 행위 또는 아는 행위이다. 즉, 독특한 것 속에 있는 일반적인 것, 어떠한 경우에서나 일정한 형태를 지니고 있고 측정할 수 있으며 서로 비교할 수 있는 그러한 것을 알고 이해하는 일이 가장 중요한 것이라고 말하게 되는 것이다. 결국 자아를 이렇게 규정하게 되면 나는 내 안에 있는 모든 것-다른 존재에 대한 감정적이고 정서적인, 그리고 의식적이고 무의식적인 반응-을 나의 이성적인 삶과 연결시키려는 결심을 하게 된다. 즉, 어떤 이념이나 일정한 양태나 보편적인 것을 지니고 사는 나의 실존과 관련지으려는 판단을 하게 되는 것이다. 그런데 이러한 상황 속에서는 내가 다른 이성적 존재와 관계를 맺고 있음을 인성은 하시만 그들과 나와의 관계는 실은 내가 나의 이성의 대상과 관계를 맺고 있는 기능에 불과하다. 다시 말하면, 나는 우선 이성의 대상을 알고 나서 그 다음에야 부차적으로 나 아닌 다른 인식자(knower)를 인정하는 것이다. 그때 나는 도대체 내가 다른 사람의 심성을 알 수 있는 능력을 가지고 있는가 하는 문제를 제기하기조차 한다. 왜냐하면 나는 그들이 지니고 있는 이념의 내용(idea-content)과는 관계를 맺고 있지만, 그러한 이념을 향한 그들의 개인적인 활동이나 하나의 인식자인 나에 대한 그들의 개인적인 행위와는 아무런 직접적인 관계를 지니고 있지 않기 때문이다.

'만드는 사람'으로서의 인간은 인간의 실존 안에서 이념을 구체적으로 실현하는 실제적인 행위자이기 때문에 자기가 성취한 것이 어느 정도인가를 자기가 지니고 있는 이념과 비교하여 측정할 수가 있다. 즉, 그는 자기 노력 중에서 모자라는 점이 무엇이고 성공적인 것이 어떤 것이었는가를 판단할 수 있는 것이다. 그러나 그렇다고 해서, 그가 자기의 성공이나 실패에 대한 책무(責務)를 이야기할 수 있는 것은 아니다. 왜냐하면, 그러한 책무를 언급하는 것은 자기 자신에 대한 자기의 생각이 마련하지 않은 다른 어떤 요소가 개재(介在)되지 않고는 불가능하기 때문이다. 그래서 그는 흔히 다른 자아들에 의해서 행해지는 반응과 같은 그러한 개념을 자기에게 그리고 자기의 일에 끌어들인다. 그러나 그렇게 하는 것은 오히려 그의 사유 안에 풀리지 않는 어떤 것이 있음을 드러내는 것이라고 생각된다.

'스스로 법을 만드는 사람'(self-legislator)이라고 하는 인간상은 그래도 이보다는 덜 개인주의적인 특징을 지니고 있는 것 같다. 내가 동의하는 법률이든, 내가 나 자신에게 과하는 법률이든, 혹은 어떤 보다 높은 법률의 이름으로 내가 저항하는 법률이든 간에 법은 모두가 내 사회의 법이며, 나의 사회를 위한 법률이다. 그 법을 준수하고 존중하면서 나는 다른 자아들과 관계를 맺는다. 뿐만 아니라 다른 자아들을 법의 제정자로 간주할 수도 있는 것이다. 그러나 도덕적 인간에 관한 이러한 자아 개념(self-conception)에서도 다른 자아들은 여전히 부차적일 뿐이다. 이 사람은 무엇보다도 우선 법의 현존 속에 있는 도덕적인 자아로서 살아가는 것이지, 다른 자아의 현존을 법의 현존보다 우선해서 살아가는 것은 아니다. 그를 제한하고 사로잡는 것은 계율이고, 요구이고, 요청이다. 그와 다른 자아와의 관계는 법 아래에서의 관계이다. 물론, 그 다른 자아들은 법을 대표하는 사람들일 수도 있고, 법을 강요하는 사람들일 수도 있으며, 스스로 법을 준수하면서 그 법을 존중할 것을 명령하는 사람들일 수도 있다. 그러나 그 다른 자아가 어떠한 사람들이거나 간에 그가 우선 연관되는 것은 법률과의 관계이지 다른 사람들 자신들과의 관계는 아니다. 그렇기 때문에 이러한 생각을 마음속에 지니고 나 자신을 이해하면 나의 양심이야말로 자아의 중심이 되는 것으로 생각하게 된다. 그렇게 자아를 규정하면서 나는 나 자신과 다른 사람들이 지니고 있는 양심을 자아성(self-hood) 안에 있는 가장 가치 있는 요소로 존중해야겠다는 결심을 하는 것이다. 그러나 이때 이 양심 속에 있는 지식은 법률에 관한 지식, 법률과의 관계 속에 있는 나 자신에 관한 지식이지, 다른 자아들에 관한 지식이거나 그러한 다른 자아들과 연결되어 있는 나 자신에 관한 지식은 아니다.

하지만 이제 자아 실존(self-existence)의 새로운 측면이 우리들의 시야에 들어왔다. 그리고 이 새로운 관점과 더불어 실제로 자아를 규정하는 데 어떤 사실을 새롭게 강조할 수 있는 가능성도 생겼다. 즉, 자아가 이념과의 관계에서는 이성적 존재로 존재하며, 관습 및 율법과의 관계에서는 도덕적인 존재로 존재한다고 하는 사실을 모호하게 하지 않고도 이러한 관점은 자아성이 근본적으로 사회적인 특성을 지니고 있다는 사실을 관심의 중심에다 놓을 수가 있는 것이다. 하나의 자아가 다른 자아들과 직면하면서 비로소 자아가 된다고 하는 것은 이차적인 경험이 아니라 원초적인 경험이다. 내가 나를 나라고 말할 수 있는 것은 내가 어떤 사실을 사유(思惟)한다고 하는 선언이나 내가 어떤 율법을 승인하는 양심을 가지고 있다고 하는 선언으로부터 추론된 것이 아니다. 그것은 내가 나의 존재를 나 아닌 다른 자아의 상대역으로 인정하는 것이다. 자아 실존의 이러한 차원에 대한 탐구는 현대인의 사유의 여러 분야에서 일어나고 있다. 여러 계열의 물음들이 한결같이 자아는 근본적으로 사회적이라는 것, 그리고 이러한 의미에서 볼 때 자아는 다른 자아와의 관련 속에서 비로소 자기를 알 뿐만 아니라 그 관계 속에서만 자아로서 존재한다고 하는 것을 인식하는 데로 수렴되고 있는 것이다.

이러한 결론에 도달한 여러 계열의 사색 중의 하나로 사회심리학을 들 수 있다. 미국에서는 쿨리(George H. Cooley), 미드(George H. Mead), 설리반(Haary S. Sullivan) 등을 비롯한 여러 사람들의 저술들이 자아는 다른 자아와 직면할 때 자기를 인식하게 되는 존재라는 것, 그리고 자아의 본성은 곧 다른 자아에 대한 반응을 하면서 사는 존재의 본성과 같은 것이라고 하는 이해에 도달하고 있다. 오랜 전통적인 이해를 따르고 있는 것이긴 하지만, 자아는 자아 자체에 대하여 객체적인 존재라고 하는 사실이 자아(self)의 가장 뚜렷한 특성이라고 미드는 지적하고 있다. 그것은 몸에 대해서는 우리가 그러한 말을 할 수 없는 어떤 것, 그리고 또 마음을 단순하게 마음으로 볼 때에도 그렇게 말할 수는 없는 어떤 것이다. 자아는 재귀적

(再歸的, reflexive)인 단어이다. 뿐만 아니라 자아는 재귀적인 사실을 지시한다. 그러나 하나의 존재가 자기 자신에게 대상이 될 수 있다고 하는 사실은 어떻게 가능한가? 그것은 다만 다른 자아와의 대화를 통해서만 가능하다고 미드는 주장하고 있다. 자기 자아에게 객체인 그러한 존재가 되려면 그것은 다만 내가 나 자신을 다른 사람들에게 보이듯이 그렇게 보며, 내가 나 자신의 이야기를 다른 사람들이 듣듯이 그렇게 듣고, 나 자신에게 다른 사람이 이야기하듯이 그렇게 내가 나 자신에게 이야기할 때 비로소 근원적으로 그리고 실제적으로 가능하다. "자기 자신에게 객체일 수 있는 자아는 본질적으로 사회적인 구조로 되어 있다. 따라서 그것은 사회적 경험 속에서 생기는 것이다. 그런데 일단 그렇게 자아가 생기고 나면, 그 자아는 어느 정도 자신을 위하여 자신의 사회적 경험을 마련하기도 한다. 그래서 우리는 이른바 절대적으로 혼자인 자아를 생각할 수도 있다. 그러나 사회적 경험이 없이 생기는 자아를 생각한다는 것은 불가능한 일이다"라고 미드는 그의 저서에서 기술하고 있다.[1] 그러나 여기에서 우리가 덧붙여야 할 것은 그 절대적으로 혼자인 자아조차도 다만 육체적인 의미에서의 혼자라고 하는 사실이다. 여전히 그러한 혼자인 자아도 자아이기 때문에 비록 몸은 혼자이지만 기억이나 상상을 통하여 자기의 마음에 현존하고 있는 다른 자아들에 대한 회상이나 그 다른 자아들에 대한 기대 속에서 자신의 외로운 사색을 펴나가고 있는 것이다.

미드와 그의 후계자들의 사회심리학은 진화론적이고 생물중심적(biocentric)이며 행동주의적인 사유의 맥락에서 발전된 것이었다. 그런데 이들과는 다른 일단의 사람들이 전혀 다른 입장에서 이들과 유사한 결론에 도달한 바 있다. 그 중에도 가장 잘 알려진 사람은 부버(Martin Buber)이다.[2] 그는 그의 실존주의자적 성찰 속에서 어떤 원자적인 "나"나 원자적인

---

1. A. Strauss 편 「조지 허버트 미드의 사회심리학」 (*The Social Psychology of George Herbert Mead*, Chicago : University of Chicago Press, 1956), p. 217.
2. S. T. Coleridge("신앙론" [Essays on Faith], 「저작집」 (*Works*), Shedd

객체에 앞서는 "나-너"와 "나-그것"의 원초적 특성에 도달하고 있다. 그는 또한 "나-너"의 변증법적 관계 안에서 알려질 뿐만 아니라 그 속에서 적극적인 역할을 하는 "나"(the I)와, "나-그것"의 상호 작용 속에 있는 "나"가 다르다는 사실에 주목할 것을 요청하고 있다. 미드의 용어를 사용한다면, 우리는 부버가 "나-그것"의 관계 속에 있는 "나"가 얼마나 재귀적인 존재가 아닌가 하는 것을 지적하고 있는 것이라고 말할 수 있을 것이다. 그러한 "나"는 자기가 알려지는 "나"라고 하는 사실을 알지 못한다. 그것은 다만 아는 "나"일 뿐이다. 따라서 그러한 자아가 "나-너"의 상황을 동반하지 않는다면 자기가 안다고 하는 사실도 알지 못할 것이다. 그 "나"는 어떤 것을 평가하기는 하지만 자기를 평가하거나 자기가 평가하는 일을 평가하지는 않는다. "나-그것" 속에 있는 "나"는 안에서 밖을 향해 나아가기는 하지만 결코 자기 자신에게 돌아오지는 않는 것이다.

현대의 세계 사조(思潮) 중에 있는 이 이외의 또 다른 지적이고 실제적인 운동들도 과거에는 이론적이고 실제적인 자아 규정의 변두리에만 있어 왔던 이 같은 자아성의 사회적 본성에 대하여 주목할 것을 요청하고 있다. 공동체(communities)와 계약사회(contract society)의 다름을 지적하면서 전자가 후자보다 우선한다고 주장하는 사회학자나 문화인류학자들도 실은 사회심리학자들과 동일한 궤도 위에 있는 사람들이다. 우리가 아는 대로, 인간이 서로 모여 사는 그 결합의 근원적인 형식은 개인이 원자적인 개체가 되어 제한된 공통의 목적을 달성하기 위해서, 혹은 어떤 법들을 지키기 위하여 각 개인이 서로 부분적으로 자기를 위임하는 그러한 계약사회는 아니다. 오히려 무제한한 자기 위임이 규칙이 되고 있고, 각 자아의 실존의 모든 측면이 상호 인간적인 관계를 맺고 있는 그 구성원들에 의하

편 〔New York : Harper & Brothers, 1854〕, Vol. V)와 Ledwig Feuerbach ("미래 철학의 원리" 〔Grundsätze der Philosophie der Zukunft〕, §58–§63, 「저작집」(*Works*) 〔Leipzig: Verlag von Otto Wigand, 1846〕, Vol. Ⅱ)가 Buber를 앞지르고 있다.

여 조건지워지는 이른바 얼굴과 얼굴을 마주 대하는 그러한 공동체가 최초의 형태이다. 물론 홉스(Thomas Hobbes)의 사상을 따르는 사람들이 주장하는 계약사회는 실제로 존재한다. 그러나 그러한 계약사회보다 앞서 있었던 것은 서로 분리되어 있는 개인들의 사회가 아니라 하나의 공동체이다. 다시 말하면, 개인들이 그 공동체로부터 점진적으로 서로 분리되어 갔기 때문에 그 개인들이 결코 그 사회의 영향을 떨쳐버릴 수 없는 그러한 공동체인 것이다. 자아가 사회적이라고 하는 것은 자아가 자기의 목적을 성취하기 위해서는 동료가 필요하다는 것을 스스로 깨닫는다는 것을 이야기하는 것이 아니다. 그것은 자아가 사회라고 하는 모태 속에서 태어난다고 하는 것을 말하는 것이다. 즉, 자아는 자신의 필요에 대한 어느 정도의 명확한 이해를 지니고 있고, 하나의 공통의 세계를 결정할 수 있는 감성적인 분별력이 있으며, 없어서는 안 될 존재로 사회 안에서 태어나는 것이다. 자아는 하나의 심성(mind)으로, 그리고 하나의 도덕적인 존재로 사회 안에서 태어난다. 그러나 무엇보다도 자아는 자아로 사회 안에서 태어나는 것이다.

  자아를 사회적인 것으로 보는 이해, 즉 자아를 다른 자아들에 대한 응답 관계 안에서 살고 있는 것으로 아는 이해는 이러한 문제에 대하여 물음을 제기한 바 있는 어떤 다른 분야들에서보다 도덕철학의 영역에서 오랫동안 통용되어 왔다. 예를 들면, 철학자들은 양심의 현상 속에서 드러나는 인간의 불가사의한 이중성을 오랫동안 언급해 왔다. 버틀러(Joseph Butler) 주교는 그러한 현상에 대한 상식적인 이해를 다음과 같이 서술하고 있다. "우리는 분명히 우리 자신의 본성을 성찰하는 그러한 종류의 피조물로 지어졌다. 우리의 심성은 그 심성 자체 안에서 스쳐 지나가는 것들, 즉 그 심성의 경향, 그 마음속에 있는 미움, 고통, 호의…… 등을 바라볼 수가 있다.…… 그렇게 바라보면서 그 심성은 자기의 마음속에 일어나는 어떤 것은 승인하고, 어떤 것은 불허하며, 또 어떤 것에 대해서는…… 무관심해 버린다.…… 이렇게 인간이 자기의 마음, 자기의 기질, 자기의 행위를 승인하거나 혹은 승인하지 않거나 하는 인간 안에 있는 기준, 바로 이것이 양심이다. 그러나 버틀러는 양심의 존재를 어떠한 분석도 더 필요 없는 당연한 것으로 여기고 있다.[3] 이와 똑같은 이중성을 칸트는 자기가 지니고 있는 법의 원형에 관한 상(像)을 사용하여 서술하고 있다." 인간은 누구나 양심을 가지고 있다. 그리고 인간은 자기를 위협하고 두려워하게 하는 내재적인 심판관에 의해 자기가 관찰되고 있음을 알고 있다.……그런데 자기 안에 있는 법을 지켜보는 이 힘은 자기 자신이(자의적으로) 만든 어떤 것이 아니라 자기의 존재와 더불어 함께 있는 것이다.…… 양심이라고 불리는 이 근원적인 지적·도덕적 능력은 다음과 같은 독특성을 지니고 있다. 즉, 그 양심이 하는 일은 인간이 자기 자신과 더불어 하는 일인데도 불구하고, 마치 어떤 다른 사람의 명령에 따라 행하듯이 그 일을 처리하도록 자기의 이성에 의하여 자기가 강요받고 있음을 깨닫는 것이다. 여기에서 말하는 처리는 판결 이전의 심리(審理) 행위를 뜻한다. 그러나 자기의 양심에 의하여 고소를 당한 사람이 그 일을 심판해야 할 심판관과 동일한 사람으로 이해되어야만 한다는 것은 법정의 정황에서 보면 불합리한 개념이다.…… 그렇기 때문에 만약 이러한 자기 모순을 피하려면 모든 해야 할 일들 속에서 인간의 양심이 자기 아닌 다른 사람을 자기 행위의 심판자로 인정하지 않으면 안 된다. 그런데 이 타자(他者)는 실재적인 존재일 수도 있고 혹은 다만 이성이 상상하는 이상적인 인간일 수도 있다.[4]

좀 인용이 길어진 것은, 이 구절이 칸트가 지니고 있는 인간상, 즉 인간을 법에 종속되어 있다고 보는 그의 원형적인 인간상과 그가 이해하려고 노력했던 그 현상의 실제성과의 갈등을 잘 보여 주고 있기 때문이다. 이러

---

3. Joseph Butler, 「저작집」(*Works*), W. E. Gladstone 편(Oxford : Clarendon Press, 1896), Vol. Ⅱ, "설교"(Sermon) Ⅰ, 7절과 8절.
4. 「칸트의 실천이성비판 및 윤리의 이론에 관한 다른 저작들」(*Kant's Critique of Practical Reason and Other Works on the Theory of Ethics*), T. K. Abbott 편역 (London : Longmans, Green & Co. Ltd, 6판, 1927), pp. 321 이하("마치 ~와 같이"는 니버에 의하여 강조된 것임. - 편집자).

한 정황에 대해서 "마치~와 같이"(as if)라고 하는 것이 존재하지 않는다고 흄(David Hume)과 스미드(Adam Smith)는 주장한다. 홀로 있는 이성은 자기 자신과 자기와의 조화를 이루기 위하여 타자(他者)를 일부러 창안해내지는 않는다. 양심의 경험은 마치 어떤 타자에 의하여 자기가 심판을 받는 것과 같은 그러한 것이 아니다. 비록 그 타자가 우리가 느껴 경험할 수 있도록 직접적이거나 상징적이거나 육체적으로 우리에게 현존하는 것은 아니라 할지라도, 양심의 경험은 정말로 타자에 의하여 심판을 받는 것이다. 양심은 사회적인 존재로 살아가는 내 실존이 지닌 하나의 기능이다. 이 양심을 통하여 나는 나의 행위가 나와 같은 다른 인간들에 의하여 인정을 받고 있는지, 인정을 받지 못하고 있는지를 아는 것이다. "우리가 자신들을 본래의 자리에 그대로 놓아두지 말고 그 있는 자리를 옮기게 하여 일정한 거리를 두고 우리 자신들을 관찰하려는 노력을 하지 않으면 우리는 자신들의 감성이나 동기를 결코 살펴볼 수 없으며, 어떤 판단도 할 수가 없다. 그러나 우리는 그렇게 하지 않고도 우리 자신들을 알 수 있고 판단할 수 있다. 우리는 다른 사람들의 눈을 통하여 혹은 다른 사람들이 우리를 보듯이 그렇게 우리 자신을 보려는 노력을 함으로써 그렇게 할 수 있는 것이다. 이 외에는 어떤 다른 방법으로도 우리 자신들을 볼 수가 없다.…… 우리는 어떤 다른 공평하고 불편 부당한 관찰자가 우리 행위를 살피고 있다고 생각하면서 우리들 스스로의 행위를 살피려는 노력을 하고 있는 것이다"라고 스미드는 기술하고 있다.[5] 여기에서 볼 수 있듯이 그는 "마치~와 같이"라고 하는 사유에다 호소하지 않고 있다. 그는 도덕적 인간의 사회적 특성을 근본적인 것으로 받아들이고 있는 것이다.

양심에 관한 이 같은 사회적 이론은 사회적 승인과 불용(不容)에 관한

---

5. L.A. Selby-Bigge 편, 「영국의 도덕주의자들, 주로 18세기 저작자들로부터의 선택」(*British Moralists, Selections from Writers Principally of the Eighteenth Century*, London : Oxford University Press, 1897), Ⅰ, Vol. pp. 297~98에 서의 「도덕적 감정이론」(*The Theory of Moral Sentiments*).

흄의 이론으로부터 비롯하여 프로이트(Sigmund Freud)의 초자아(super-ego), 웨스터마르크(Edward Westermarck)의 도덕적 상대론(theory of moral relativity), 그리고 사회적 도덕 언어의 논리에 관하여 분석주의자들이 논의하는 최근의 여러 변화된 주제들에 이르기까지 긴 역사를 가지고 있다. 이른바 "고등한"(higher) 혹은 이성적인 양심관을 옹호하는 사람들과 양심의 현상에 대한 사회 분석론자들 간의 논쟁도 대단히 혼란스러울 정도이다. 그러나 양심에 관한 사회적 해석은 인간이 자기 자신의 행위를 다른 사람들의 눈을 통하여 관찰함으로써 자기가 행한 행위를 반성해 볼 수 있는 그러한 사회의 이성적인 혹은 정서적인 특성에 관해서는 아무런 언급도 하지 않고 있을 뿐만 아니라 그러한 사회의 범위에 대해서도 일체의 언급을 하지 않고 있다. 그렇다고 해서 양심에 관한 사회적 해석이 인간을 그에게 직접적으로 부여된 생물적인 생존 집단의 허용과 불용의 폭력에 맡겨두려는 것도 아니다. 즉, 어쩔 수 없이 그 안에서 태어나 살게 된 인간을 사회가 마음대로 하는 대로 맡겨 버리겠다는 것도 아니다. 그러나 사회적 해석의 원칙이, 감정적이고 편협한 동료들이 지니고 있는 생각들과 그르게 동일시되고 있어 생기는 혼란을 감소시키면서, 우리는 이상론적이고 합리적인 해석이 지니고 있는 "마치~와 같이"라고 하는 것은 제거시켜 버릴 수 있어야 할 것이다. 우리는 우리 자신이 인식 주체라고 하는 사실을 우리가 인식하는 객체로 삼아 인식함으로써 우리 자신을 초월하는 그러한 사회 정황 속에 있다. 우리가 우리의 행위를 판단하고, 우리들 자신을 승인하든가 승인하지 않든가 하고, 우리의 평가를 가치 있다고 평가하든가 가치 없다고 평가하든가 할 때의 그 정황은 바로 이와 동일한 사회적 정황이다. 모든 이러한 재귀적인 삶은 나와 똑같은 다른 인간들과의 관계상황 속에서 사는 삶이다. 그것은 "나-너", "나-너희들"의 실존이다. 그것은 다른 자아에 의하여 우리에게 과해진 행위에 응답하는 실존인 것이다.

II

양심에 대한 사회적 이해는 순수하게 "나-너"의 특성만을 집중적으로 관찰할 때는 볼 수 없는 자아실존의 한 측면을 볼 수 있게 해준다. 자기 자신을 심판하는 자아는 자기를 불편 부당한 관찰자의 관점에서 인식한다고 스미드는 말한 바 있다. 또한 우리는 우리의 도덕적인 삶을 살면서 그 행위에 대한 다른 사람의 승인 여부에 반응하고 있는데, 웨스터마르크는 그러한 승인 여부가 공평한(disinterested) 도덕적 정서를 대표하고 있는 것이라고 믿고 있다. "우리가 우리 자신들의 행위에다 내리는 그 판결과 거의 분리할 수 없는 것은 우리의 심판관으로 행동하는 불편 부당한 국외자(局外者)의 상"이라고 그는 말하고 있는 것이다.[6] 미드는 "불편 부당한 관조자"(impartial spectator)라는 용어를 "일반화된 타자(generalized ither)"라고 바꾸어 놓고, "우리는 우리의 상상과 내적인 대화의 문간에 하나의 검열관을 세워 놓고 있는데, 그 검열관 속에 있는 것은 집단이 지니고 있는 일반화된 태도라고 생각한다. 또 우리는 우리가 무언가를 진술할 때 그 언어의 우주가 일정한 법칙과 격률(格率)을 지니고 있다는 것을 긍정하는데, 그 긍정 속에도 집단의 일반화된 태도가 있다고 추정하고 있다. …… 우리의 사유는 우리가 우리들 자신과 반대의 위치에 있는 우리가 잘 아는 사람의 역할을 하면서 행하는 내적인 대화이다. 그런데 그러한 대화는 실은 내가 흔히 일반화된 타자라고 부르는 것과 우리가 행하는 대화인 것이다. ……"[7]

하지만 "불편 부당한 관조자"라든가 "일반화된 타자"라고 하는 표현들은 충분히 분석되지 않는 막연한 개념들이다. 따라서 이를 좀더 정확히

---

6. Edward Westermarck, 「윤리적 상대성」(*Ethical Relativity*, New York : Harcourt, Brace & Co, 1932), p. 95.
7. 「현대의 철학」(*The Philosophy of the Present*, Cicago : Open Court Publishing Co., 1932), p. 190.

규정할 수 있어야 한다. 적어도 그러한 시도는 반드시 해야만 하리라고 생각하는 것이다. 자아는 하나의 "나-너" 관계에서 또 하나의 "나-너" 관계로 옮겨가면서 자기 자신의 연속성과 자아 동일성에 대한 본유적인 지식을 가지고 살아가는 것이-어떻게 자아가 그렇게 살아갈 수 있다고 하는지 알 길이 없다-아니다. 자아는 "너"(Thou)들에 대한 응답 관계 속에서 살아가는 것이다. 이 때의 "너"들은 한편으로는 자아에 대한 자기들의 행위가 불변하는 것이라는 사실을 드러내 주고 있고, 또 한편으로는 자기들이 다른 "너"들 및 "그것"들과의 끊임없는 응답관계 속에서 살고 있음을 보여 주고 있다. 바로 이러한 "너"들과의 응답관계 속에서 자아는 살아가고 있는 것이다. 나는 타자의 행위에 대하여 응답할 수도 있고, 혹은 나의 행위에 대한 그의 반응을 예상할 수도 있다. 그러나 나에게 향한 그 타자의 움직임을 내가 해석할 때에만 그러한 것은 가능하다. 나는 그의 행위를 단절된 하나의 사건으로 여기고 그 행위에 응답하는 것이 아니라 그것이 하나의 맥락 안에서 일어난 행위, 곧 보다 큰 양태 중의 부분이라고 여기고 그 행위에 응답한다. 그러한 양태는 확실히 여러 번 부딪히는 과정 속에서 분간되어 왔고 또 알게 된 것이다. 그러나 그러한 해석을 전혀 하지 않고, 즉 다른 사람의 현재의 행동을 그 행동의 이전이나 이후와 연결시켜 이해하지 않고, 그저 단순히 응답(response)이 아닌 반응(react)만을 내가 할 수도 있다. 어쩌면 그러한 상황 속에서는 하나의 어떤 것, 즉 지속적인 자아가 아닌 어떤 것이 또 다른 하나의 어떤 것, 즉 지속적인 "너"가 아닌 어떤 것에 반응하고 있는 것이라고 말하는 편이 더 좋을는지도 모른다. 그러나 실제로는 타자와 그의 행위가 원자적으로 분산되어 있는 사건들이 아니다. 따라서 그 사건들에 대한 반응도 원자적으로 이루어지는 것이 아니다. 사건들은 지속되는 일련의 움직임이 특별하게 드러난 것, 혹은 계속해서 전개되는 사태 중의 어느 특별한 부분이다. 나는 "너" 앞에서, 그 "너"에게 반응하면서 살고 있는데 그 "너"는 위에서 언급한 것처럼 결코 고립되어 있는 사건이 아니라 어떤 일반적이고 항구적인 것을 그의 독특성 속에서 상징적으로 드러내 주는 존재이다. 그러므로 내가 타자 속에서 만나는 것은 혼합된 타자가 아니라 특정한 것 속에 있는 보편적인 것이다.

나에 대한 "너"의 태도가 지니고 있는 항구성 이외에 이제 우리가 생각해야 할 것은 비단 그 "너"와 나와의 관계만이 아니라 나 자신이 아닌 공동체의 다른 구성원들과 그와의 상호 작용 속에도 있는 항구성에 관한 것이다. 내가 발언을 한다고 해보자. 그때 나는 일반화된 타자에게 말을 하고 있는 것도 아니고 불편 부당한 관조자에게 말을 걸고 있는 것도 아니다. 나는 특정한 자아들에게 이야기하고 있는 것이다. 그 자아들은 자기들 간의 상호 작용 속에서 그리고 지금 이야기하고 있는 대상과 자기들과의 상호 작용 속에 내가 의지해도 좋겠다고 알고 있는 항구성을 지니고 있는 자아들이다. 그러므로 양심의 어떤 경험을 하면서 내가 나의 행위를 다른 사람들의 관점에서 판단한다고 하는 것은 내가 살고 있는 사회 안에 있는 모든 특정한 개인들 속에서 어떤 막연한 일반적인 인물을 하나 선택하여 그 입장에서 나의 행위를 판단하는 것이 아니라, 모든 개개인들의 응답이 지니고 있는 항구성-비록 어느 곳에서도 그 항구성을 찾아볼 수 없다 할지라도 적어도 그 사회가 사용하는 공통 언어의 항구적인 의미 안에는 현존하는 그러한 항구성-에 근거하여 판단하고 있음을 뜻하는 것이다. 사회적 자아는 결코 단순한 "나-너 자아"(I-Thou self)가 아니다. 그것은 상호 작용하는 공동체의 한 구성원인 "너"에게 응답하는 "나-너희들 자아"(I-You self) 이다. 그리고 바로 그러한 사회적 자아가 타자와 이루는 상호 작용 속에서 자아로 하여금 자기에게 과해지는 행위를 해석할 수 있도록 하는 이른바 항구성이 나타나는 것이다. 자기에게 과해지는 타자의 행위를 해석할 수 있도록 하는 이러한 행동의 항구성을 언급하는 것이 결국은 칸트주의적인 입장에 서 있는 도덕론자들이 그들 이론의 출발점으로 삼고 있는 법에 관한 이념을 우리가 다시 정립한 것이 아닌가 하고 생각할 수도 있다. 그러나 여기에는 다음과 같은 차이가 있다. 즉, 내가 나의 삶을 책임적인 실존으로 보는 입장에서 관찰하면 나는 법을 결코 하나의 요청 형식으로 보지 않는다. 다시 말하면, 법을 다른 존재들이 내가 예상하고 짐작할 수 있는 방법으로 내게 과하는 그러한 행위의 형태로 인식하지 않는 것이다. 타자와의 응답 관계 속에서, 비록 사람들이 원자가 아니고 상호 작용체계의 구성원이라 할지라도, 나는 사람들을 다루는 것이지 율법을 다루고 있는 것은 아니다. 그렇기 때문에 만약 지금 여기에서 법이 등장한다 할지라도 그것은 의무적이고 정치적인 법과 비유될 수 있는 것이라기보다는 현대적인 혹은 어쩌면 19세기적인 의미에서의 자연법에 비유될 수 있는 그러한 법으로 등장하는 것이다.

그러므로 사회적 자아는 원자적인 타자에게 응답하면서 존재하는 것도 아니고, 일반화된 타자나 불편 부당한 관조자에게 반응하면서 존재하는 것도 아니다. 사회적 자아는 한 집단의 구성원인 "너"들과 같은 그러한 타자들에게 응답하면서 존재한다. 그 같은 "너"들의 상호작용 속에는 자아가 자기에게 과해지는 현재의 행위를 해석할 수 있고 미래의 행위를 예상할 수 있도록 하는 항구성이 존재해 있다. 사회적 자아는 바로 그러한 "너"들인 타자에게 반응하면서 존재하는 것이다. 그때, 사회적 자아는 당면하고 있는 행위의 의미에 대하여 응답할 수가 있다. 왜냐하면 그러한 행위는 전체 행위의 일부, 전체 행위를 의미하는 어떤 것, 혹은 전체로부터 그 의미를 추출해낸 것이기 때문이다. 따라서 나의 양심은 제각기 단결되어 있다는 다른 개인들이 무엇을 허용하고 무엇을 허용하지 않는가 하는 것을 내가 알고 있다는 사실을 드러내주고 있는 것이 아니라, 내가 살고 있는 사회의 에토스를 내가 알고 있다는 것, 다시 말하면, 그 사회의 개인 간의 상호 작용 양태를 내가 알고 있다는 사실을 보여 주고 있는 것이다.

III

자아의 사회적 특성을 응답적(responsive)이고 책임적(responsible)인 것으로 이해하는 자아 분석을 더 좀 전개해 보기로 하자. "너"들은 비교적 예상할 수 있는 사회를 형성할 만큼 상호 작용을 하고 있다. 그런데 이러한 "너"들과 직면하여 "나-너 존재"(I-Thou being)로서 실존하는 자아는 이러한 상황 속에서 비단 "너"들이나 "너희들"에게만 응답하고 있는 것이 아니라, "너"들이나 "너희들"이 응답하는 그 반응의 대상에게도 응답한다. 응답하는 삶이 지닌 이 같은 이중성은 이미 일반화된 타자의 개념에 대한 비판과 더불어 드러난 바 있다. "너"가 인식 주체(knower)로 내게 나타나면 그 "너"는 나를 아는 자일 뿐만 아니라 적어도 하나의 타자를 아는 것이다. 그러니까 그 "너"는 내가 "너"를 알 뿐만 아니라 그 "너" 이외의 어떤 다른 것도 알고 있는 자로 나를 아는 것이다. 이처럼 "나"와 "너"의 이러한 만남은 언제나 제3자와 직면하면서 이루어진다. 그리고 이 만남에서부터 "나"와 "너"는 구분이 되고, 또한 그들은 그 만남 자체에 대해서도 응답을 하는 것이다.

우리는 자연과 사회의 이중적인 관계 안에서 비로소 자연의 사건들을 알게 된다. 그런데 응답을 하면서 살아가는 우리 삶의 삼중적(三重的) 형식도 어쩌면 그러한 사실에서 가장 분명하게 우리에게 나타날는지도 모른다. 여기에서 내가 자연이라고 하는 것은 우리가 비인격적인 것으로 간주하고 있고, 그 특성이 순순히 물질적이거나 물건과 같은(thing-like) 그러한 사건 및 작용의 넓은 세계를 뜻하는 것이다. 그것은 우리가 알고 있는 현실적인 것들, 사건들, 그리고 에너지들의 집적물들, 혹은 그러한 것들의 체계이다. 그러나 우리는 그러한 것들이 우리를 알고 있다거나 자기 자신들을 알고 있다고 해석하지는 않는다. 그러나 그렇다고 해서 이러한 자연의 체계가 그 자연현상을 알고 있을 뿐만 아니라 우리들도 알고 있으며 또한 그들 자신들을 알고 있는 우리와 같은 사회 안에 살고 있는 다른 인간들 곧 사회적인 동료로부터 단절되어 그 자연현상 홀로 우리에게 제시되는 것은 아니다. 나는 자연현상에 대하여 반응한다. 그러나 그저 반응하는 것이 아니고 자연계에서 일어나는 그 사건들이 서로 맺고 있는 상호 관계와 의미를 해석하는 한 사람으로 그 사건들에게 응답하는 것이다. 그러나 그때 내가 행하는 나의 해석이 오직 나와 자연현상이 빚는 사건과의 만남만의 결과는 결코 아니다. 이러한 자연현상의 여러 경우들은 나 자신을 알 뿐만 아니라 자연에 대해서도 알고 있는 동료들에 의하여 어렸을 때부터 계속해서 나에게 해석되어 온 것이다. 명칭과 범주, 문법과 구문, 그리고 논리를 지니고 있는 언어라고 하는 매개를 통하여 나는 자연의 체계, 곧 사회에 의하여 체계화된 자연의 체계를 알게 된 것이다. 나는 그 사건들을 분류하기도 하고 그 사건들 상호간의 관계 속에서 각각 사건들이 지니고 있는 의미를 찾아내기도 한다. 그러나 그럴 때마다 나는 나 홀로 그러한 작업을 하는 것이 아니다. 나와 같은 인간들인 나의 동료들로부터 추출된 나의 사회적·역사적 이성의 선험적 범주의 도움을 받아 언제나 그 같은 일을 하는 것이다. 나는 그들에게서 자연의 여러 사건들을 조직화하고 해석할 어떤 범주적인 도식만을 구하는 것이 아니라, 자연과 내가 직접 부딪히고 나서 그 자연에 대해 내가 기술한 보고의 타당성 여부도 그들에게서 구한다. 자연에 대한 개념이 하나의 역사를 지니고 있고, 인간들이 사회사의 제각기 다른 시기에 자기들의 서로 다른 해석에 근거하여 여러 다양한 방법으로 자연의 사건에 반응하고 있는 것은 이 때문이다.

    내가 자연의 사건에 반응할 때면 나는 하나의 사회적인 존재로 그렇게 행동한다. 그런데 또 한편, 내가 나의 동료들에게 응답할 때면 나는 자연에 대한 응답관계 안에 있는 한 사람으로 그렇게 행동한다. 나는 분리된 두 영역, 혹은 두 개의 다른 만남—즉, 한편에는 "너"를 두고 있고 다른 한편에는 "그것"을 두고 있으며, 한편에는 사회를 두고 있고 또 다른 한편에는 자연을 두고 있는 그러한 단절된 두 영역—에서 응답하는 자아로 존재하고 있지 않다. 나는 적어도 세 참여자, 즉 자아와 사회에서 함께 사는 사람들 (social companions) 및 자연의 사건들이 함께 있는 지속적인 대화에 참여하고 있는 것이다. 내가 사회에서 함께 사는 사람들과 늘 만나 왔고—자연의 사건들과의 관계도 마찬가지이다—또 앞으로도 그렇게 만날 사람이기 때문에 자연의 사건들을 부닥치고 해석하고 있는 것이지 그렇지 않았다면 어떠한 자연의 사건도 내가 만나거나 해석하지 않았을 것이다. 이와 마찬가지로 내가 자연과의 관계를 살고 있고, 사회 속에서 살고 있는 다른 사람들의 언어가 그와 비슷한 관계 속에서 솟아난 것으로 해석하고 있는 사람이기 때문에 동료들의 발언을 만나고 또 해석하고 있는 것이지 그렇지 않았다면 동료들의 발언을 통례적으로 만나거나 해석하지 않았을 것이다. 자아들 간의 소통—사랑과 미움의 선언에서와 같은 "나"와 "너" 만이 포함된 드문 형태는 제외하고—은 언제나 드러나든 드러나지 않다, 어떤 것에 대한 소통이다. 그런데 그 어떤 것은 사회 안에 있는 참여자들 양편에게 모두 전달되는 어떤 것이지 않으면 안 된다. 그것이 색깔이나 소리처럼 감각적인 성격의 질서에 속한 것이든, 고양이나 걸상처럼 어떤 실재에 속한 것이든, 숫자와 양심의 이념과 같은 추상적인 실재에 속한 것이든, 국가나 자연의 체계처럼 느껴진 것도 추상화된 것도 아닌 양(量, quanta) 혹은 커다란 총체이든, 어떠한 경우이든 간에 자아들 간의 소통은 그러한 자아들 간의 대화가 아닌 또 다른 2인 대화(duologue)의 등장을 수반한다. 역으로 말하면, "나-너"의 2인 대화가 부수되지 않고는 "그것"들의 세계나 3인칭 존재들에 대한 어떤 해석이나 응답도 있을 수가 없는 것이다.[8]

상황이 이러하기 때문에 자아는 마치 그것이 전적으로 "너"와 "너희들"에게서 독립되어 있지 않듯이 전적으로 그러한 것에 의존하고 있는 것도 아니다. 내가 자연의 사건들과 직접적인 관계를 지니고 있고, 그러한 나의 경험과 그 사건을 해석하는 사회적인 이성이나 지배적인 해석의 양태를 비교할 수 있으면, 그렇게 할 수 있는 정도만큼 나는 사회로부터 독립하여 자연의 사건에 대하여 내가 해석할 수 있고 그 사건들에 대하여 반응할 수 있다. 그러나 우리가 자연이라고 부르는 사건들을 자기의 사회가 공급해 주는 언어나 범주나 관계들을 사용하지 않고 만나거나 해석할 수 있을

---

8. 하나의 dialogue 는 적어도 2개의 duologue 로 이루어져 있다 — 편집자.

만큼 자기의 사회적 문화로부터 독립되어 있는 사람은 하나도 없다. 자연이 가르쳐 주는 신기한 사실을 배우고 있는 작은 어린이처럼 자연현상 앞에서 쭈그리고 앉아 있는 극단적인 회의론자의 그림은 어린아이들에 대하여 아무 것도 연구하지 않은 세대, 언어가 어떤 방법으로 해석을 전달하는가 하는 사실에 대하여 전혀 관심을 기울이지 않은 세대, 자연 일반에 대한 우리 지식의 사회적·역사적 특성을 전혀 알지 못하고 있을 뿐만 아니라 특별히 우리의 예술과 우리의 과학에 대해서도 전혀 알지 못하고 있는 세대에 의해서만 그려질 수 있는 그림이다. 그러나 이와 반대되는 자아의 그림, 즉 자아는 과학 이전의 사회나 과학적인 사회의 관습적 견해에 의하여 결정되는 것이기 때문에 이미 정해진 모습으로, 그리고 관습적인 상징과 더불어 사언의 사건들에게 반응하지 않을 수 없다고 하는 자아의 모습도 마찬가지로 우리 실존의 현실성으로부터 추상화된 것이다. 그렇기 때문에 그러한 자아는 그러한 주장 자체를 위하여 자연현상에 대한 과학적 이론이나 시적 환상이나 예술적인 재구성에서 인간적인 모든 것, 새로운 모든 것을 무시하지 않으면 안 되는 것이다.

  자연 앞에 있는 자아는 자연에 대하여 온갖 반응을 하는 다른 자아들에게 응답하면서 하나의 사회적 자아로 존속한다. 그러한 자아는 또한 자연에 대한 자기의 반응에 대하여 책임질 것을 자기의 동료들로부터 요청받는 해명할 의무가 있는 책무를 진 자아(accountable self)이기도 하다. 응답이 하나의 존재에게만이 아니라 그 자아와 더불어 제3의 실재와 연결되는 존재에 대한 것이기도 할 때, 그 응답되는 존재에 대한 그 응답성(responsiveness)은 책무(責務, accountability)라고 하는 의미에서의 책임(responsibility)이 된다. 내게 과해진 자연의 힘의 행위에 대하여 어떤 응답을 하면서 그 응답 행위에 대하여 내가 책임을 진다고 하는 것은, 마치 내가 버섯의 모양을 잘못 보고 그것이 독버섯이 아니라고 판단하여 그 독버섯을 땄는데, 나중에 그것이 독버섯인 줄을 알고 그 독버섯이 자기에게 미칠 영향을 스스로 예상할 수 있는 것과 같다. 그러므로 첫째로,

그것은 자연의 힘 자체로부터 나의 행위에 가해질 반응을 내가 예상할 수 있다고 하는 것을 의미한다. 또한 그 같은 사실은 둘째로, 자연의 사건들과 관계를 맺고 있을 뿐만 아니라 나와도 관계를 맺고 있으며 또한 자연현상에 대한 나의 해석을 입증하거나 수정해 주는 그러한 사회적 동료들 편으로부터 나에게 가해질 나의 반응에 대한 그들의 응답을 예상하고 행동한다는 것을 의미한다. 나의 행동은 사회와 자연 양자로부터 어떠한 반응이 있을 것인가를 해석하고 예상하면서, 그 가운데서 응답적이고 책임적인 것으로 행해지는 것이다.

지금까지 우리가 살펴본 것은 응답성과 책임성이 생기는 상황이 삼중적인 특성을 지니고 있다는 것을 예시하기 위한 것이었다. 그런데 이상과 같은 첫 번째 예에서 우리는 대체로 우리의 관심을 해석된 자연의 사건에 대한 소통의 문제에다 한정시킨 바 있다. 이 같은 문제와 관련시켜 보면, 책임적인 자아는 자연에 대하여 일단 반응하고 나서 자기가 반응한 그 자연현상에 대하여 반응한 다른 자아들에 의하여 다시 반응을 받는 그러한 자아로 나타난다. 그것은 마치 어린아이가 양을 "고양이 새끼"라고 불렀는데 이것을 듣고 그 아이의 엄마가 이를 고쳐 주는 것과 같고, 마치 한 과학자가 종(種)의 기원에 관한 이론을 출판하고 나서 동료 과학자를 비롯한 신학자, 철학자 등 보다 큰 공동체 일반으로부터 그 이론에 대한 검증, 수정, 부정 등을 기다리는 것과도 같으며, 또한 마치 어떤 과학자가 초감각적 지각의 현실성을 주장하면서 홀로 이에 대한 확신을 가지고 거대한 사회적 불신에 응답하면서 미래에 이루어질 사회적 확인을 기다리는 것과도 같은 것이다.

그러나 응답하는 자아는 이밖에 또 다른 삼중적인 그리고 변증법적인 상호 작용 속에서 존재한다. 전통적으로 우리는 이 두 번째 정황과 첫 번째 정황을 구별해 왔다. 즉, 첫 번째 정황에서는 우리가 실천이성(practical reason)을 활용하는데 두 번째 정황에서는 사색적이거나 관찰적인 이성(speculative or observing reason)을 활용한다고 말해온 것이다.

이러한 구분은 유용하고 불가피하기는 하지만, 자칫하면 자아의 통일성을 와해시킴으로써 우리를 혼미에 빠뜨릴 수도 있다. 그것은 마치 몸과 마음을 구별하는 것이 대단히 유용하기는 하지만 자칫하면 인간을 잘못 이해할 수 있게 할 위험을 지니고 있는 것과 같은 것이다. 이와 아울러 또 하나 심각한 것은 그렇게 구분을 해버리면 우리의 인식은 실천적·윤리적 요소를 간과하게 되고, 우리의 행동은 관찰과 해석의 요소를 간과해 버리는 결과에 이르게 된다고 하는 사실이다. 최근에는 이상의 두 상황을 명상적인 것이냐 아니면 실천적인 것이냐 하는 이성의 주체적 작용과 연결시켜 구분하지 않고 그들을 사실(fact)과 가치(value), 즉 이성의 객체와 관련하여 이들을 구분하려는 경향이 생기고 있다. 그러나 주지의 사실이지만 이 용어들 중의 어느 것도 정확히 그 의미를 정리하기는 어려울 뿐만 아니라 그것들을 하나의 유(類)에 속한 여러 종(種)으로, 예를 들면 동일한 존재에 속한 다른 것으로 연결시키는 것은 어려운 일이다. 그런데 우리가 우리에게 익숙한 이 두 구별을 사용하여 해결하고자 하는 이 일반적인 문제는 우리가 우리 자신들을 책임적인 존재로 보는 그러한 입장에 서게 되면 이제까지와는 좀 다른 시각에서 그 문제를 바라볼 수가 있게 된다. 물론 자아의 통일이라고 하는 궁극적인 문제가 이러한 새로운 접근을 통하여 이전에 구분하던 방법보다 과연 만족스럽게 해결될 수 있는가 하는 것은 여전히 의심스러운 일이기는 하지만, 그 문제를 새로운 시각에서 주목하게 하는 것만은 분명한 것이다.

우리가 우리들 자신을 응답하는 존재, 그리고 책임지는 존재로 발견하게 되는 두 번째 삼중적인 정황에 대해서는 나와 같은 미국 사람인 로이스(Josiah Royce)가 잘 서술하고 있다. 그는 그러한 정황을 원인(原因, cause)이라고 하는 개념으로써 설명한다. 그는 도덕적인 삶을 원초적으로 충성(loyalty)하는 일로 이해하려 하였다. 그것은 우리가 지니고 있는 책임이라고 하는 개념과 밀접하게 연결되어 있는 개념이다. 인간을 이상의 실현자나 법률을 준수하는 사람으로 생각하는 대신에 그는 인간이란 스스로를 어떤 원인에다 봉헌함으로써 비로소 자아성을 가지게 되는 존재로 본 것이다. "이 원인 때문에 나는 태어났고, 또 이 세상에 존재하게 된 것이다."라고 어떤 사람이 말할 수 있다면 그는 성숙한 자아성에 이른 사람이다. 그런데 어떤 하나의 원인-그것이 국가이든 학문이든 종교든 단순한 의무이든 간에-을 위하여 자기를 헌신하면서 그는 자기와 동일한 원인에다 자기들을 봉헌하고 있는 또 다른 충성스러운 사람들과 자기가 연합되어 있음을 발견한다. 따라서 충성의 유대는 이중적이다. 즉, 한편으로는 자기의 동료들과 맺고 있는 유대이고 또 다른 한편으로는 원인과 맺고 있는 그러한 이중적인 것이다. 이와 마찬가지로 군인들의 충성은 자기 전우들에 대해 성실해야 하는 일과 동시에 국가에 대한 충성이라고 하는 원인을 위하여 성실해야 하는 일이지 그 둘 중의 어느 하나에게만 성실해야 하는 일이 결코 아니다. 여기에서 우리는 충성 자체에 관한 이념을 잠시 옆에다 치워두고, 로이스의 분석 속에서 책임의 삼중구조가 사회적 실존 일반에서 어떻게 나타나는가를 살펴보기로 하자. 애국자는 그의 행위의 원인인 자기의 조국과 연결되어 있을 뿐만 아니라 자기 국민들과도 연결되어 있다. 그래서 그는 자기 국민들의 행위에 대해 응답한다. 즉, 자기가 봉사해 주기를 바라는 국민들의 요청, 자기에 대한 국민들의 비판, 그들의 칭송, 그들의 승인과 불승인(不承認) 등에 대하여 반응하는 것이다. 그러나 그는 동시에 자기의 국가와 더불어 대화를 하면서 그 국가나 그 국가의 대표자들로부터 궁극적인 칭송이나 질책을 기대하는 그러한 인간으로 국민들에게 그렇게 반응하고 있는 것이다. 다시 말하면, 그는 자기 동료들의 현재 행위에 반응하면서도 이 제3자가 자기에게 과할 행위를 예상하고 그에 알맞은 행위를 하고 있는 것이다. 이때, 그 알맞은 행위란 이 연속적인 삼중적 상호 작용에 알맞은 응답을 하는 것을 뜻한다.

　인간의 자아 행위에 대한 또 다른 분석에서는 제3자가 하나의 준거집단으로 나타나기도 한다. 즉, 자아가 현재의 도전에 응답하면서 자기 자신을 연결시키는 그러한 준거집단으로 나타나고 있는 것이다. 자아는 사회심리학자들이 지적하는 바와 같이, 자기와 직접적인 관계를 맺고 사는 다른 사람들의 도전과 기대에 직면하게 되면 언제나 명망이 있는 사람들이나 자기가 속한 사회에다 그 문제를 조회해 보고 나서 자신의 여러 가지 다양한 역할을 연출한다. 그런데 이 명망 있는 인사나 사회는 언제나 자아가 자기와 동일시할 수 있고, 또 그들이 자기의 정황에 있다면 어떻게 행동할 것인지 그리고 자기의 행위와 동료들에 대한 자기의 반응을 어떻게 승인하고 왜 불허하고 혹은 어떻게 수정할 것인가 등을 의논할 수 있는-적어도 자기 속에서의 대화로라도-그러한 실재인 것이다.

IV

우리의 동료들에게 응답하는 모든 우리의 반응 속에서 우리에게 나타나는 이 제3의 실재에 대하여 깊이 생각해 보면 우리는 그 실재가 이중적인 특성을 가지고 있음을 알게 된다. 한편으로 보면 그것은 개인적(personal)인 것이다. 그러나 또 다른 한편으로 보면 그것은 그것 자체 안에 그것을 초월하는 어떤 것, 혹은 그것이 조회하는 어떤 것을 다시 내보하고 있는 것이다. 일반화된 타자나 경험적인 양심의 불편 부당한 관조자는 공동체 자체 뿐만 아니라 공동체의 원인을 드러내 주는 인식자이고 평가자이다. 법률적인 책임에 관한 모든 문제에서 내가 조회하는 마지막 법은 내 사회의 정의의 집행자이면서 동시에 나의 사회가 정의의 문제가 생겼을 때 그것을 조회하는 사회를 초월해 있는 정의 자체이기도 하다. 애국자의 경우, 그가 동료인 다른 애국자들 이외에 관련을 맺고 있는 제3자는 국가나 조국이다. 그러나 그 국가는 살아 있는 사람들과 죽은 사람들의 공동체만은 아니다. 즉, 과거와 미래의 영웅들, 국가를 건설한 선조들과 우리가 미래의 기대를 걸고 호소하는 역사적인 후손들의 공동체만은 아닌 것이다. 국가는 언제나 그러한 공동체에다가 이러한 대표자들이 자기들의 행위를 조회하는 어떤 것이 첨가되어 있는 것이다. 이러한 조회를 위한 준거가 되는 것은 마치 우리가 미국에서 민주주의를 이야기한다든가, 스페인에서 진정한 종교를 이야기한다든가, 러시아에서 공산주의를 이야기한다든가 하는 것처럼 원인의 언어(language of cause)를 사용하여 언급할 수 있을 것이다. 그런데 그러한 원인을 분석해 보면 언제나 그것 나름대로 개인적인 어떤 것과 그 개인적인 것을 초월하는 어떤 것으로 이루어진 이중적 특성을 다시 볼 수가 있다. 예를 들어, 미국에 있는 민주주의적 애국자는 지금 함께 살고 있는 자기의 동료들과 자기의 대화를 해나갈 것이다. 그러나 동시에 그는 자기의 동료들이 준거로 삼아 언급하고 있는 사람들-즉 워싱턴(George Washington), 제퍼슨(Thomas Jefferson), 매디슨(James Medison), 링컨(Abraham Lincoln) 등과 같이 미국을 대표하는 사람들-과도 관계를 맺고 있는 사람으로 그러한 대화를 해가고 있는 것이다. 그는 자기의 동료에게만 응답하고 있는 것이 아니라 또한 초월적인 준거집단에 대해서도 응답을 함으로써 자기의 직접적인 동료들로부터 상대적인 독립을 성취할 수가 있는 것이다. 그런 한에서만 그는 응답을 하는 자아만이 아니라 책무가 있는 자아가 된다. 그러나 이제 그 초월적인 준거집단은-예를 들어 기억 속에서 만나는 건국한 조상들과 기대 속에서 만나는 후대 공동체의 대표자들-그들 자신들을 초월하는 어떤 것을 언급한다. 사실 그들은 어떤 것을 나타내고 있는 사람들, 어떤 것을 대표하고 있는 사람들이다. 다시 말하면, 그들은 공동체 자체만을 나타내는 것이 아니라 공동체가 뜻하는 것이 무엇인가를 나타내 주고 있다. 결국 민주주의의 경우에, 궁극적으로 우리는 공동체 자체를 넘어서 인간성을 언급하는 공동체, 그리고 그렇게 하면서 인간적인 공동체 자체의 전형적인 것들만 직시하는 것이 아니라 보편적인 사회, 보편적인 일반화된 타자, 자연(Nature)과 그 자연의 신(Nature's Cod)도 직시하게 되는 그러한 공동체에 도달하는 것이다.

서구 사회에서는 어린아이들을 책임적인 시민이 되도록 교육할 때, 건국의 선조들 그리고 역사가 지니고 있는 위대한 사상들과 연결시키려 한다. 그 아이들이 그저 자기네 동료 시민들과만 관계를 맺고 살아가면 그들이 책임적이게 될 수 있으리라고 생각하지를 않는 것이다. 그렇기 때문에 그 어린이들은 자기들의 조국은 물론 그 조국의 원인(cause)-그 조국이 무엇을 나타내는가 하는 것-과 직접적인 관계를 맺고 있지 않으면 안 된다. 그렇게 해서 그 아이들이 국가적인 의도의 맥락에서 자기들의 동료 시민들의 행위를 해석할 수 있도록 하고, 또한 그렇게 함으로써 그들이 직접적인 경우라든가 현재의 순간이라고 하는 폭군에 종속되지 않을 수 있도록 하는 것이다. 어린아이들에게 이렇게 하고 나서, 예를 들어 그들에게 미국의 독립선언서를 읽게 하면 우리는 국가의 대표자들이 자기들의 행위에 책무를 느끼고 행동한 사람들이라는 것, 그리고 "인류의 의견에 대한 겸허한 존경심"을 지니고 자기들의 발언을 한 사람들이라는 것을 가르칠 수가 있는 것이다. 그러나 이렇게 가르치면 아이들은 이때의 인류라든가 그 국가의 대표자들도 결국은 모든 인간이 평등한 궁극적인 공동체와 연결되어 있는 사람들이며 동시에 "세계를 심판하는 지고한 심판자"와 연결되어 있는 사람들임을 알게 되는 것이다.

 인간은 삼중적인 정황 속에서 책임적 존재로 있다는 사실을 교회를 통하여 예를 들었다면 더 쉬웠을는지도 모르겠다. 그러나 그렇게 하는 것이 좀 주저가 되었다. 왜냐하면 나는 기독교 윤리에 대한 이 서론에서 신자들의 자아 이해를 위한 도구를 발전시켜가면서 서서히 교회생활로부터 그 예를 추출해 내고자 하고 있기 때문이다. 분명한 것은 교회 안에서 내가 반응을 할 때 그것은 내가 나의 동료들에게 응답하고 있다는 것, 즉 교회 구성원들의 친교에 반응하고 있다는 것이다. 그들은 나에게 종교적 진술의 언어, 용어, 그리고 논리를 가르쳐 주었다. 그러나 그 진술은 자기들에 대한 것이 아니라 제3자에 관한 것이다. 이 교우들에게 나는 성실해야만 한다는 요청을 받고 있다. 그러나 공동의 원인에 대한 성실성도 결코 다르지 않다. 그 공동의 원인은 예언자들과 사도들에 의하여 나에게 제시되고 있다. 그러나 그들은 자기 자신들을 넘어서 이를 지시하고 있다. 따라서 내가 예수 그리스도에게 응답할 때, 그리고 그분 안에서 그분 자신을 넘어서는 하나의 원인, 곧 예수 그리스도가 그 원인에 대하여 성실할 뿐만 아니라 바로 그 원인에 대한 성실성 속에서 그의 동료들-교회 안에서 만나는 동료들이 아니라 창조주가 성실하게 관계를 맺고 있는 세계, 즉 창조주가 자기의 원인으로 삼은 세계 안에 있는 동료들-에게도 성실할 수 있는 그러한 원인을 지시하는 분을 발견할 때 비로소 나는 책임적인 존재가 될 수 있음을 알게 되는 것이다.

유일신론 신봉자는 자기 동료에 대한 모든 응답이 궁극적인 인격이고, 궁극적인 원인이며, 보편적인 공동체의 중심인 신에 대한 응답과 연결되어 있는 것이라고 알고 있다. 즉, 자아 판단(self-judgement)과 자아 인도(self-guidance)의 움직임은 스스로 원인을 드러내고 또 만드는 보편적인 타자와 보편적인 공동체를 준거로 삼지 않고는 정착될 수가 없다고 하는 것을 시사해 주는 어떤 징후가 응답적이고 책무적인 인간의 삶의 총체 속에 있는 것으로 생각하고 있는 것이다. 여기에서의 나의 의도는 결코 신에 관한 도덕적 논의의 새로운 형태가 과연 타당한 것인가를 논증하려는 것이 아니다. 나는 다만 이에 대한 다음과 같은 나의 관찰을 언급하고자 할뿐이다. 즉, 도덕적인 삶을 책임적인 것으로 보는 이들 사회적인 이론들이, 만약 자기들의 분석을 에토스와의 관련에서 끝내버린다든지, 인간이 자기 동료에게만 응답하는 이른바 닫혀진 사회에서의 판단행위에서 멈추어 버린다면, 그러한 이론들은 경험적인 사실에 대해 정당한 서술도 아니고 자기들의 근본적인 이념과도 일관성을 지니지 못한다고 하는 사실을 언급하려는 것이다. 이 사회들이 그 사회를 준거의 틀로 삼는 개인들보다 더 자아 완결적(self-contained)인 것은 아니다. 사회적 판단을 간직하고 있는 도덕적 언어가 자연에 관한 언어보다 더 명료한 자아 설명적(self-elucidating)인 것도 아니다. 판단을 하는 사회 혹은 그 속에서 우리가 우리 자신을 판단하는 사회는 자아 초월적(self-transcending)인 사회이다. 따라서 자아 초월의 과정, 혹은 각개의 제3자를 초월해 있는 절대적인 제3자와 관계를 맺는 과정은 존재의 공동체 총체가 포용되기 전에는 정지되지 않는다.

그런데 우리가 책임이라고 하는 이념의 도움을 받아 인간의 실존을 스스로 자기를 관리할 수 있는 자아 관리적인 존재로 이해하면 우리는 윤리에 대한 다른 접근들인 목적론과 의무론이 지니고 있었던 것과 동일한 이른바 보편적인 것을 향한 움직임에 우리도 사로잡히게 된다. 목적론적 윤리학에서는 "어떤 이념이 존재의 총채 안에서 실현되고 있는가?" 하는 물음을 우리의 최종적인 물음으로 삼고 그 물음을 향해 나간다. 즉, "전체의 모습인 선(善)의 형상은 무엇인가?"고 묻는 것이다. 의무론에서 우리가 마지막으로 묻는 것은 "무엇이 법률의 보편적 형상이냐" 하는 물음이다. 그런데 이제 카테콘(cathĕkon)의 윤리, 곧 적합성의 윤리(ethics if the fitting)에서는 보편적 책임의 개념에 도달하게 된다. 그것은 행위들에 대한 응답을 하면서 살아가는 삶을 뜻한다. 즉, 우리가 이 행위들이 우주(universe) 안에서 일어난 것이라고 해석할 때 비로소 그 삶은 삶으로서의 자격을 지니게 되며, 또한 우리가 행한 행위에 대하여 보편적 공동체의 대표나, 보편적 일반화된 타자나, 우리의 행위를 보편적인 관점으로부터 보는 불편 부당한 관조자—그의 불편 부당성은 보편적 원인에 대한 충성심의 공정성이다—에 의하여 반응이 있으리라는 것을 미리 이해할 때 비로소 자격이 주어지는 그러한 삶을 뜻한다.

윤리에서의 이러한 정황과 병행하는 현상은 과학에서도 찾아볼 수 있다고 나는 생각한다. 모든 일반적인 것을 지나 특정한 것들 속에서 보편적인 것을 찾고, 또 보편적인 의도를 가지고 작업하는 과학에서 그러한 현상을 발견할 수 있는 것이다. 과학은 초기의 합리주의가 그랬듯이 이미 알고 있거나 정의된 보편적인 것으로부터 독특한 것을 향해 나가지를 않고, 처음부터 독특한 것을 향해 나아가 그 안에서 다른 연구자들에 의해서도 실증될 수 있을 하나의 양태를 탐구한다. 그리고 그러한 양태와 양태간의 관계를 탐색하면서 과학은 보편적인 지식 속에서 증명될 수 있는 것을 찾는 것이다. 과학은 보편적인 것 그것을 알려 하지는 않는다. 하지만 각개의 특별한 경우들을 보다 일반적인 양태와 관련시켜 해석하려 하기 때문에 과학의 움직임은 보편적인 것을 향하게 된다. 과학은 보편적인 의도를 지니고 작업을 하고 있는 것이다. 따라서 과학이 모든 것을 확증하려는 간절한 희구나 우리의 인식의 영역에서 과학이 드러내고 있는 자기의 책무성 속에는 마치 자아 심판(self-judgement)의 움직임 속에 보편적인 평가에의 호소가 있듯이, 보편적인 앎에 대한 동일한 잠재적인 호소가 깃들여 있는 것이다.

여러 사회적 책임들의 한가운데에서 그 여러 책임들의 보편적인 목적, 즉 보다 포용적인 공동체들과 원인들을 대표하는 제3자적인 존재들과 우리가 맺고 있는 관계를 제대로 성취하지 못하고 있는 것은 사실이다. '만드는 사람'으로서의 인간은 유일한 목적(the end)을 추구하지 않는다. 즉, 그것에 비하면 실현된 이상이란 다만 하나의 목적(an end)에 지나지 않는다. 또한 자아 입법자로서의 인간도 실제적인 사유 속에서는 자기의 현재 행위의 규칙으로 채택한 그 격률(格率)의 보편적인 형태를 향해 언제나 움직이고 있는 것은 아니다. 그러나 위기의 순간에 처하면 우리는 궁극적인 원인과 궁극적인 심판관을 찾는다. 그리고 마침내 우리는 우리에게 과해지는 행위에 응답하는 우리의 삶, 즉 우리의 응답에 대한 반응을 예상하는 우리의 삶은 공간이나 시간이나 상호 작용의 범위로는 그 경계를 그릴 수 없는 사회 안에서 일어나고 있다는 것, 다시 말하면 우리가 살고, 움직이고, 우리의 존재를 소유하는 전체이기에는 부족한 그러한 사회 안에서 일어나는 것이라는 것을 아는 데 이르게 되는 것이다.

책임적 자아는 사회과정(social process)의 움직임에 의하여 보편적인 공동체에서 응답하고 책무를 지는 존재가 되도록, 말하자면 몰리어 가는 것이다.

보편적인 공동체를 향한 이러한 움직임이 어느 다른 것보다도 유일신론적 관점에서만 그렇게 가장 분명하게 드러나고 있는 것인가 하는 문제는 내가 논의할 필요가 없다고 생각한다. 이 글은 믿는 사람들의 공동체 안에서 행하는 자아 이해의 노력이기 때문이다. 그러나 그들도 불신앙은 잘 알고 있다. 왜냐하면, 그들도 그 불신앙에 대부분 참여하고 있기 때문이다. 자기 자신의 삶을 이해하려는 유일신론 신봉자는 그럴 때마다 자기의 삶이 보편적인 공동체 안에서의 책임적인 삶보다도 덜 보편적인 법률 밑에서 살았고, 보편적인 이념을 덜 추구한 삶이었음을 깨닫는다. 따라서 그는 자기가 만나는 책임적인 인간들, 곧 자신들을 비신자라고 부르는 사람들로 신자들이 인지하지 못하는 다른 방법으로 모든 사건들과 자기들의 응답을 우주 안에서 일어난 것으로 해석할 필요가 있다고 느끼면서 자기와 비슷하게 행동하고 있는 것으로 생각하게 된다.

   그러나 책임은 마치 그것이 사회 안에서 행해지듯이 시간 안에서 행해지는 것이기도 하다. 다음 장에서는 이에 관해 살펴보기로 한다.

제3장 시간과 역사 안에서의 책임적 자아

I

'만드는 사람'이라든가 '법을 지키는 사람'이라고 하는 원형상(原型像)을 가지고 인간의 행위에 대하여 생각하는 사유 방식에서는 행위하는 자아(self)인 나(the I)가 시간으로 충만되고 있고(time-full) 역사적인 존재라는 사실을 인정하는 것이 우선하는 가장 중요한 것이 되지 않고 있다. 그러나 실제로 보면 '만드는 사람'으로서의 인간은 자기의 질료가 지니고 있는 잠재적인 것의 실현을 위하여 자기가 사용할 수 있는 미래의 시간을 헤아리고 있다. 목적론자도 마찬가지이다. 그는 언제나 자기의 목표를 보면서 동시에 자기의 한계(finis)를 볼 줄 아는 하나의 종말론자인 것이다. 조용하고 방해받지 않는 삶, 고통의 불안도 없고 극단적인 즐거움으로 인한 불안도 없는 삶을 이상적인 것으로 여기고 있는 에피쿠로스 학파(Epicurean)의 사람들조차도 죽음과 더불어 끝날 수밖에 없는 실존을 위하여 사람들에게 빈틈없는 삶의 계획을 제시해 주고 있다. 머레이(Gilbert Murray)가 지칭했듯이 그것은 시간이 얼마나 짧은가를 아는 사람들의 슬픈 철학이다. 그들은 자기들이 완성할 수 없는 건물은 아예 그 건축을 시작하지도 않으며, 완성되려면 여러 세대나 무한정한 시간을 요할 것이라고 짐작되는 건축구조의 설계는 처음부터 채택하려고 하지를 않는다. 자기 앞에 영원한 시간이 있다고 생각하는 영적인 이상론자(spiritual idealist)의 태도와 에피쿠로스 학파의 태도가 다른 것은, 이상론자가 기쁨과 고통에 예민한 삶보다도 영혼의 보살핌을 더 생각해서라기보다는 그가 자기의 미래에 대한 조망을 하기 때문이다. 인간을 집단의 삶에 참여하는 정치적 동물로 보는 사회적 이상론자(social idealist)는 자기의 목표를 설정하고 자기의 계획을 수립하는 데에 중요한 의미를 지니고 있는 사회적 미래(social future)의 범위가 짧거나 불명확하다는 것을 발견한다. 그래서 5개년 계획을 주장하는 목적론자도 있고 무한한 발전을 주장하는 목적론자도 있다. 그렇기 때문에 미래라고 하는 인간의 시간은 인간을 '만드는 사람'으로 이해하는 사람들이 자신들의 잠재적 가능성을 실제로 어떻게 평가하는가 하는 것과도 관계가 되고, 그들의 이상이 어떤 것인가를 정의하는 일과도 연결된다. 그러나 그들은 이렇게 매우 중요한 현재에 대해서 거의 지각하지 못하고 있다. 뿐만 아니라 우리의 행위에 대한 이 같은 사유방식에 의하면 과거도 아무런 중요성을 지니지 않는다. 이러한 유형의 대부분의 학문적 사유가 죄라든가 범죄와 같은 주제에 관하여 거의 논급을 하지 않고 있는 이유는 바로 이러한 사실 때문인지도 모른다. 20세기에서 '만드는 사람'으로서의 인간의 윤리를 대표하는 사람은 아르트만(Nicolai Hartmann)이다. 그런데 그는 사회적·역사적 과거를 위대한 도덕적 이념이 점차적으로 드러난 배경으로 여기고 이에 대하여 약간의 관심을 기울이고 있다. 그는 개인의 과거도 범죄 형태의 측면에서 볼 때 얼마간의 중요성이 있다고 생각하고 있다. 그러나 이러한 관점에서 고찰되는 범죄는 인간이 그저 단순히 견디어내야만 하는 어떤 것에 불과하다. 즉, 그것은 견디면서 인간은 결연하게 자기의 개인적 실존의 이상을 더 잘 실현하는 것이다. 그러므로 하르트만에게 조차 시간은 이념 자체나 그 이념의 실현자들에게 어떤 의미심장한 영향을 끼치지 못하고 있다.

인간을 법에 복종해야 하는 존재-즉 정의를 행하는 존재-로 보는 형식론적 윤리에서는 시간과 역사의 중요성이 목적론적 윤리에서보다 훨씬 덜한 것 같다. 자아를 이렇게 규정하고 다스리고 있는 가장 확고한 대표자인 칸트에 의하면, 시간이란 단지 감각지각의 한 형태일 뿐이다. 즉, 시간은 순수한 실천이성의 활동과 연결된 것이라기보다는 오히려 순수한 사변적 이성의 활동과 연결된 것이다. 칸트는 "……만약 우리가 잘 알 수 있는 〔초감각적인〕 실존에 관한 법률(도덕률)이 문제가 되면, 그때 이성은 시간의 차이를 인식하는 것이 아니라 다만 그 사건이 나에게 속한 나의 행위인가 아닌가를 묻는다. 그리고 나서 그렇게 물어서 생긴 느낌을 지금 일어난 사건이든 오래 전에 일어난 사건이든 간에 그 사건과 도덕적으로 연결시킨다"[1]라고 말하면서 다시 이렇게 언급하고 있다. "……시간 안에서 산다고 하는 것은 단지 이 세상에 있는 사유하는 존재가 지니고 있는 감각의 표현 양태일 뿐이다. 따라서 결과적으로 시간 안에 있는 존재는 세계 안에 있는 사유하는 존재들에게 물(物) 자체일 수가 없는 것이다."[2] 그러나 지고선(至高善, summum bonum)에 관한 그의 주장과 연결시켜 생각해보면, 그에게도 불멸하는 존재에 대한 생각이 떠오르고 있었음을 알 수 있다. 순수한 이성은 덕을 실현하기 위한 시간, 그리고 그 덕에 행복이 첨가되기 위한 시간의 유용성을 생각하기 때문이다. 그러나 칸트의 이러한 생각들은 대부분 그의 후기 사상이다. 즉, 그것은 그가 후기에 와서 자아입법(self-legislation)에만 근거하고 있는 준엄한 논리적 체계를 본질적으로 이성적인 존재이기는 하지만 또한 감각적인 존재(sense-being)이기도 한 인간의 실제적인 필요와 조화시키려고 노력하면서 나타난 것이었다. '시민으로서의 인간'은 자기의 순수하고 비시간적 이성에 타당성이 있는 순수한 초시간적 법률만을 직면하고 있다. 물론, 인간은 그가 이성적인 존재인 것과 마찬가지로 바램을 지닌 감각적인 존재이기 때문에 의심할 바 없이 미래를 동경한다. 그러나 그의 가장 깊은 이성적 자아 속에서는

---

1. Abbott 편 「칸트의 실천이성비판」 (*Kant's Critique of Practical Reason*) 등, p. 192.
2. Ibid., p. 196.

시간을 전혀 고려하지 않는다고 보고 있는 것이다. 칸트와 칸트주의자들에게는 유고(Victor Hugo)의 경우에서와 같이 "미래는 내 관심사의 하나가 아니다." 마찬가지로 그들에게는 과거도 또한 그들의 관심사일 수가 없다.[3] 칸트의 제2비판의 이념을 적극적으로 전개시켰던 키에르케고르(Søren Kierkegaard)는 개인적 실존의 모든 의미를 순간에다만 집중시키려 하였다. 그리하여 그의 추종자들인 극단적인 실존주의자들은, 비록 인간이란 지금 자기 앞에 어떠한 보편적인 법칙도 두지 않고 홀로 서 있는 그러한 존재이기는 하지만, 그 인간은 자기의 자유 속에서 매순간 자기를 새롭게 창조하고, 선택하고, 규정하는 존재라고 정의하고 있다. 그들은 시간으로 가득 채워져 존재하는 인간의 실존으로부터 그의 과거와 미래와 역사성을 제거해 버리는 일을 할 수 있는 데까지 다 해버린 셈이다.

그러나 다른 사람에게 알려지기도 하고 동시에 내가 알기도 하는 현상적인 자아, 나의 동료들이 나에게 드러내 주는 자아들, 행동하면서, 정의하면서, 결정하면서, 선택하면서, 아니면 자기로부터 뛰쳐나가면서라도 자기자신을 아는 자아는, 실은 목적론과 의무론이 미처 알지 못하게 시간으로 채워져 있는 자아이다. 다시 말하면, 그것은 분명히 현재 안에 있는 자아, 언제나 현재의 순간 안에 있는 자아이다. 그러므로 현재(present)라고 하는 개념 바로 그것은 어쩌면 자아와의 어떤 관련이 없으면 생각할 수조차 없을는지도 모른다. 나(I)와 지금(now)은 마치 '나'와 '너', 그리고 '나'와 '그것'이 함께 있는 것처럼 그렇게 서로 속해 있는 것이다. 다만 개인적인 실존으로부터 벗어나 있는 외부 관찰자의 관점으로부터 보아야만, 이 지금은 시계 판에서 읽을 수 있는 '이제는 더 ~가 아니'(no-longer)면서 동시에 '아직은 ~ 아닌'(not-yet) 시간 사이의 한 점으로 나타난다. 그러나 시간으로 채워져 있는 자아에게는 과거와 미래가 '이제는 더 이상

---

3. Kant, *Religion within the Limits of Reason Alone*, T. M. Green, H. H. Hudson 공역, 「이성의 한계 안에서의 종교」 (Chicago: Open Court Publishing Co., 1934; Harper Torchbooks, 1960), 예를 들면, Bk Ⅱ. 1장, c를 참조할 것.

아닌 것'도 아니고 '아직은 아닌 것'도 아니다. 이들은 모두가 현재의 확장이다. 그것들은 '아직은 현재'(still-present)인 것 그리고 '이미 현재'(already-present)인 것이다. 나의 과거는 지금 나와 더불어 있다. 과거는 의식적인 기억으로, 그리고 무의식적인 기억으로, 나의 현재 안에 있는 것이다. 그것은 행동, 언어, 사유의 습관으로 지금 여기에 있으며, 외부로부터 어떤 힘에 의하여 나의 감각에 인상지워진 인상의 덩어리를 내가 어떤 모습으로 재단하고 어떤 모양으로 쪼개는가 하는 그 방법 자체로 지금 여기에 있는 것이다. 따라서 내가 과거에 경험했던 인간 상호간의 만남도 내가 지금 다른 자아들과 만나는 모든 현재의 만남 속에 나와 더불어 있다. 뿐만 아니라 그것은 또한 모든 나의 사랑과 나의 과오 속에도 있다. 움직이는 시계바늘은 지난 시간을 뒤에다 내버려둔다. 그러나 자아는 그러한 시계바늘처럼 자기의 과거를 뒤에다 내버려두지를 않는다. 자아의 과거는 처음에 그린 기하학적 도형이 그 위에 새로 그린 현재의 도형 밑에서도 투명하게 나타나는 것보다 더 깊이 자아 안에 새겨진다. 미래, 즉 "아직은 아닌 것"도 마찬가지이다. 그것은 기대와 불안, 예상과 위임, 희망과 두려움으로 나의 지금 안에 현존하고 있다. 자아가 된다고 하는 것은 미래를 향해 사는 것이다. 그리고 그렇게 미래를 향하여 사는 것이기는 하지만 그렇다고 해서 목적지향적인 형태로만 사는 것이 아니라 기대, 예상, 불안, 그리고 희망의 형태로도 그렇게 사는 것이다. 따라서 과거, 현재, 미래는 시간으로 채워져 있는 행동하는 자아가 지니고 있는 차원들이다. 그 차원들은 언제나 자아가 "나는 나다"라고 하는 사실을 깨달은 순간부터 그 자아와 더불어 있는 것이다. 따라서 시간 안에 있는 자아의 지속성에 대한 많은 언급들이 이 이외의 또 다른 어떤 사실을 의미한다 할지라도 다음과 같은 정도만큼의 언급만은 반드시 이에 포함되지 않으면 안 된다. 즉, 언제나 현재 안에 존재하는 자아는 자기가 이제까지 하나의 존재로 있어 왔고, 만남으로 있어 왔으며, 또한 앞으로도 존재로 그리고 만남으로 있어 갈 것이라고 하는 것을 아는 자아라고 하는 사실이 그것이다.

II

　시간으로 채워져 있는 이 같은 존재는 만남 안에 있는 존재, 즉 도전과 응답 안에 있는 존재이다. 현재 안에 존재한다고 하는 것은 내가 나 자신이 아닌 것과 더불어 공존(compresence)한다고 하는 것이다. 그러나 이러한 모든 공존으로부터 분리가 되면, 마치 신비주의적인 전념(專念)의 순간에서와 같이, 지금에 대한 감각이 사라져 버린다. 이러한 경우의 현재는 신비주의자에게는 아무런 의미가 없다. 다만 비신비주의자가 지금 자기 앞에 하나의 신비주의자가 있고, 그와 자기가 공존하고 있다고 느낄 뿐이다. 따라서 신비주의자가 어떤 전념에 빠지는 순간에는 마치 과거, 현재, 미래가 그에게서 사라져 버리듯이 그의 자아도 사라져 버린다. 그러나 이와는 달리 우리는, 마치 중요한 결정을 내리는 매순간이 그렇듯이, 우리의 외부에 있는 어떤 것이 우리에게 극단적인 행위를 과했을 때, 그리고 우리 스스로 어떤 행동을 하면서 도전과 직면하지 않으면 안 되는 필연성에 부딪혔을 때, 바로 그 순간, 그 "지금"에서, 우리의 실존을 가장 잘 깨닫는다. 지금의 실존에 대한 이러한 근본적인 느낌은 우리의 과거에는 없었던 다른 사람과 행위, 혹 있었다 하더라도 적어도 그것이 지금과 같이 그렇게 있었던 것은 아니었던 그러한 다른 사람들이나 행위들과 공존하고 있다고 하는 것을 느끼는 감각이다. 그런데 대부분의 경우, 우리들의 "지금"들은 그 지금 하나 하나에 대한 아무런 관심의 기울임도 주어지지 않은 채 서로 이어져간다. 왜냐하면 그것들은 일상적인 지금들, 곧 잘 아는 타자들 및 익숙한 행위들과의 만남 속에서 반복되는 지금들이기 때문이다. 순간에 대한 보다 날카로운 감각은 우리가 우리의 개인적인 삶과 사회적인 삶이 어떤 일을 결단하고 행해야 하는 D-day에 도달할 때 생긴다. 바로 이러한 D-day들은 우리를 위협하는 형태로 나타나든 장래를 약속하는 형태로 나타나든 간에 '우리들 자신이 아닌 것'(a not-ourself)과 우리가 공존하는 현재의 순간이기 때문이다.

우리가 우리와 더불어 지녀가고 있는 과거도 역시 하나의 공존이다. 자아는 자기를 기억한다. 그러나 다른 것과의 만남 속에서만 비로소 자기를 기억한다. 자아는 자기의 부모를 기억하고, 부모가 자기에게 과했던 행위를 기억하며, 그 행위들에 대해 자기가 취했던 자기의 응답을 기억한다. 또한 불승인의 반응을 자극했던 자기의 응답들을 아프게 기억하기도 하고, 승인의 반응을 받을 수 있었던 과거의 자기의 응답 행위를 즐겁게 회상하기도 한다. 이러한 자아의 과거는 지속적으로 혹은 간헐적(間歇的)으로 공존하는 "그것"들이나 "너"들의 자아를 향해 서서히 익힌 내 응답의 습관 속에도 들어 있다. 또한 과거는 어렸을 때 배운 익숙한 언어 속에도 있다. 그 언어는 이전에 공존했던 존재들의 상이나 이념을 자아 앞에 드러내 준다. 과거는 또한 어떤 특별한 정황에서 표면에 드러나서는 안 되도록 되어 있던 억압된 감정 속에도 들어 있다. 이밖에도 일일이 예거하지 못한 여러 형태의 과거들이 있겠지만 분명한 것은 자아가 자기의 현재 안에서 드러내는 이 모든 과거는 자기들의 반응을 예상하면서 자기들에게 과해진 다른 존재들이나 행위들에 대하여 응답한 그 응답 행위의 과거라는 사실이다.

미래의 경우도 마찬가지이다. 나는 나 자신의 계획과 내가 스스로 만든 법과 나 자신의 결단을 가지고 미래 속으로 들어간다. 그러나 새해 첫날은 그저 결단을 하는 하루라기보다는 더 심각한 기대와 예언과 희망과 불안의 날이다. 왜냐하면 자아가 영원히 향해 나아가는 이 미래는 우연한 만남, 행위와 반응, 그리고 공존자와의 만남 등의 일이기 때문이다. 따라서 현재는 내가 예견하기도 하고, 기대하기도 하며, 혹은 두려워하기도 하는 나에게 과해지는 행위들을 만나기 위한 준비의 시간이다. 그런데 그 미래가 내게 익숙하고 변치 않는 현실성을 지닌 것으로 공존해 온 미래인 한, 그 미래는 나의 현재를 거의 수식하지 않는다. 나는 매일 해가 뜨리라고 기대할 것이고, 끼니마다 음식이 마련될 것이라고 기대할 것이며, 미래에 나로 하여금 모든 현실들에 대하여 습관적인 응답을 할 수 있도록 하는 자연과 사회의 기제(機制, mechanism)가 나에게 제시되기를 기대할 것이다. 이러한 맹종할 수밖에 없는 미래도 또한 공존하는 것의 하나이기는 하다. 그러나 나의 현재의 행위를 달라지게 하는 미래는 그러한 것이 아니다. 그것은 대답을 알지 못하는 내게 주어진 절박한 질문의 미래이고, 새로운 공존에 의하여 나에게 과해진 낯선 행위의 미래이며, 혹은 과거에 나와 함께 있었던 사람들이지만 나에게 생소한 행위를 과하는 미래이기도 하다. 또한 내가 과거에 행한 바 있어 이미 나의 과거에 속해 있는 나의 행위에 대하여 나의 동료들이 나에게 행할 반응을 무서워하거나 또는 바라거나 하는 일이 이루어지는 곳이 미래이기도 하다. 그렇기 때문에 나의 불안과 나의 범죄는, 실은 시간으로 채워진 실존 안에서 공존자와 조우하고 있는 이러한 실존의 기능들이다. 다시 말하면, 나는 나의 범죄를 법이나 이상과 관계된 것으로 경험하는 것이 아니라 나의 동료와의 관계로 경험한다. 그리고 나는 그것을 무시간적(無時間的)인 존재와 나와의 관계로 경험하는 것이 아니고, 긴 시간을 통하여 이제까지 지나왔고 또 앞으로도 그처럼 긴 시간을 지나갈 지속적인 상호 작용과의 관련에서 경험하는 것이다.

III

만남의 상태 속에 있는 시간으로 가득 채워진 자아는 자기에게 과해지는 행위들에 대하여 역시 기간으로 채워진 해석들에 따라 응답한다. 플라톤은 인간의 영혼은 영원한 것 속에 들어 있었던 것이라고 회상하면서 무시간적 이념을 주장하고 있다. 그러나 자아는 그러한 무시간적 이념을 가지고 현재의 상황과 부딪히고 있는 것이 아니다. 또한 자아는 결코 변하지 않는 자연, 혹은 순수한 인간(pure human), 그리고 비역사적 이성 등이 지니고 있는 무시간적인 법을 가지고 현재의 상황과 직면하는 것도 아니다. 자아는 자기의 전기(傳記)적이고 역사적인 과거에 축적된 해석의 상과 양태,

그리고 신뢰나 의심의 태도를 가지고 현재와 조우한다. 자아는 자기의 개인적이고 사회적인 과거로부터 전승된 유산인 선험적 도구를 가지고 "너"들 그리고 "그것"들과 만나게 되는 것이다. 그리고 그러한 것들 때문에 가능할 수 있었던 해석에 따라 이들 타자들의 행위에 응답한다. 그런데 이때 기억된 상들은 자아 자신이 과거에 부딪혔던 일들로부터 만들어낸 산물이 아니라, 무엇보다도 그 자아에게 언어, 곧 사물의 이름들과, 분명한 혹은 함축적인 은유들과, 내재하는 논리를 지니고 있는 언어를 가르쳐 준 사회의 산물이다. 이 언어의 도움을 받아 자아는 연속되어 있는 자기의 경험을 제각기 다른 분리된 본질들로 나누는 것을 배우게 되고, 또한 사물과 사람, 자연 안에서 일어나는 진행과 사회 안에서 일어나는 움직임을 구별하는 것도 배우게 된다. 그렇기 때문에 현재에서 자아가 부딪힌 "너"들과 "그것"들에게 행하는 응답을 이끌어 가는 것은 대체로 기억된 선험적 양태들이다. 따라서 자아는 새로운 경우에 부딪힐 때마다 그것을 과거에 있었던 그 같은 만남과 동일시하여 해석하려 한다. 그리고 새롭게 제시된 것에 대한 응답도 자기가 과거에 이와 분명하게 거의 같은 것으로 일어났던 일에 대하여 어떻게 응답해야 했었는가를 배웠던 그 방식대로 응답하려는 경향을 지닌다. 결국 반응하고 해석하는 자아는 지극히 보수적이다. 그러나 그것은 그 자아가 과거를 사랑해서가 아니라 그 자아의 해석용 도구가 그 자아를 과거에다 묶어두기 때문이다. 자아가 지니고 있는 역사적 이성의 범주들은 대체로 자아가 지금 무엇을 알 수 있는가, 그리고 어떻게 그 자아가 이제 응답할 것인가를 결정하는 것이다.

    그러나 우리가 우리의 현재 속에 끌어들이는 것은 비단 사회적 과거만이 아니다. 우리는 우리가 이전에 부딪쳤고, 또 답한 바 있는 개인적이고 사적(私的)인 기억들도 우리의 현재 안에 끌어들인다. 과거의 어떤 모임이나, 다른 사람들이 과거에 우리에게 행한 그들의 행위나, 또는 우리가 과거에 반응한 그 응답 행위 속에 있었던 두려움, 범죄 행위, 즐거움 등의 분위기가, 이제는 우리의 그러한 과거의 기억 속에 있는 "너"들, 그리고

"그것"들과 유사한 존재들을 지금 만나면서 현재 안에 있는 그러한 행위와 해석을 위한 분위기가 되는 것이다. 그런데 우리는 역사적 상들의 도움만을 받아 해석하는 것이 아니다. 우리는 또한 신뢰와 불신, 두려움과 즐거움, 그리고 무의식적인 기억이든 의식적인 기억이든 우리가 지니고 있는 기억된 감정들의 도움을 받아 해석하기도 한다.

우리에게 과해진 현재의 행위에 대한 우리의 해석은 과거와의 관련에서만 이루어지는 것이 아니라 미래와의 관련에서도 이루어진다. 현재 나에게 도전하거나, 나를 도와주거나, 아니면 나에게 어떤 행위를 과하는 다른 존재는 내가 미래에 다시 만나기를 바라는 존재일 수도 있고 만나기를 바라지 않는 존재일 수도 있다. 또 나는 그 타자의 행위를 이제는 그 타자와 다시는 만나지 않을 것이라고 생각하고 아무런 응답도 요청하지 않는 우연한 것으로 해석할 수도 있다. 그렇게 되면 그 타자의 행위에 대해서는 어떤 것도 예상하거나 예언할 수가 없게 된다. 그러나 또 한편, 그 현존하는 타자는 가능성을 가득 잉태하고 있는 것일 수도 있다. 그렇게 되면 이에 대한 나의 반응은 가까운 혹은 먼 장래에 완성될 일련의 상호 작용의 하나가 되어 그 타자에게 알맞은 것이 되지 않으면 안 된다. 그렇지 않으면, 현재 내가 조우하고 있는 존재들에 대한 나의 응답은 그 존재들을 중요하지 않은 존재로 평가 절하하는 셈이 된다. 왜냐하면, 그러한 나의 행위는 결국 내가 나의 미래에 더 가치 있고 더 중요한 존재들과 만날 것을 준비하고 있는 것이기 때문이다. 그것은 마치 내가 지상의 예루살렘이나 하늘의 예루살렘에 있는 건물들, 혹은 이 지상의 게헨나(Gehennas, 지옥)나 저승의 게헨나에 있는 시설물들을 마주치면서도 못 본 체하고 다른 길로 피해 가는 것과 마찬가지이다. 나의 행위를 미래의 만남을 향해 있는 것으로 간주하면서 우리가 자주 주목하지 못하는 것은 그것이 비록 간과해도 좋을 행위라 할지라도 역시 그것은 내가 현재 조우하고 있는 존재들에 대한 응답 행위라고 하는 사실이다.

그러므로 우리의 응답 행위는 적합할 수도 있고 부적합할 수도 있는 특성을 지니고 있다. 그래서 우리는 그 행위들이 상호 작용의 과정에 적합한 것이 되도록 노력한다. 우리가 그러한 행위들에 대하여 제기하는 물음은 그 응답 행위가 옳으냐 그르냐, 선하냐 악하냐 하는 것만이 아니라 총체적인 움직임, 전체적인 대화에서 그 행동들이 적합성을 지니고 있느냐 부적합성을 지니고 있느냐 하는 데 대한 것이다. 우리는 그러한 행동들이, 마치 하나의 문장이 책의 한 문단 전체에 알맞듯이, 하나의 음표가 교향곡 전체가 흐르는 악보에 적합하듯이, 가족들과 함께 식사를 하는 행위가 그 가족들이 일생 동안 지속하는 동료의식을 지니는 데 적합한 일이듯이, 한 정치가가 자기 나라의 삶 속에서 일어나고 있는 움직임과 다른 나라들이 조화를 이룰 수 있도록 결정을 하는 것과 같이, 그리고 과학적인 실증이 과학사와 조화를 이루는 것과 같이, 전체와 조화가 되도록 하기 위해서 노력하고 있는 것이다. 그러나 그러한 행위들이 실제 과정에서 과연 조화를 이루느냐 하는 것은 또 다른 이야기이다.

IV

이제 우리는 총체적인 맥락, 곧 우리가 그 속에서 응답하고, 그것에 의하여 우리에게 과해진 모든 특정한 행위들을 해석하는 그러한 총체적인 맥락의 문제와 봉착하게 되었다. 도대체 우리의 응답 행위가 일어나는 시간 길이(time span)는 얼마나 되는가? 우리는 어떤 역사와 우리의 이러한 응답 행위를 조화시키고 있는가? 대부분 응답적인 인간은 짧은 시간밖에는 전망하지 못하는 것 같다. 그는 짧은 과거, 짧은 미래의 조명 밑에서 행동한다. 그러나 1년, 4년, 혹은 5년을 계획하는 이 짧은 기간이 실은 자기의 일생에 대한 감각, 자기의 사회적·인간적 역사에 관한 느낌들에 의하여 둘러싸여 있는 것이다. 그렇기 때문에 현재의 사건들에 관한 인간의 해석은 언제나 그 사건들이 위치하고 있는 보다 큰 맥락에 의하여 수식

된다. 우리가 어떤 학생을 피상적으로만 해석하면, 그 학생은 그가 지금 참여하고 있는 학문적인 사회 이전으로 소급하여 도달할 수 있는 어떤 과거도 없고, 그 학문의 세계를 떠나 앞으로 도달할 수 있는 미래도 없이 현재 속에서만 행동하고 있는 것으로 보기 쉽다. 그러나 잠깐만 살펴보아도 이러한 생각이 망상이라는 것을 우리는 알게 된다. 보다 큰 공동체 안에서의 인간의 생애, 그리고 그 큰 공동체 자체의 생애가 그 학생에게 어떤 행위를 과하는 스승들의 행위 안에 이미 있듯이, 그 학생의 모든 응답 행위 안에서도 그에게 제시되고 있는 것이다. 즉, 현재에서 응답하고 있는 인간은 역사적인 존재로, 그리고 시간 안에 있는 존재로, 자기에게 과해진 행위를 해석하고 있는 것이다.

　반드시 보편적이지는 않다고 할지라도 대부분의 경우 마치 궁극적인 미래가 여러 가지 형태로 있지만 그 중에서 유독 죽음과의 만남으로만 궁극적인 미래를 주장하는 사람들처럼, 우리는 현재의 일들에 대하여 불안 속에서 응답하고 있다고 우리의 정황을 이야기한 사람들이 있다. 그들의 견해가 과히 틀린 것은 아닌 것 같다. 왜냐하면, 우리가 응답성의 관점에서 우리의 에토스를 이해하려고 해보면 우리에게 과해진 행위에 대하여 온갖 응답을 하면서 우리가 하려고 하는 것은 결국 우리의 응답을 종국이 무(無)인 커다란 실존의 도식과 조화시키려 하는 것임을 인지(認知)하게 되기 때문이다. 그러므로 우리의 실제적인 윤리, 즉 개인적이고 사회적인 윤리는 거의 방어 윤리나 생존의 윤리로 분석할 수가 있다. 그것은 우리가 부딪치는 어떤 특정한 행위자와 동일시할 수는 없지만 모든 사물의 상호작용 속에 있는 움직임이나 법칙, 즉 우리의 역사의 법칙인 위협적인 세력에 대항하여 자아 유지(self-maintenance)를 하려는 윤리이다. 우리는 자아방어(self-defense)의 윤리에서는 실존 속에서의 지속을 이상(理想)으로 여기는 경우 이외에는 어떠한 이상도 실현하려 하지 않으며, 이성(理性) 자체인 법이 언제나 법 자신을 방어하고 그 법의 주문(主文) 자체가 합리적인 법일 경우 이외에는 어떠한 이성의 법칙에도 순종하려 하지 않는다.

우리가 자아 방어나 생존의 윤리를 지니게 되면, 우리는 이 세상에 비록 몇몇 친구들이 없는 것은 아니지만 그보다는 이 세상이 적들로 가득 차 있다고 하는 이해를 가지고 매 특정한 경우에 이르게 된다. 그렇기 때문에 우리에게 과해진 모든 행위에 대하여 우리는 평가적인 도식을 가지고 응답한다. 즉, 존재하는 것들은 선한 것이거나 악한 것이라고 하는 도식, 따라서 그것들은 반드시 존재해야 하는 사물의 범주에 속하거나 반드시 존재하지 말아야 하는 사물의 범주에 속한다고 하는 도식을 가지고 응답하는 것이다. 궁극적으로 그러한 구분은 육체적인 삶이든, 영적인 삶이든, 사회적인 삶이든 간에 그러한 것들이 도대체 우리의 삶을 지탱해 주는가 아니면 부정하는가 하는 것과의 관련에서 이루어지지 않으면 안 된다. 만약 우리가 사회를 관찰해 본다면 어떻게 생존의 에토스가 그 속에서 작용하고 있는지를 꽤 명백하게 볼 수가 있을 것이다. 사회는 여러 면에서 볼 때 플라톤이 생각한 것처럼 대서 특필된 개인인 것이다.

베르그송(Henri Bergson)은 그의 저서 「도덕과 종교의 두 원천」(*The Two Sources of Morality and Religion*)에서, 합리적인 비판의 부식 행위와 젊은이들의 반항에 의하여 위협을 당하고 있는 사회의 방어적 윤리를 자세하게 기술한 바 있다. 그러나 그렇게 지난 예를 들지 않더라도 우리는 오늘날의 역사 속에서도 방어적인 사회윤리의 많은 예를 들 수가 있다. 미국, 남아프리카, 또 그 외의 세계 여러 곳에서 일어나고 있는 계층 또는 인종간의 파괴적인 상호 작용을 보면서 우리가 반드시 고려하지 않으면 안 될 것은 법에 대한 모든 충성, 그리고 모든 이상론을 넘어, 다가오는 파멸에 대한 깊은 두려움이 방어적인 집단의 심성 속에서 작용하고 있다는 사실이다. 그런데 그러한 파괴적인 상호 작용에 관하여 미래는 아무런 약속도 해주지 않을 뿐 아니라 기대할 만한 커다란 기회를 가지고 있는 것도 아니다. 다만, 미래는 비록 무덤 속으로 들어갔다가 연옥에 이르는 그러한 것은 아니지만, 상실과 전락(轉落)만을 지니고 있을 뿐이다. 이러한 미래의 행위들은 사실은 적절한 것인지도 모른다. 다시 말하면 인정이 됐든 안 됐든 간에 과거는 죄악으로 가득차 있고, 미래는 미래의 여러 형태 중의 한 형태인 죽음으로 가득차 있는 그러한 정황이나 역사에는 알맞은 것일 수도 있는 것이다. 생존의 윤리, 혹은 방어의 윤리가 어떻게 국제 관계를 지배하고 있는가 하는 것은 지적할 필요조차 없는 일이다. 그러한 윤리가 지배하는 국제관계에서는 다른 법을 가지고 있는 사람들에 대항하여 자기를 지키지 않으면 안 되기 때문에 방어적인 민주국가들은 어쩔 수 없이 국가간의 평등의 권리를 포기해 버린다. 따라서 그러한 상황은 모든 우리의 복종, 즉, 민주적인 이념에의 복종도 달라지게 한다. 이러한 정황은 만약 자기네들이 살아남지 않으면 신이 죽는지도 모른다고 두려워한 신약의 바리새인들로부터 개신교도나 가톨릭교도에 이르는 종교집단에게까지 영향을 미치고 있다. 개인적인 에토스에서의 방어도 마찬가지이다. 일반적으로 관찰을 해보거나 심리학적인 분석을 해보면, 일종의 사회적 죽음인 고립된 실존으로 떨어지게 될까봐 사회적 지위를 유지하려고 애쓰는 사람들, 혹은 자기들이 오래 기억되는 존재이기 위해서, 즉 아무 것도 한 일이 없이 살아왔다던가 그렇지 않으면 아무 것도 없는 헛된 삶을 살아왔다던가 하는 그러한 삶의 영역과 자기들이 연결되지 않게 하기 위하여 재산을 모으고, 명예를 추구하며, 옳은 일을 하지 않으면 안 되었던 그러한 사람들이 얼마든지 있다. 이를 보면 얼마나 우리의 행위가 그러한 사람들이 살아온 삶과 같이 이른바 적절하다고 생각되는 행위를 하려고 애쓰고 있는지를 짐작할 수 있다.

시간으로 채워진 역사적인 삶 속에서 무에서 무로 옮겨가면서, 우리의 이상과 법은 모두 정황에 알맞다고 생각하는 것을 행하라는 요청 앞에서 힘없이 무너져 버리는 것 같다. 아니면 그러한 이상이나 법이 수식이 되어서 이러한 움직임에 알맞게 되어 가는 것인지도 모른다. 의무론적인 사유는 죽음과 실패를 법에 불순종한 결과로 여기려는 경향이 있다. 그러나 응답 분석의 입장에서 비추어보면 우리는 죽음 및 죽음의 역사 지배가 오히려 법, 적어도 대부분의 법과 우리의 증가된 범법 행위 양자의 원천이라고 할 수 있다. 우리로 하여금 너는 그렇게 해서는 안 된다라고 하는 방어적 계율을 발전시키도록 하고, 우리를 개인과 개인, 집단과 집단으로 분리시켜 "자기 보존은 삶의 제일 법칙이다"라고 하는 목표를 가지도록 한 것은 이 같은 죽음의 법칙인 것이다. 이상론자와 이성의 법을 존중하는 사람들이 항의를 할지 모르지만, 인간은 범죄와 자아 상실의 두려움의 역사 속에서 자기에게 알맞다고 생각되는 것을 끊임없이 행해가고 있는 것이다.

V

만약 인간의 정황에 대한 이러한 서술이 옳다면 무언가를 하는 현재, 곧 지금의 자유는 어떻게 된 것인가? 응답적이고 책임적인 자아는 분명히 기계가 아니다. 그러나 그러한 자아도 한편으로는 전통과 기억에 의하여 지배를 받고 있고, 또 한편으로는 그 자아가 적절한 행위를 하는 전체 환경이 지니고 있는 죽음-배분(death-dealing)의 특성을 자기로서는 어쩔 수 없다는 확신에 의하여 지배를 받고 있지 않은가? 우리는 개인적인 것이든 사회적인 것이든 간에 해석과 응답에 대한 바로 이러한 이해를 통하여 다른 사람들의 행위에 대한 자신 있는 예언을 한다. 즉, 우리는 그들이 자아 방어를 위하여 행동할 것이라고 예견한다―물론 다소의 견식(見識)을 가지고 그렇게 예언한다―그런데 그러한 예언은 대체로 맞는다. 또한 우리는 "너"들과 "그것"들이 과거에 그들이 행했던 것처럼 지금도 행할 것이라고 예상한다―그런데 대부분의 경우 그들은 그렇게 행동한다. 우리는 또 그들이 승인한 법과 이상이 역사적인 정황에 알맞지 않아 그들이 그에 따라 행동할 수가 없을 때 이미 그들이 승인한 법과 이상을 그들이 바꾸면 될텐데 하고 기대한다. 그런데 대체로 그러한 우리의 기대는 사실로써 드러난다.

목적론자들과 의무론자들이 서로 좀 다른 방법으로 이야기하고 있기는 하지만 그들이 말하는 자유 같은 것도 우리가 우리 자신을 응답하는 존재, 그리고 시간으로 채워진 존재로 분석하면 그 모습이 분명하게 밝혀진다. 자유에 관한 물음은 바로 이러한 연관 속에서 제기되는 것이기 때문이다. 즉, 자유에 대한 물음은 자아가 자기의 과거와 미래를 변화시키든가, 자기의 궁극적인 역사적 맥락을 새롭게 이해하든가, 그 새로운 이해를 받아들이는, 그 자아의 능력에 대한 물음으로 제기되는 것이다. 만약 이러한 두 가지 수식이 가능하다면 자아에게 과해지는 현재의 행위에 대한 재해석이 이루어지지 않으면 안 될 것이고, 또한 새로운 종류의 응답, 즉 이제까지와는 다른 또 하나의 생애, 그리고 또 다른 역사에 알맞은 응답이 일어날 수 있을 뿐만 아니라 당연히 일어나야 할 것이다.

자아가 그들이 현재 반응하고 있는 존재와 행위를 해석하는 전승된 해석 양태를 바꾸는 데에는 적어도 두 가지 방법이 있다. 하나는 반전통주의(antitraditionalism)이다. 데카르트(Rene Descartes)와 극단적인 경험론자들 양자가 취했던 태도가 이것이다. 이러한 태도는 이제까지 받아들여진 모든 개념들을 다시 묻고, 지금 이 순간에 부딪힌 사건들을 해석하는 새로운 양태를 형성하기 위해서 극단적인 회의와 더불어 비롯한다. 인간이 자연의 사건들과 부딪치는 영역에서는 이러한 방법이 크게 성공을 거두었다. 왜 아침이면 해가 뜨는지, 달은 왜 기우는지, 폭풍이 동반하는 천둥과 번개, 계절과 날씨의 바뀜, 바람이 부는 것, 동물의 태어남, 몸에 병이 나는 것, 혈액 순환, 그리고 그 이외에도 수많은 현상들을 새로운 생각의 도움을 받으면서 해석하는 것을 배우게 된 것이다. 이제까지만 해도 인간은 자연에 대해 의인적(擬人的)인 사고를 가지고 있었다. 그러나 인간은 그가 지니고 있었던 그러한 이전의 의인적인 해석 양태를 단호하게 밀어치워 버리고 완전히 잊어버림으로써 이러한 해석을 해낼 수 있었던 것이다. 그렇기 때문에 인간이 이러한 태도로 사물과 만나게 되면 아주 참신한 해석, 그리고 자신의 일상적인 언어를 형성한 자기의 사회적 기억에 새겨져 있는 것과는 전혀 다른 반응을 가지고 그 사물에 응답할 수가 있다. 따라서 그가 자연을 정복했다고 하는 것은 자연을 지배했다고 하는 뜻이라기보다는 대부분 자연의 소이연(所以然)에 대한 새로운 해석, 즉 자연의 특정한 현상이나 경우를 보다 넓고 항구적인 의미의 징표로 해석하게 된 것을 의미하는 것이다. 그러므로 자연을 정복한다고 하는 것은 새로운 해석에 의하여 자연의 여러 현상들에게 반응한다는 것이며, 그렇게 반응하면서 인간은 그 새로운 반응이 이전의 어떤 것보다 알맞은 것임을 스스로 발견하게 되는 것이다. 그는 자연의 법칙에 순종하는 것도 아니고 불순종하는 것도 아니며, 자연의 목적을 반대하는 것도 아니고, 그 목적과 자기를 일치시키는 것도 아니다. 그는 다만 알맞은 일을 하는 것뿐이다―즉 미래에 자연의 힘과 만날 모든 경우를 바라보면서 자연의 행위에 알맞을 행위를 지금 수행하고 있는 것이다. 따라서 최선의 경우, 그는 자기 자신의 행위가 자기의 삶의 과정에 알맞을 뿐만 아니라 자연의 과정 전체에도 알맞은 그러한 방법을 고려하게 된다.

우리의 과거를 우리 뒤로 치워 버림으로써 비로소 우리 자신들을 자유롭게 하는 이러한 방법은 자연과의 만남, 그리고 자연에 관하여 의식적으로 추론해 가는 우리 의식의 내적 영역에서는 현저하게 성공적이었다. 그러나 이 방법을 인간이나 공동체에 대한 응답에 적용할 경우에는 자아를 객체로 여기는 한에서만 성공적이다. 즉, 자아를 잘 알려져 있으면서도 실은 잘 모르는 것(unknown known), 혹은 아무런 해석도 하지 않고 응답하는 자(noninterpreting reactor)로 환원시키는 한에서만 성공적이다. 윤리학도 자연과학과 같은 모습으로 과학적이지 않으면 안 된다고 한 오랜 옛날부터의 주장에도 불구하고, 의심이라든가 과거를 잊고 전혀 새로운 참신한 시작을 한다든가 하는 그러한 방법에 의하여 인간 상호간의 행위영역에서 이루어진 것은 거의 아무 것도 없는 것 같다.

그러나 해석의 양태를 바꾸는 또 하나의 방법―어느 순간에도 잊어버리거나 뒤로 치워버릴 수 없는 내적인 기억된 과거를 가지고 있는 존재들에게 더 알맞은 방법-이 있다. 그것은 과거를 재해석하는 방법이다. 이 태도는 과거를 버리는 대신에 그것을 회상하고, 받아들이며, 이해하고, 재구성한다. 사회적 과거를 지니고 현재를 살아가는 사회적 인간인 우리는 이 방법을 우리의 사회사에 대한 연구를 통하여 추구해 나간다. 때로는 부정적으로 이야기되기도 하지만, 모든 세대가 제각기 자기 시대의 새로운 현재의 조명 밑에서 그 시대와 더불어 함께 현재에까지 이른 과거를 연구한다고 하는 것은 대단히 의미심장한 일이다. 미국에서는 가장 심각했던 국가적 비극인 남북 전쟁을 세대에서 세대로 이어가면서 매 세대마다 이를 재검토한다. 물론 우리가 이 사실에 대하여 끊임없이 새롭게 주목을 하는 것은 부분적으로는 단순히 이미 확립된 해석의 양태를 유지함으로써 현재의 남과 북, 흑인과 백인, 산업 종사자와 농업 종사자들이 이제까지 자기네들이 이루어왔던 것처럼 그렇게 서로 만나고 서로 응답할 수 있도록 하기 위한 노력이기도 하다. 그러나 대체로 그 역사에 대한 우리의 연구는 여전히 우리 안에 있고, 우리의 의식적이고 무의식적인 생각 안에 있으며, 그러한 생각과 더불어 우리의 감정과 복합적으로 얽혀 있는 과거를 재건하는 일이다. 따라서 우리의 과거에 대한 재해석이 우리로 하여금 우리 집단의 과거 행위나 우리 집단에게 과해진 과거의 행위를 새롭게 이해하고 받아들이도록 하는 한에 있어서는 현재 우리가 서로 남과 북, 흑인과 백인으로 만나는 그 만남이 어느 정도는 그 새로운 생각에 의하여 재조형될 것이다. 과거의 한(恨)스러웠던 일에 대한 이와 비슷한 사회적인 회상을 지니고 있고, 집단과 집단 간의 관계에 있어서도 이와 비슷한 감정적이고 개인적인 상속된 강박적(强迫的) 태도를 지니고 있는 나라들은 어느 나라든 바로 그러한 이유 때문에 자유를 향한 움직임을 추구한다고 나는 믿고 있다. 곧 과거를 우리 미국의 경우와 비슷하게 재건함으로써 현재의 상호 관계가 보다 참신하고 적절한 것이 되도록 하기 위한 움직임에서도 과거에 있었던 상호간의 만남에 대한 이 같은 재해석은 반드시 요청될 뿐만 아니라 그러한 재해석이 적어도 부분적으로는 실제로 받아들여지고 있다. 종교

집단 간의 작용 및 반작용도 마찬가지이다. 기독교의 기원에 관하여 늘 새롭게 연구하는 것은 단순히 기독교인들의 목적이나 그들의 진정한 율법이 과연 어떤 것인가를 발견하기 위한 노력만은 아니라는 것을 기독교인들에게 의미한다. 그러한 연구는 기독교인들에게 다음과 같은 물음들을 제시한다. 비록 그들이 언제나 그렇게 인정하지는 않는다 할지라도 "어떻게 전승된 상(像)들의 지배로부터 자유롭게 될 수 있을까?" "어떻게 동료들, 유태인들, 로마인들―또는 선택된 백성들과 세상―에게 뿐만 아니라 예수 그리스도에게, 그리고 신에게, 그저 관습적인 상징과 감정 대신에 재구성된 해석을 지니고 응답할 수 있을 것인가?" 하는 물음들을 제시해 주는 것이다. 개신교도와 가톨릭이 종교개혁을 연구하는 것도 마찬가지이고, 감리교 신도, 장로교 신도, 성공회 신도, 침례교 신도 등이 자기네 교파의 기원을 연구하는 것도 마찬가지이다. 물론 우리는 우리의 역사를 우리가 지니고 있는 방어기제를 더 잘 구축하기 위해서 연구할 수도 있다. 그러나 우리가 역사를 연구하는 것은 그것을 재해석하기 위한 것이다.

비록 역사의 방법보다 더 중요하지는 않다 할지라도 더 충격적인 것은 사람들이 분석심리학의 영도 아래에서 체계적으로 실천하기 시작한 이른바 개인적인 과거를 재구성하는 방법이다. 우리의 무의식의 기억과 의식의 기억은 얼마나 깊이 우리가 현재 다른 사람들에게 반응하는 그 반응에 영향을 미치고 있는가? 출생 이후부터 이제까지의 과거에 우리가 겪은 많은 만남들의 결과로 지금 우리가 지니고 있는 우리 자신의 상(像)은 어떤 것인가? 의존, 사랑, 그리고 공격 등 과거의 그러한 만남에 부착되어 있는 감정들은 현재의 우리들 자신과 다른 사람들에 대한 우리의 해석을 어떻게 수식하고 있는가?―이러한 모든 물음들, 그리고 이보다 많은 여러 가지를 이 심리학자들은 우리가 주목하지 않을 수 없게 하고 있다. 그들은, 만약 우리 자신들의 자아와 다른 자아들과의 현재의 관계를 재조직하려면, 만약 다른 자아들과의 상호 관계 속에서 그 다른 자아들에 대한 우리 자아들의 반응과 또 우리들 자신들의 자아에 대한 반응이 파괴적인 것이 아니라 건설적인 것이 되게 하려면, 그리고 만약 인간 상호간에 서로 만나며 사는 삶의 과정 전체에 보다 더 잘 알맞으려면, 과거는 잊혀져야 하는 것이 아니라 기억되어야 하고, 받아들여져야 하며, 재해석되지 않으면 안 된다고 하는 것을 깨달은 것이다. 그러한 분석이 우리의 주목을 끄는 또 하나의 이유는 그것이 기독교인들의 자아 이해와 관련되어 있기 때문이다―비록 그 관계의 정확한 성격은 거의 밝혀지지 않고 있지만―즉, 기독교인들이 새로운 삶을 과거의 망각에 의해서가 아니라 죄의 용서, 자기들의 과오에 대한 기억, 그리고 자기들이 거역한 사람들이 자기들을 받아들여 주었다는 사실의 승인 등에 의하여 구할 때, 자기자신들을 비로소 알 수 있었던 자아 이해와 관련되어 있기 때문이다. 자기에게 지금 과해지고 있는 행위에 대하여 응답하는 그러한 자아의 삶 속에서는 과거로부터의 자유라든가 보다 적절한 반응을 위한 새로운 이해와 새로운 움직임은 과거의 거절을 통해서가 아니라 과거에 대한 재해석을 통하여 이루어진다. 세 가지 시제(時制) 안에 살고 있는 존재인 "나"의 기이한 실존 안에서, 우리가 우리의 과거를 재건하는 일은 미래를 향한 우리의 희망의 큰 부분일 수가 있는 것이다.

우리에게 과해지는 다른 사람의 행위에 대한 재해석은―우리에게 과해지는 우리의 전체 환경의 작용에 대한 해석까지도―우리에게 현재에서의 새로운 응답의 가능성을 부여해 준다. 그런데 그러한 재해석은 과거에 대해서 뿐만 아니라 우리의 미래에 대한 재해석의 결과로도 나타난다. 왜냐하면 우리는 현재에서 과거에 대한 회상에 의해서만 반응하는 것이 아니라 그와 마찬가지로 미래에 대한 예견에 의하여 반응하기 때문이다. 그리고 우리의 회상 속에 항구여일하고 항용(恒用)적인 것이 있듯이 우리의 예견적인 것 속에도 그러한 항구여일한 것이 있다. 우리에게 과해지는 자연의 힘의 행위에 대한 우리의 응답 행위는 그 자연의 세력이 과거에 이렇게 작용했으니까 미래에도 그렇게 작용할 것이라고 예상하는 그러한 신념에 의하여 좌우된다. 우리는 여름과 가을과 겨울을 예상하면서 행하는 행위를 가지고 다가오는 봄에 대해서도 반응한다. 우리는 알맞은 일을 법이나 이상의 규칙 아래서 행하기보다는 우리가 뿌린 씨를 결실시킬 우리 자신의 행위가 아닌 다른 행위에 대한 기대 속에서 행한다. 또한 우리는 언제나 앞으로 미래에 육체가 또 어떤 요청을 하리라는 사실 또는 분명히 육체는 쇠약해지고 죽음에 이를 것이라고 하는 사실들을 예상하면서 육체와 그 육체가 처해있는 상황과의 상호 관계 속에서 우리의 몸이 우리에게 과하는 요청에 응답하면서 우리 자신의 에너지와 자원들을 관리한다. 그러나 우리는 또한 자연의 힘이 미래에 어떻게 행동할 것이라고 하는 우리의 예견들을 수정할 수도 있다. 우리는 우리가 사용할 수 있는 식량의 공급에 대한 예상을 바꿀 수 있으며, 인구의 증가에 대한 예상도 변경할 수가 있다. 그리고 그러한 수정을 하면서 현재의 요청에 대한 우리의 반응을 바꾸어 나간다. 우리는 미래에 우리가 직면할지도 모르는 기근 또는 미래에 누릴 수도 있을 풍요를 기대하면서 그러한 예상에 알맞은 행동을 하려 한다. 또한 우리는 우리 자신들이 다른 집단과 같지 않다고 하는 우리다움을 확인하면서 우리의 미래를 재해석하기도 한다. 또한 자기의 기업과 사회화의 상호 관계 안에서 일어날 수도 있는 사건들을 언제나 예견하는 시각을 가지고 스스로 행동한 경험이 있는 산업가가 정부 관리가 되면, 그 즉시 그에게는 사회가 확대되면서 아울러 미래가 연장된다. 그리고 그는 어김없이 책임 있게 사고하기 시작한다. 즉, 10년이나 20년을 내다보는 것이 아니라 적어도 한 세대를 바라보는 그러한 입장에서, 그리고 보다 넓은 사회와 다른 국가들과의 상호 관계라고 하는 입장에서 책임을 지고 생각하게 되는 것이다. 마찬가지로, 현재 적대 관계에 있거나 친선 관계에 있는 세력들과의 미래의 관계에 대한 자기의 예견을 수정하는 정치인도 그 세력들의 현재 행위에 대하여 새로운 해석을 하면서 스스로 반응한다. 이전에는 알맞다고 생각한 것이 이제는 예상된 미래의 상호 관계의 양태가 달라졌기 때문에 이 이상 적합하지 않다고 여기게 되는 것이다.

만약 우리가 이 모든 것을 임의적인 자유의지의 편에서 보면, 우리는 그것을 다만 행위자가 보다 큰 사회에서 일어난 보다 진전된 긴 일련의 상호 작용과 응답들을 스스로 탐색하는 자리에서 혹은 자기가 지니고 있는 관례적인 기존의 해석의 적합성에 대한 결연한 질문을 스스로 행하는 자리에서 찾아볼 수가 있다.

VI

그러나 기억된 과거와 예상되는 미래에 대한 이 모든 사회적 · 개인적 재해석이 우리에게 과해지는 행위들에 대한 우리의 일반적인 이해 양태를 근본적으로 바꾸어 놓는 것은 아니다. 뿐만 아니라 궁극적인 맥락에 대한 우리의 감각이 수정되지 않고 그대로 있는 한, 우리가 일반적으로 지니고 있는 적절한 반응 양태도 근본적으로 바뀌는 것이 아니다. 우리의 심성 깊은 곳에는 신화, 곧 역사 이외(meta history)의 것에 대한 해석의 양식(interpretative pattern)이 있다. 모든 우리의 역사와 전기(傳記)는 바로 그 해석 양태 안에서 행해지는 것이다. 신화는 다양한 형식을 지니고 있다. 그것은 황금, 은, 구리, 쇠 등의 세대가 재현되는 순환의 이야기로 나타나기도 하고, 개인의 재생과 죽음의 순환의 이야기로 나타나기도 한다. 그것은 또한 망각되고 사멸된 세대들을 과거 속에 묻어 버린 채 공간 속에 뛰어들어 그 우주 공간을 정복하고, 시간 속에 뛰어들어 자연을 정복하는 인류라고 하는 독특한 종(種)의 무한한 진보의 이야기로 나타나기도 한다. 또한 신화는 끝에서 끝으로 가로놓인 이야기이기도 하다. 즉, 신화는 인간의 존재 이전과 이후의 얼어붙은 실존의 황무지 위에 엎드려 있는 영원한 겨울에 대한, 아니면 어떤 위성이나 은하계에서 잠깐 살고 있는 실존의 짧은 기간 앞뒤에서 타오르고 있는 모든 것을 파괴해 버리는 불꽃에 대한 극복할 수 없는 심상(心像)이기도 하다. 그것은 더 이상 미래가 존재하지 않는데 그 미래를 향해 다가가는 나 자신의 상(像)이다. 그것은 또한 내가 적절한 응답을 하려고 애쓰는 그 사회가 실은 모든 역사상의 제국들이 그랬던 것처럼 그 너머에는 질병의 치유도, 죽음으로부터의 부활도 없는 그러한 종말을 향해 가는 사회라고 하는 사실에 대한 이해이기도 하다. 물론 이 죽음의 신화는 수많은 여러 형식으로 이루어져 있다. 그러나 현재에서는 이 모든 형식들이 동일한 해석에 이르고 있다. 즉, 우리가 우리와 공존하고 있는 모든 존재들을 선과 악으로 구분하는 동일한 평가 방법에 이르고 있는 것이다. 그리고 이 모든 형식들은 결국 방어의 에토스에 이르고, 생존의 윤리에 이른다.

일반적으로 위대한 종교들, 특히 기독교는 이러한 우리의 궁극적인 역사적 신화에 도전하면서, 이 보편적인 인간의 에토스에 관하여 적지 않게 의미심장한 공격을 가하고 있다. 그 종교들은 새로운 율법을 제시하고, 새로운 이상들을 우리에게 제시하는 것이다. 그러나 이러한 사실보다 이 종교들이 우리에게 강한 영향을 주는 것은 우리가 지금 우리의 행위를 맞추어 나가고 있는 그 맥락 전체의 실상(實像)에 대한 물음을 제기함으로써 과연 적절하다는 것-참으로 알맞다는 것-이 무엇인가 하는 그 총체적인 개념에 관하여 우리가 관심을 가질 수 있도록 한다는 데 있다. 물론, 마치 천당과 지옥에 대한 기독교의 가르침이 새로운 마니교(Manichaeanism)와 생존 윤리의 새로운 형식에 이른 것처럼, 종교들은 죽음의 신화에 대하여 어떤 대중적인 형태의 편의를 발전시키고 있는 것은 사실이다. 또한 그 종교들이 역사 속에서 살아가는 우리가 생명에 의해 둘러싸여 있는 것이지 죽음에 의하여 둘러싸여 있는 것은 아니라는 확신, 그리고 그러한 우리의 삶은 존재의 힘에 의하여 싸여 있는 것이지 궁극적인 파멸에 의하여 싸여 있는 것은 아니라는 확신을 상징과 진실로 꾸미지 않으면 안 되었다고 하는 것도 사실이다. 그러나 이러한 상징과 전설들은 모든 인간의 언어나 그림이 그렇듯이 잘못 해석될 수가 있다. 즉, 책임적인 우리의 실존이 법의 통치가 지배하고 있다고 생각되는 최후 심판의 비전에만 모두 집중하게 되는 경우에 그러한 잘못을 범할 수가 있는 것이다.

그러나 이 모든 탈선과 일탈에도 불구하고 우리의 죽음의 신화를 생명의 역사(history)로 수정해 가는 중심적인 작업은 계속되고 있다. 그리고 이와 더불어 영원한 생명에 의하여 둘러싸여 있을 뿐만 아니라 보편적 존재의 사회에 의해서도 둘러싸여 있는 인간의 생애와 역사 안에서 과연 어떤 것이 알맞은 응답인가를 우리를 위해서 정의하는 작업도 계속되고 있다.

제4장 절대의존 안에서의 책임

I

 앞의 여러 장에서는 사회와 시간 안에서 우리에게 과해지는 행위에 대하여 응답해가며 살아가는 자아인 우리 실존의 몇몇 측면에 대하여 나 자신이 이해하고 있는 바를 전개해 보았다. 그런데 다른 자아와 사물에 대한-"너"들과 "그것"들에 대한-응답을 우리 행위의 하나인 차원이라고 한다면, 우리의 과거와 우리의 미래가 현재에다 깊이와 높이를 부여하는 '충만한 시간'(time-fullness) 안에서의 응답은 또 다른 하나의 차원이라고 할 수 있다. 그런데 알맞은 행위라고 하는 것은 다만 하나의 척도에 의해서 판단되는 것이 아니라 한 개 이상 여러 개의 척도에 의해서 규정된 상황에 알맞게 되는 것이다. 그것은 마치 가구를 만드는 사람이 여러 장의 판자를 여러 길이로 재고 서로 짝을 맞추어 끼는 것과 같은 것이다. 물론 이러한 비유는 '만드는 사람'(man-the-maker)으로서의 인간을 염두에 두고 있으면 잘못 이해할 수도 있다. 그러한 인간의 책임은 자기의 행위를 그처럼 잘 알맞게 마련된 구조에다 끼어 넣는 것이 아니기 때문이다. 보다 적절한 비유로, 매 1분에 40가지의 결단을 하지 않으면 안 되는 자동차 운전수의 경우를 들 수 있다. 도로 규칙의 준수라든가 자기 목적지에 도달하려는 욕망이라든가 하는 것이 매순간 행하는 그의 운전 행위에 대한 충분한 근거를 제공하지는 않는다. 우리는 또한 사회 안에서 우리에게 과해지는 행위에 대하여 응답할 때 부딪히는 직접적인 행위마다 그것이 일어난 확대된 사회 안에서의 그 행위의 맥락과 관련지워 우리가 이를 해석한다고 하는 사실도 주목한 바 있다. 직접적인 것에 대한 우리의 해석은 궁극적인 상호 작용의 공동체에 관한 우리의 감각에 의존하고 있는 것이다. 따라서 우리의 행위와 우리의 역사적 해석이 과연 어떤 시간에 가장 적절한가 하는 것은 우리가 지니고 있는 시간의 한계 안에 있는 것이 무엇인가를 아는 우리의 이해에 의하여 조건지워진다. 바로 이 두 경우에서 우리가 종교적 요소라고 부를 수 있는 어떤 것이 우리의 반응 속에 나타나게 된다. 여기에서 종교라고 하는 말은 인간이 자기에게 궁극적인 것과 맺고 있는 관계-즉 자기의 궁극적인 사회, 자기의 궁극적인 역사와의 관계-를 의미하는 것이다.

우리가 우리의 실존의 세 번째 모습을 행위하고, 반응하고, 상호 작용하는 자아, 즉 언제나 해석하는 행위 주체로 여기면 이 요소는 보다 뚜렷하게 나타난다. 다른 자아와의 만남을 통해서 자기를 아는 자아는 자기가 자기 자신의 실존, 즉 지금 이곳에 설명할 수 없이 우연하게 현존하는 실존에 절대적으로 의거하고 있음을 아는 것이다.

나는 존재한다(I am), 그리고 나는 나로서 존재한다(I am I). "나는 존재한다"와 지금 여기에서 "나는 나로서 존재한다"라고 하는 것은 나의 몸의 요소를 구성하는 어떤 특정한 행위와도 동일시할 수 없는 근원적인 행위를 나로 하여금 지각하게 한다. 그러나 "나"는 나의 몸과 아주 밀접하게 연결되어 있기 때문에 내 몸의 생명과 나의 존재는 거의 불가분리적인 것이라고 생각한다. 따라서 생의 철학자들이 주장했던 것과 같이 나도 "나는 살아 있다. 그러므로 나는 존재한다"고 말하고 싶다. 그러나 나를 존재하게(I am) 한 근원적인 행위를 이 마음(mind)을 구성한 어떤 행위들과도 동일시할 수는 없는 것이다. 또한 인간의 마음은 자아와 밀접하게 연결되어 있어 데카르트처럼 나도 "나는 생각한다. 그러므로 나는 존재한다"고 말하고 싶다. 그러나 나를 존재하게 한 그 행위를, 나로 하여금 감정을 가지게 하고, 외부의 관찰자로 하여금 나를 감정의 복합체, 정서의 체계, 기질, 태도 등으로 여기게 한 일련의 행위들과 동일시할 수는 없다. 그런데도 이 사실은 "나는 느낀다. 그러므로 나는 존재한다"고 내가 말하고 싶도록 하게 한다. 이 모든 선언들 속에서의 "나"는 전제의 자리를 차지하고 있다. 나의 자아 실존(self-existence)은 내가 존재한다는 사실로부터 연역되는 것이지 그것 이상으로 더 명백한 어떤 다른 경우로부터 연역되는 것은 아니다. 사유가 진행된다든가, 삶이 전개된다든가, 감정이 발생한다든가 하는 비인격적인 서술에 근거하여 바로 그렇기 때문에 나는 있다고 하는 결론에 도달하는 움직임이란 있을 수 없다. 다만 내가 자아를 전제할 때 비로소 나는 이러한 사유와 삶과 느낌을 나 자신에게 언급할 수가 있는 것이다.

지식이 증가함에 따라 자아가 지닌 몸의 요소들에게 작용하는 행위들을 좀더 식별할 수 있고, 해석할 수가 있게 되고 있다. 어째서 몸의 생김새가 그렇고, 피부 색깔이 그렇고, 남성과 여성이 다르게 되고, 어떤 질병에는 왜 그러한 징후가 나타나는가 하는 것 등을 비롯하여 자아의 몸에 대한 이 이외의 여러 생리적 사실들에 대한 설명이 점점 많이 나타나고 있는 것이다. 자아는 그러한 설명을 가지고 다소 손쉽게 자기의 몸에 이러 저러한 특성을 지니게 한 행위들에 대하여 보다 적합한 반응을 할 수가 있다. 다시 말하면, 자아의 반응은 육체적인 존재로서의 지속을 지향하고 건강을 주는 자연의 힘과의 상호 관계를 지향하는 관점에서 볼 때, 또 그 자아와 다른 자아가 상호 작용하는 생리적 공동체의 관점에서 볼 때 더 적절하게 될 수가 있는 것이다. 그러나 생리적 사실들에 대한 이러한 해석들 중의 그 어느 것도 이 몸 안에 있는 것, 그리고 이 몸과 더불어 있는 것이 나라고 하는 사실, 그리고 내가 이 몸을 가지고 있으며, 이것이 나의 몸이라고 하는 사실을 건드리지는 못한다. 그러므로 나의 몸을 구성하는 행위들에 대하여 내가 행하는 어떤 반응도 나를 존재하게 한 근원적인 행위에 대한 응답은 아닌 것이다.
 나에게 과해지는 행위에 대한 나의 이해가 늘어감에 따라 나는 나로 하여금 어떤 사색들을 하게 한 행동이 어떤 것이며 내가 사색하는 존재로서 반응하도록 내게 과해진 행위들은 모두 어떤 것인지를 식별하기 시작한다. 그렇게 함으로써 나는 어떤 이념이나 사유방식을 스스로 가지게 되는 것이다. 그렇게 되면 나는 이제 나의 마음속에 있는 어떤 이념들에게 반응하지 않는다. 예를 들면, 마치 본유의 이념이나 순수 이성의 이념, 윤리에서의 목적론의 이념이나 원인론의 이념, 또는 적합성의 이념들에 대하여 반응하려 하지 않는다. 나는 이 이념들을 내게 있게 한 나의 마음에 과해진 행위들을 사회 안에서의 역사적인 행위로 해석하는 것이다. 그렇기 때문에 나는 비판적인 수용, 수정 혹은 거절 등의 자세로 이에 응답하며, 마음들 간의 상호 작용과 마음과 사물들 간의 상호 작용에 대한 현존하는 그리고 변화하는 전승에 알맞은 사상을 생각하려고 노력하는 것이다. 그러나 나의 마음 속에 이념들을 있게 하고 또 그 이념들을 수식한 행위들에 대한 이러한 해석들은 그 어느 것도 이 주어진 사실, 즉 지금 여기에서 사유하는 것이 바로 나라고 하는 사실을 나에게 설명해 주지는 않는다. 물론 어째서 20세기를 사는 인간의 마음이 응답의 이념의 도움을 받아 윤리에 관하여 생각하지 않으면 안 되는가 하는 것,-즉 역사적인 현시점에서 윤리를 다른 마음들과의 상호 작용이라고 가정한다면-그것은 설명될 수가 있다. 그러나 이러한 방법에 의하여 나에게 설명될 수 없는 것은 다음과 같은 사실들이다. 즉, 그 마음과 떨어질 수 없이 연결되어 있는 것은 지금 존재하는 나라고 하는 사실, 나는 과거와 미래를 아울러 지니고 있는 바로 이 현재의 순간에 존재하고 있는 것이지 내 자아 이념의 형성기가 기독교 기원 16세기나 18세기 혹은 22세기도 아니고, 명(明)나라 시대의 중국이나 페루의 잉카시대도 아니라고 하는 사실, 그리고 내가 더불어 투쟁하지 않으면 안 될 것은 이 마음과 이 이념들이라고 하는 사실들을 설명할 수가 없는 것이다. 또한 나는 다른 사람들이 제기하는 문제들이나 그들이 주장하는 확신에 대하여 나의 문제들과 확신들을 가지고 응답하면서 그 속에서 "내 마음을 결정" 하지만 그러한 응답이 나를 있게 한 행위, 이 마음속에, 이 마음과 더불어, 이 마음을 통해, 나를 있게 한 행위에 대한 응답은 아닌 것이다.

물론 이념 일반에 대하여 언급되는 이와 같은 사실들은 나의 종교적 이념과 나의 신학에 대해서도 해당되는 것일 뿐만 아니라 나에게 생긴 이념들, 즉 기독교 시대, 기독교권, 기독교 교회, 유대교, 그 밖의 다른 종교사상가나 신도들의 역사적 공동체 등에 있는 사상가나 대변자나 저술가들과의 상호 작용 가운데서 내게 생긴 이념들에게도 해당되는 것이다. 나는 종교적 사유와 실천을 나로 하여금 하도록 한 행위들을 부모, 사회, 교회, 문화 일반 등을 통하여 해석할 수 있다. 또 무한한 행위자에 의하여 내게 과해진 이 모든 행위들에 대하여 행한 나 자신의 감정적이고 지적인 응답을 적어도 어느 정도는 회상하고 재해석 할 수 있다. 그렇기 때문에 나는 종교적인 인간이나 제도들에 의하여 나에게 과해지는 계속되는 행위에 대하여 내가 그러한 행위를 이해하기 전에 할 수 있었던 것보다 더 적절하게 응답할 수가 있는 것이다. 나의 반응들은 그 반응들이 나의 삶의 전체적인 지적 · 정서적 · 종교적 과정에 더 일관성 있게 알맞다고 하는 의미에서 뿐만 아니라, 또한 확대되어 가는 사회의 행위에 더욱 일관성 있게 또 지속적으로 알맞다고 하는 의미에서, 보다 더 적절한 것이 될 수가 있는 것이다. 그런데도 이 같은 사실은 두 가지 사실만은 여전히 해석하지 않은 채 남겨 놓고 있다. 나를 이 특정한 역사적인 종교적 과정 안에 던져 넣음으로써 나의 해석과 반응이 특정한 도전-나의 경우에는 기독교의 도전-을 향하도록 한 근원적인 행위, 그리고 나를 존재하게 한 행위가 그것이다. 나의 역사를 떠나서는, 그리고 나의 사회로부터 분리되어서는, 내가 어떤 방법으로도 종교적이게 될 수가 없다는 사실 속에서 비로소 나는 하임(Karl Heim)이 표현했듯이 이른바 운명의 범주를 주목하게 되는 것이다. 하임의 말대로 하면 내가 받아들이든 거절하든 간에 예수 그리스도는 나의 운명이다. 비록 내가 내게 주어진 역사적 종교에 대하여 무신론적 답변을 하면서 응답을 한다 할지라도 나는 여전히 기독교적 무신론자일 수밖에 없는 것이다. 나의 부정은 내가 부정하는 대상에 대한 긍정에 의존하기 때문이다. 그러한 기독교 무신론자이기 때문에 나는 기독교 이전의 무신론자와는 다른 종류의 부정자이거나 긍정자일 수밖에 없는 것이다. 내가 왜 무신론자인가 하는 그 이유 자체가 다른 것이다. 만약 이 같은 사실이 나의 비판적 부정의 반응에서 일어나는 사실이라면 내가 살고 있는 사회가 나에게 과하는 종교적 행위에 대한 나의 비판적 긍정의 경우에는 더 말할 필요도 없을 것이다. 종교적 자아가 될 수 있는 방법은 사유하거나, 느끼거나, 발언하는 그러한 자아가 존재하는 존재양식과 다른 방법으로 따로 있는 것이 아니라. 나에게 주어진 역사성의 그러함(thus-ness)과 그와 같음(so-ness) 속에서 운명적으로 나는 그러한 존재가 되도록 되어 있는 것이다.

나를 존재하게 했고, 또 내가 이 몸을 가지고, 이 마음을 가지고, 이 감정적인 기능들을 가지고, 이 종교를 가지고 현존하게 한 근원적인 행위를 육체적이고 정신적이고 인격적인 실존의 독특한 요소들을 구성하고 있는 유한한 행위들 중의 어느 것과 동일시하는 것은 불가능한 일이다. 나는 사회 속에서 가변적(可變的)인 자아로 있기 때문에 나는 자아성에 대한 이러한 지극히 사적(私的)인 경험이 결코 유아론(唯我論)적인 것이 아니라는 것은 안다. 물론 그러한 경험을 다른 사람들에게 전달한다는 것이 아주 어려울 수도 있다. 그러나 그것은 많은 공적(公的)인 일들을 전달하는데 비해 보면 결코 더 어려운 일이 아니다. 왜냐하면 나와 같은 다른 인간들, 곧 나의 동료들도 내가 따르지 않으면 안 되는 그러한 방법과 같은 방법으로 자기들의 문제에 대해서 언급하고 있기 때문이다. 그러므로 "나는 왜 나인가?" 하고 묻는 어린아이의 물음에서부터 신비에 대한 하이데거(Martin Heidegger)와 야스퍼스(Karl Jaspers)와 마르셀(Gebriel Marcel)의 탐구에 이르기까지, "왜 이러한 일이 나에게 일어났느냐?"고 묻는 돌아가신 어머니에 대한 비탄에 빠진 물음에서부터 어째서 하필이면 자기가 이 특별한 시대에 다른 나라가 아닌 이 나라에서 정치를 하게 되었을까 하고 스스로 놀라는 정치인에 이르기까지, 그리고 자기 육체의 견고한 살덩이에 대한 햄릿(Hamlet)의 혐오로부터 육체란 영혼의 무덤이라고 한 고대의 사유에 이르기까지, 그리고 더 나아가 자아들로 하여금 자신의 정체를 발견하도록 하기 위하여 애쓰는 현대의 모든 노력에 이르기까지, -나는 나와 똑같은 "나"들인 "너"들의 물음들에 의하여 둘러싸여 있으며, 그들을 존재하게 한, 그리고 그들을 여러 다른 존재들 중에서 하필이면 이 주어진 사회, 주어진 시간의 특정한 역사 속에서 존재하게 한 그 행위가 과연 어떤 것인가를 묻고 있는 것이다.

나를 실존의 "그러함"과 "그와 같음"을 지니고 "여기", "지금" 존재하게 한 행위의 근원적 본성은 현대의 실존주의자들 뿐만 아니라 많은 사상가들을 놀라게 해주고 있다. 실존주의자라기보다는 자연주의자로 자주 분류가 되고 있는 산타야나(George Santayana) 교수는 스피노자 탄생 300주년 기념 강연에서 다음과 같이 말한 바 있다.

"제가 말씀드리려 하는 것은 …… 자유 의지라든가, 필연성이라든가, 유일신론이라든가, 범신론이라든가 하는 어떤 우주론적 문제들을 미리 단정해 버리려는 것이 아닙니다. 저는 다만 모든 의심스러운 주장과 모든 의문스러운 확신을 포기해버린 마음의 진지한 고백에 관심을 가질 뿐입니다. 그런데 그러한 확신과 주장 중에는 근원적이고 포괄적인 것이 하나 있습니다. 존재하려는, 그리고 사건의 전개 과정을 관리하려는 주장이 바로 그것입니다. 우리는 관례적으로 미래는 불확실하다고 말합니다. 그러나 만약 우리가 정직하게 우리들 자신들의 깊은 속으로 되돌아가 우리의 실제적인 도덕적 원천들을 살펴보면, 불안한 것은 비단 특정한 사건이 어떻게 진전되어 갈 것인가 하는 그 과정만이 아니라 다가올 미래가 존재하며, 우리의 습관적인 경험이 즐겁게 지속될 미래가 있다고 하는 것을 아예 결정적으로 추정해버리는 일이기도 함을 느끼지 않을 수 없습니다.

우리는 이러한 추정을 경험의 유추에 의존하든가 우리의 몸의 본능 및 추측의 정확성에 의존하여 행하고 있고, 또 그것은 그럴 수밖에 없습니다. 그러나 실존은 기적입니다. 그리고 도덕적으로 생각한다면 그것은 순간 순간 거저 주어진 선물입니다. 그런데 실존은 언제나 그것 자체와 비슷할 것이라는 사실이 바로 우리가 답변을 회피하는 물음입니다. 분명히 여러 사건들의 모든 상호 연계와 연쇄, 그리고 특별히 우리가 우리의 행위들로부터 솟아나리라고 기대할 수도 있을 어떠한 결과도 실제로는 완전히 우리의 정신적 통제(spiritual control)를 넘어서 있는 것입니다. 어떻게 그렇게 되는지는 모르지만, 우리의 의지가 명령하고, 우리의 몸과 우리의 세계가 그 명령을 순종하고 있다고 생각될 때면, 우리는 마치 자기의 호소에 의하여 정지해 있는 태양을 바라보는 여호수아와 같은 느낌입니다. 그런데 우리가 명령을 했는데도 아무 일도 일어나지 않으면, 우리는 몰려오는 조수가 자기의 명령에 순종하지 않는 것을 알고 놀란 카누트 왕(King Canute)과 같이 됩니다. 그리고 우리가 위대한 일을 했고 역사의 진행 과정을 재조정했다고 말할 수 있을 때면, 우리는 자기가 울었기 때문에 해가 떴다고 생각하는 수탉과 같습니다.

  그 결과는 무엇입니까? 그것은 우리의 정신이 단순한 자아 성찰(self-examination)의 행위와 솔직성에 의하여 가장 중요하고 근원적인 종교적 지각 중의 하나와 만나게 되었다고 하는 사실입니다. 그것은 비록 우리가 살아 있다 할지라도 삶을 살기에는 무력하다고 하는 것, 비록 죽을 수 있다 하더라도 죽기에는 무력하다고 하는 것, 그래서 매순간, 매 특정한 어느 경우에서나, 삶과 죽음은 모두 어떤 낯설고 불가사의한 힘의 손에 달렸다고 하는 것을 지각하는 것입니다."[1]

  모든 자아는 동물적인 신념에서 보면 의심할 여지가 없이 동일하게 우연

---

1. George Santayana, *Obiter Scripta*, J. Buchler와 B. Schwartz 공편, "궁극적 종교"(Ultimate Religion), 「우연한 기록들」 (New York : Charles Scribner's Sons, 1936), pp. 283 이하.

적인 존재이고 그렇게 우연한 과정 안에 있다. 그런데 이 긴 인용문은 우리로 하여금 그러한 동일하게 우연적인 존재와 과정 중에서 자아를 이처럼 이렇게 있게 한 근원적인 행위의 어떤 특별한 모습에 대하여 우리가 주목하지 않을 수 없게 한다. 나를 존재하게 한 행위는 과거의 어떤 때에 나를 집어던져 있게 해놓고 나서 그 이후부터는 나 자신의 힘으로 나 자신을 지탱해가도록 한 그런 것이 아니다. 그 행위는 지금 나를 존재하게 하는 바로 그 행위이다. 그러므로 내가 살아간다(I live)고 이야기하는 것보다 나는 살아가게 되어가고 있다(I am being lived)고 말하는 것이 더 진실한 표현이라고 생각한다. 나는 살아 있지만 사는 힘을 가지고 있는 것은 아니다. 뿐만 아니라 더 나아가서 어느 순간에 나는 죽을 것이 분명하지만 그렇다고 해서 내가 죽는 힘을 가지고 있는 것도 아니다. 나의 자아를 있도록 선택한 것은 나의 힘으로 이루어진 것도 아니고 나의 부모의 힘으로 이루어진 것도 아니다. 비록 부모들이 아이를 갖기를 원했고 또 그렇게 하기로 합의했다 할지라도 그들이 나, 즉 지금 이렇게 이러한 모습으로 있는 나를 바란 것은 아니다. 그리고 비록 내가 더 이상 존재하려 하지 않는다 할지라도 만약 나를 있게 한 불가사의한 힘이 다르게 결정을 하면 나는 나 자신을 실존으로부터 뽑아버릴 수가 없는 것이다. 비록 내가 죽고 싶다 할지라도 만약 이 죽을 수밖에 없는 부서질 육체 안에다 나를 집어던져 존재하게 한 힘이 나를 다시 선택하여 존재하게 한다면 그 힘의 그러한 일에 대하여 나는 속수무책일 수밖에 없는 것이다. 나는 내 몸의 생명을 파괴할 수가 있다. 그러나 내가 과연 나 자신을 파괴할 수 있을까? 이 같은 사실은 자살에 관한 많은 논의 속에서 끊임없이 나타나 괴롭히는 문제이기도 하고, 존재하는 것이 짐스러운 사람들의 모든 외로운 논의 속에서 떨어져 나가지 않는 물음이기도 하다. 그들이 여기 이 세상의 모습으로 깨어나든 아니면 저 세상의 다른 존재 양태로 깨어나든 간에 아무튼 그들이 다시 깨어날 수 있을 것인지 어떤지 하는 것은 그들이 제어할 수 없는 그 너머의 일이다. 우리는 많은 선택 가능한 것 중에서 어느 것을 선택할 수가 있다. 그러나 자기의 존재나 자기의 소멸을 선택하는 힘은 우리의 것이 아니다. 인간은 산아제한을 할 수가 있다. 그러나 자아 창조는 할 수가 없다. 인간은 생리적인 목숨을 스스로 끊을 수는 있다. 그러나 인간이 자살, 곧 자아 파괴(self-destruction)를 과연 할 수 있는가 하는 물음은 여전히 문제 자체로 남아 있는 것이다.

II

우리를 지금 여기에서 이렇게 존재하게 한 근원적인 행위를 일련의 유한한 힘의 행위로 분류할 수는 없다. 우리는 유한한 힘에 대하여 다소 계몽된 해석을 하면서 그에 따라 반응한다. 우리는 우리의 동료들이 우리에게 발언한 물음을 해석할 수 있고, 그 동료가 우리의 몸이나 감정을 상하게 한 행위의 의미를 이해할 수도 있다. 우리는 보다 넓은 맥락 속에서 이 행위가 의미하는 것이 무엇인가를 (그가 그 행위를 통하여 의식적으로 뜻하는 바가 무엇인가 하는 것뿐만 아니라) 물을 수 있으며, 그렇게 해석을 하면서 우리는 이에 대한 보다 알맞은 대답을 할 수가 있는 것이다. 그러나 자기를 존재하도록 내던지고 또 그 곳에서 지탱해가게 한 근원적인 행위를 자아는 과연 어떻게 해석하는가? 자아는 자기에게 일어난 것과 비슷한 일이 일어난 어떤 다른 사건들을 참조할 수도 없고, 이 행위는 이전에 경험한 다른 행위와 같다고 말하면서 비유를 들어 설명할 수도 없다. 경험은 비록 수백만의 자아에 의하여 반복되지만 이 사실은 유일무이한 것이기 때문이다.

나를 존재하게 한 근원적인 행위—운명의 행위라고 말하기로 하자—의 독특성 때문에, 그 행위에 대하여 내가 할 수 있는 것이란 아무 것도 없다고 여겨지기 때문에, 내가 절대적인 종속 속에서 빚어졌다고 하는 것을 생각하는 것은 괴로운 일이기 때문에, 그리고 이밖에도 수많은 다른 이유 때문에, 그 행위에 대한 나의 일상적인 반응은 그것을 잊으려 하고 그것에 대해 비응답적이려 한다. 그렇게 함으로써 이 중심적인 자아에 관한 한, 비반응성과 무책임성에로 옮겨가는 것이다. 이것은 잘 알려진 자아 묵살의 실존(self-ignoring existence) 양태를 받아들이려는 것이다. 이에 대해서는 오늘날의 실존주의자들 뿐만 아니라 많은 사회학자들도 그들 나름대로 우리의 주의를 환기시키고 있다. 비록 "나"(I)에 대한 낯선 물음이 청년기에 자아에게 생겼다 할지라도 비록 자아가 자기를 존재하게 한 생소한 힘과 만났다 하더라도-즉 존재의 신비를 만났다 하더라도-자아는 자기에게 과해지는 이 일상적이고 순간적이며 중요한 행위에 참여하지를 않고 곧 이에서 벗어나 그 동료들에 의하여 보다 덜 근원적인 만남, 특별히 사회의 일반화된 타자 자체와의 만남을 지향하게 되는 것이다. "나는 무엇인가?" 하는 질문을 "인간이란 무엇인가?", "이상적 피조물이란 무엇인가?", "기독교인이란 무엇인가?", "영국 사람, 혹은 미국 사람이란 무엇인가?" 하는 일반적인 물음으로 대치하는 것을 배우는 것이다. 또 실제적인 경우에는 "내가 무엇을 해야만 하는가?" 하고 묻지를 않고 "다른 여러 종(種)의 동물들과 아울러 인간이라고 하는 종도 있게 한 자연과 직면하면서 인간이 해야 하는 가장 적절한 일은 과연 무엇인가?" 또는 "서구 문화를 구성하는 한 구성원으로서 혹은 어떤 조직 속에서 사는 하나의 조직인으로서 마땅히 하지 않으면 안 될 일은 무엇인가?" 하고 묻는다. "나"라고 하는 단어를 이제는 여럿 중의 "하나"(one)라고 하는 단어로 대치한다. "나"는 많은 자아들 중의 하나의 자아가 아니라 많은 것 중의 하나가 되는 것이다. 많은 육체들 중에서 다만 하나의 살아 있는 육체, 많은 마음들 중에서 하나의 사유하는 마음, 많은 복합적인 감정들 중에서 하나의 복합적인 감정이 된다. 그래서 사람은 자기를 집단 속에서 잃어버리고, 자아로써 응답하는 것이 아니라 기계의 한 부분으로, 세력 분야의 일부로, 이념 체계의 한 부분으로 응답한다. 모든 행위 속에서, 그러한 인간은 자아가 있게 한 행위에 응답하는 것이 아니라 일단의 육체나 마음이나 감정을 있게 한 행위에 대하여 응답한다. 자아는 자기를 만든 자 앞에서 존재하거나 자기를 빚어낸 행위 앞에서 존재하지를 않는다. 그런데 마음은 자기의 대상 앞에서 존재하며, 몸은 자연의 힘과 직면하여 존재하고, 또한 양심은 사회와의 만남 속에서 존재한다. 어떤 사회심리학자들은 이 상황을 자아가 "자아 지향"(self-directed)된 것이라기보다 "타자 지향"(other-directed)된 것이라고 부르기도 한다. 우리는 이 상황을, 자아가 자아이게 한 타자를 제외하고는 모든 타자에 대하여 응답하는 상황, 자아로서의 자아에 의한 응답이 아니라 몸과 마음의 힘에 의한 응답의 상황이라고 부를 수도 있을 것이다. 하이데거는 그것을 우리의 잃어버림의 상태(verlorenheit), 즉 자아가 사물들 속에서 상실되어 버리고 그 자체가 일종의 사물이 되어 버리는 그러한 상태라고 이야기하고 있다. 우리는 이를 우리가 자아로서 반응하시 않는 우리의 불응답성(unresponsiveness)의 상태라고 말해도 좋을 것이다. 이러한 상태에서는 우리가 "나는 이렇게 생각한다"고 말하고는 있지만 실은 "그것이 이렇게 보인다"는 것을 뜻하는 것이며, "나는 이렇게 믿는다"고 이야기하지만 실은 "그것이 그처럼 나타나는 것 같다"는 것을 뜻하는 것이다. 계약이나 약속이나 서약의 경우에서도 그렇다. 계약서에 서명한 우리의 서명은 "여기 서명한 이 사람이나 상속자가 계약 내용의 의무를 준수할 것이라는 것을 이 서명을 보고 누군가가 알게 될 것이다"라고 하는 삼인칭적인 분위기에서 이루어진다. 또한 우리는 "내가 당신을 사랑하고, 기리고, 아끼겠습니다" 하는 서약마저도 마치 "내 안에 있는 어떤 것이 당신을 끊임없이 사랑하고 존경하며 친절하게 대해 주리라고 생각한다"는 것을 의미하는 것처럼 행하고 있다.

 나를 존재하도록 내던진 근원적인 행위를 해석하고 또 그것에 응답하는 데 이와 같은 태도보다 더 한층 사려 깊게 해석하고 응답하는 또 하나의 다른 태도가 있다. 본래 이러한 방법은 동양적인 것이다. 그렇지만 서양의 지혜 속에서도 이와 견줄 만한 것들이 없는 것은 아니다. 나를 나이게 한 근원적인 행위를 간과해 버리는 대신에 그러한 지혜는 그 행위에 참여하여 그것을 오히려 미혹하는 힘의 행위로 해석한다. "실존과 같이 슬픈

것은 없다. 열반(涅槃)보다도 더 큰 축복은 없다."[2] "그것은 욕망이고, 분노이다. 그것은 탐욕스럽고 사악한 것이다. 이 세상에는 연기로 뒤덮인 속에 감추어져 있는 불꽃같은 무서운 적이 있음을 알아라. …… 이처럼 이 세상은 욕망에 싸여 있는 것이다."[3] 그런데 이 욕망이란 다른 것이 아니라 주로 자아가 되려는 욕망이다. 서구적인 언어를 사용하면, 그것은 자아 의식(self-consciousness)이다. 이 자아 의식은 그것으로부터 존재의 슬픔과 잔인성이 비롯하는 엄청난 환상이다. 그렇기 때문에 그것은 완전한 자아 부정(self-renunciation)이 이루어질 때까지 수련과 명상을 수행함으로써 쫓아 버려야 할 인간 안에 있는 악마적인 세력인 것이다. 자아를 있게 한 그 힘에 대한 적절한 응답은 집단적인 공동의 심성 안에다 자아를 내던져 버림으로써 이루어지는 것도 아니고, 자아를 있게 한 행위의 근원적인 성격을 아주 진지하게 취급해서 되는 것도 아니며, 그 행위에 대한 응답이 어떻게 자아의 모든 다른 행위들을 행위할 만한 것이라고 승인해 주는가를 이해해서 되는 것도 아니다. 왜냐하면 그러한 지혜에서는 자아가 자기를 있게 한 바로 그 힘 속에서 커다란 적을 만나기 때문이다. 그리고 그 적은 간과해야만 하는 것이 아니라 현명한 전략을 가지고 싸우지 않으면 안 되는 것이다.

자기를 존재하게 한 근원적인 행위를 기독교인인 동료의 해석의 도움을 받아가면서 다룬 일이 자기의 일생 동안에 한 번이라도 있었던 사람들에게는 이 두 가지 방법-즉 그 행위를 무시하든가, 그것을 유해한 것으로 해석해 버리는-이 본래 신앙의 표현이라는 것을 분명히 이해할 수 있을 것이다. 그러나 그것은 신앙이기는 하지만 이른바 신뢰하지 못하는 신앙, 곧 부정적 형태의 신앙이다. 우리가 근원적인 행위를 신앙으로 해석한다고 말할 때 사용하는 그 신앙이라는 용어는 지식이 가능해질 때까지 그 지식

---

2. Dhammapada ; K. Saunders, 「동양과 서양의 이상」(*The Ideals of East and West,* New York : The Macmillan Company, 1934), p. 28을 참조할 것.
3. Cita로부터 : Saunders, op. cit., p. 35를 참조할 것.

의 자리를 차지하고 있지 않으면 안 되는 어떤 일단의 신념을 의미하는 것은 아니다. 우리가 여기에서 염두에 두고 있는 신앙이라고 하는 것은 단순한 신뢰 혹은 믿지 못함을 지칭하는 것이다. 심리학자들은 그것을 출생한지 일년 동안에 어린아이의 인성의 발전에 있어서 근본적인 요소가 되는 것이라고 주장하고 있고, 신학자들, 특히 루터(Martin Luther)는 종교의 기본적인 요소라고 지적한 바 있다. 신앙은 자기를 둘러싸고 있는 모든 존재를 신뢰할 수 있는 존재가 되기도 하고, 또는 의심할 수밖에 없는 존재가 되기도 하는 자아의 존재 태도이다. 즉, 신앙은 살아 있는 존재들 사이에 흐르고 있는 사소하고 내밀한 모든 삶 속에서 나타나는 태도이다. 따라서 그것은 근본적으로 존재 자체를 신뢰하느냐 불신하느냐 하는 것이다. 따라서 그러한 신앙은 모든 앎을 이루는 구성요소이기도 하다. 그것은 자연에서 관찰할 수 있는 변화과정의 항구성에 관한 인식 속에 깃들여 있는 사실에 대한 의존, 그리고 관찰한 것을 보고하는 동료들에 대한 의존 등으로 나타난다. 신앙은 또는 국가적인 혹은 종교적인 동맹국과 동료들의 집단행위에 대하여 묻는 모든 우리의 물음 속에서 불신이라고 하는 부정적 형태로 제시되기도 한다. 그러한 신앙은 비록 어떤 경우에는 앎보다 신앙이 우월하고 또 다른 어떤 경우에는 앎이 신앙보다 우월하다 할지라도, 결코 앎의 반전제가 아니라 앎과 더불어 있다. 이 같은 사실은 선언의 형식에서 분명하게 나타난다. "나는 너를 믿는다"라고 할 때 이 선언은 비록 지식이나 승인을 포함하고 있다 할지라도 하나의 신앙적인 선언이다. 그러나 "너희들 대부분은 글라스고우 대학교의 학생이다"라고 하는 선언은 비록 내가 이야기를 듣고 또 직접 본 바에 대한 어떤 신뢰를 가지고 이야기한 것이라 할지라도 사실에 대한 선언이다.

신뢰나 불신인 이 같은 신앙은 우리가 타자와 만날 때면 언제나 나타난다. 그리고 거기에서 모든 우리의 응답의 내용을 결정한다. 그러나 신앙은 무엇보다도 우리를 지금 여기에서 자아로 존재하게 한 근원적인 행위나 행위자에 대한 우리들의 해석에서 가장 중요한 요소가 되고 있다. 분명히 다른 종류의 신앙의 요소들이-우리와 모든 사물의 생성이란 도대체 무엇이며 그것은 또 어떻게 이루어지는가 하는데 대한 대전제-우리의 해석에 수반되기도 한다. 이 우연한 세계가 존재하게 된 것이 5천 년 전에 엿새 동안에 일어난 일이든 60억 년 전에 있었던 일이든, 그것이 설계된 일이든 우연한 일이든, 또 예술적으로 만들어진 것이든 점진적으로 완성된 것이든, 창조에 관한 이론인 이 모든 대전제들은 우리를 존재하게 했고, 우리를 이 세상 안에 있게 한 행위를 해석하는 우리의 해석과 더불어 함께 있는 것이다. 그러나 우리가 그것을 열렬히 지지하든 가볍게 지지하든, 믿든 믿지 않는 간에 그러한 대전제들은 우리를 선택했을 뿐만 아니라 모든 사물을 존재하게 한 낯설고 불가사의한 힘에 대한 근본적으로 신앙적인 해석이다. 그 같은 전제들을 통하여 그러한 신앙적 해석을 발견한다기보다 그 전제들이 그러한 해석을 드러내 준다고 표현하는 것이 적절할 것이다. 그런데 그 힘에 대한 우리의 응답은 다른 것에 대한 응답과 다르다. 그것은 우리가 종교적인 사유나 세속적인 사유가 주장하는 실재의 기원에 대한 다양한 이론을 가지고 있기 때문이 아니라, 우리를 존재하게 했고, 이 세상 안에 있게 한 행위를 우리가 믿고 해석하느냐 믿지 않고 해석하느냐 하는 차이 때문이다.

우리를 존재하게 한 힘을 "신"(God)이라고 말한다면, 우리는 신뢰 속에서 우리의 해석을 표현하고 있는 것이다. 왜냐하면 "신"을 말하는 것은 우리의 일상적인 화법에서 "선한 것"(good)을 말하는 것이기 때문이다. 신이라는 단어는 우리의 존재를 긍정하는 자를 뜻하지, 우리의 존재를 부정하는 자를 뜻하지는 않는다. 따라서 "신"은 우리의 존재로부터 분출되는 궁극적인 것에 대한 관심을 의미하는 것이지, 존재가 지닌 경솔함이나 악의에 대한 관심을 의미하는 것은 아닌 것이다. 그러나 그 힘을 "신"이라고 하면서도 여전히 불신을 표현할 수도 있다. 왜냐하면 신이라는 용어는, 존재를 긍정하고 유지하며 축복해 주는 것과 마찬가지로, 그 존재의 권리를 질투하고 그 존재를 창조를 의심하며, 언제라도 그 존재를 부정할 수 있고, 그 힘을 파괴해 버리기 위해 저주를 하거나 그 힘을 영원한 슬픔 속에 빠뜨리기 위해 매도할 수 있는 것임을 의미할 수도 있기 때문이다. 따라서 우리의 근본적인 해석의 문제는 우리가 어떤 용어를 쓰는가 하는 것에 의하여 해결이 되는 것도 아니고, 우리가 채택하는 창조이론에 대한 물음에 의하여 대답되는 것도 아니다. 우리를 존재하게 한 근원적인 행위에 대한 원초적인 해석은 신뢰든 불신이든 간에 신앙 안에서 이루어지는 것이다. 이 두 용어 사이에는 어떤 중간 용어도 없다. 우리를 존재하게 한 불가사의한 힘은 우리 편을 들든지 우리를 적대하든지 한다. 만약 이 힘이 중성적이라면, 그래서 이 힘과 피조물이 서로 긍정하거나 부정하는 일에 무관심하다면, 그 힘은 우리에게 적대적인 것이 될 뿐만 아니라 우리는 그 힘이 마치 적극적인 적의를 품고 있는 것처럼 그 힘을 심각하게 불신하게 될 것이다. 그렇게 되면 또 그 힘은 우리를 낯선 존재로, 적절하지 않은 존재로 내던져 버리고 말 것이다.

  존재에 대한 신뢰와 불신, 더 분명하게 말해서, 나를 존재하게 했고 우리를 존재하게 한 그 힘에 대한 신뢰와 불신은 지극히 개인적인 응답이다. 물론 그 반응은 사회적 측면을 지니고 있다. 나의 동료들이 자기들을 존재하게 한 힘에 대하여 신뢰하는 그 신뢰, 그리고 그들이 나와 우리의 공동의 목적에 대하여 쏟는 성실성(loyalty)은 궁극적인 것에 대한 나의 신뢰와 불신에 영향을 준다. 그러나 궁극적인 것을 더 신뢰하는 것은 자아가 자기 주변에 있는 모든 유한한 존재들을 의존할 수 없다는 것을 알았기 때문에 그런 것인지, 또는 그보다도 가까운 것에 대한 신뢰로부터 궁극적인 것에 대한 신뢰로 단계적으로 이르는 것이기 때문에 결과적으로 궁극적인 것을 더 신뢰하게 되는지 그 까닭은 아직도 물음의 여지가 많다. 우리가 의존한 모든 유한한 힘이 우리에게 가치를 지닐 수 없게 되었기 때문에 우리가 궁극적인 것을 향하는 것인가? 혹은 우리가 그저 단순하게 생각한 바 있는 절대적인 존재(Being)를 신뢰하게 하는 어떤 흔적, 즉 존재의 전영역에서 신앙의 구조의 어떤 자취를 우리가 발견했기 때문인가? 존재의 궁극적인 힘에 대한 신뢰와 불신은 "너"들과 "그것"들 사이에서 행해지는 신뢰 및 의심 등의 모든 상호 작용에 영향을 미치기도 하고 그로부터 영향을 받기도 한다. 그러나 자아가 자아를 존재하게 한 힘과 맺고 있는 관계의 직접성은 어떠한 신도집단의 매개에 의해서도 밀쳐내질 수 없는 것이다. 신학과 교의는 언제나 궁극적인 것과의 만남을 서로 보고하고 해석한 것에 대한 우리의 응답을 나타내는 지극히 사회적인 것이다. 그러나 신뢰와 불신인 신앙은 도저히 깨뜨릴 수 없이 개인적인 것이다. 신과 인간과 인간의 역사에 관해서 내가 신봉하고 있는 이론들은 "나 자신의 신앙을 구성해 주는 것은 아니"지만 교회의 신앙을 구성하고 있는 것이라고는 말할 수가 있다. 그러나 신뢰와 불신은 바로 나 자신의 것이다. 이러한 신앙 속에서, 이러한 신앙에 의하여 나는 살아가고 있는 것이다. 나의 신뢰나 불신을 언어로나 제의 행위 속에서 어떻게 형성하고 정당화하며, 또한 표현하는가 하는 그 방법은 대체로 근원적인 행위 및 모든 유한한 행위들에 대한 나의 이중적인 응답이 이루어지는 사회 환경에 의존하고 있다. 그러나 그러한 언어 속에서 형성되고 표현되는 것은 여전히 개별적이고 개인적인 것이다. 만약 내가 어떤 하나의 집단의 응답에 빠져버리면, 다시 말해서 기독교인이라든가 유대교인이라든가 무신론자 중의 한 사람으로 응답하게 되면, 나는 궁극적인 힘에 대해서 응답을 하고 있는 것도 아니고 그 힘에 대하여 책임을 지는 것도 아니다. 특별히 다른 곳보다도 사회적 종교(social religion)의 영역에서는 자아가 대중 속으로 사라지면서 개인적인 응답과 책임으로부터 도피하는 일이 언제나 있을 수 있다. 사실상 사회적 종교는 마치 교육제도가 나 자신을 이해하려는 도전을 회피하는 특이한 유혹을 마련하는 것처럼, 그러한 책임으로부터 도피하는 독특한 유혹을 마련할 수가 있는 것이다. 키에르케고르의 집단적 기독교(mass Christianity)에 대한 공격은 그가 자기의 마음속에 사회제도에 대한 좀 부적절한 해석을 지니고 있었기 때문에 분명히 적절한 것은 아니었다. 그러나 그 공격이 지니고 있는 진리는 결코 과장된 것이 아니다. "누구나 기독교인이라면 아무도 기독교인이 아니다"라고 그는 말하고 있다. 나 자신의 신앙이 아니고 그것이 집단적인 단위의 신앙이라면, 그것은 신뢰(trust)도 아니고 충성(loyalty)도 아니다. 그것은 다만 공통적인 심성의 내용일 수 있을 뿐이다.

자아와 자아의 세계를 창조한 근원적 행위에 대하여 이를 신뢰하거나 불신하면서 행하는 응답은 자아에 과해지는 유한한 행위들에 대한 모든 독특한 그 나름대로의 해석을 정당한 것으로 승인할 뿐만 아니라, 바로 그렇기 때문에 모든 자아의 반응들도 그렇게 반응할 만한 것이라고 인정한다. 분명히 종교적인 응답이라고 하는 것이 특별하게 또 본래부터 그 밖의 응답과는 다른 것으로 있는 것은 사실이다. 우리는 이와 같은 것을 우리의 존재와 우리 주변의 세계에 대하여 거의 자발적으로 칭송하고 감사하는 행위에서 찾아볼 수 있다. 이와는 반대로 우리를 이렇게 있게 했고, 그 같은 사람들을 이 같은 세계에 있게 한 힘을 거절하고 저주하는 행위 속에서도 그러한 응답을 발견할 수도 있다. 그런가 하면 의존하려는 결단의 형태로 이루어지든("아버지여 당신의 손에 나를 맡기나이다"라든가 "그가 나를 죽일지라도 나는 그를 믿겠다" 등), 또는 충성을 결심하는 형태로 이루어지든 간에 자기를 봉헌하는 직접적인 신앙적 응답도 있다. 그러나 대부분 자아를 존재하게 한 근원적인 행위에 대한 신앙의 응답은, "나"가 포함된 특정한 존재들의 유한한 세계의 움직임에 대한 모든 해석과 반응 안에서 그러한 해석과 반응을 정당한 것으로 승인하는 하나의 요소로 현존한다.

어떻게 해서 사정이 이러한가 하는 것은 만약 우리가 매일 매일 우리 주변에서 일어나는 사건들에 대한 우리의 해석(그리고 반응)에 대한 몇 가지 물음들을 대답하려고 해보면 분명해질 수 있으리라고 나는 생각한다. 그러한 물음 중의 하나는 "수많은 다양한 사건들과 그 사건들에 대한 자신의 해석 속에서 하나의 자아가 된다고 하는 것이 어떻게 가능한가? 자아 그 자체는 어떻게, 지금은 자기의 행위들을 이 일에 알맞게 하고, 또 다른 때는 그와 다른 일련의 사건에 적응하는 반응체계의 연쇄로 남아 있는 대신에, 책임적인 자아가 되는가?" 하는 물음이다. 사회학자들은 개인은 여러 다른 집단과 관계를 맺으면서 많은 역할을 하고 있다고 말하고 있다. 따라서 그들은 모든 역할 안에 현존하는 하나의 자아에 대한 물음을 구태여 대답하려 하지 않는다. 또한 자아 정체의 확인(self-identification)을 타자로부터 자아를 구분하는(self-distinction) 과정으로 이야기하는 심리학자들도 그렇게 구분되는 자아가 자기를 확인하는 것이 과연 어떤 것인가를 적절하게 이야기해 주지는 않는다고 나는 생각한다. 자아가 특정한 사건들을 일반적인 행위의 예로 해석할 수 있고, 또 자연의 사건들 속에서 작용하는 그 자연의 항구성과 다양한 집합 속에 있는 동료 개인들의 행위가 지니고 있는 사회적 항구성을 구분할 수 있으면 바로 그러한 자아 안에서는 어떤 통일된 체계가 성취된다. 자기의 행위를 자연의 행위에 적합하게 하면서 자연 앞에서 반응하고 책임지는 인간, 책임 있는 시민, 책임 있는 기업가, 책임 있는 교육자, 책임 있는 과학자, 책임 있는 부모, 책임 있는 교회인,-우리가 알 수 있는 사람, 또 이해할 수 있는 사람은 이러한 사람들이다. 그러나 이 모든 응답과 책임을 한데 묶어 주고 있는 것은 과연 무엇이며 개별적인 존재에 의하여 연출되는 이 모든 역할들 가운데에서 책임 있는 자아는 도대체 어느 자리를 차지하고 있는 것인가? 마치 어떤 강력한 자아 제조(self-making)의 행위가 자아를 이 많은 해석과 반응의 체계들 사이에서 하나의 "나"로서 존재하게 한 것처럼, 그 책임적 자아는 자아 내부에서 과연 자리를 차지할 수 있을 것인가? 자아는 모든 체계화된 반응을 하고 있는 하나의 자아로서 존재한다. 그러나 자아는 자기에게 과해지는 다양한 모든 행위 체계를 넘어서 있으면서도 그 안에서 자기를 드러내는 하나의 통일체의 대응물이 되기도 한다. 종교언어로 표현한다면, 영혼과 신은 서로 상대방에게 속해 있는 것이다. 달리 표현한다면, 내가 나에게 과해지는 모든 행위들 속에 있는 유일한 한 분(the One)을 만나는 것과 같이 나는 나 자신의 내부에 있는 하나의 존재(one)라고 말할 수가 있는 것이다. 만약 나의 세계가 자연적인 것과 초자연적인 것, 육체적인 것과 정신적인 것, 세속적인 것과 종교적인 것 등의 두 영역으로 갈라져

서 제각기 그 안에서는 다른 힘이 역사하는 것으로 해석이 되고, 다른 의미의 행위와 다른 양태의 행위가 그 두 영역에서 명백하게 구별이 된다면 나는 두 개의 자아를 가지고 있는 것이다. 그러나 어떤 존재의 영역에서 나에게 과해진 어떠한 행위든 간에 그 행위를 하나의 궁극적인 행위의 일부라든가, 그 궁극적인 행위에 참여하는 것으로 내가 신뢰(혹은 신앙)하고 승인을 하면, 비록 궁극적인 행위 자체에 대하여는 어떤 것도 내가 이해하지 못한다 할지라도 나는 하나의 존재(one)가 된다. 이를 다르게 설명한다면, 내가 연출하는 모든 역할 속에서, 그리고 나에게 부딪쳐오는 모든 행위체계에 대한 반응 속에서, 나를 나이게 한 행위에 의하여 나는 모든 많은 존재들(the many)을 넘어서는 한 분(the One) 앞에 있게 되는 것이라고 말할 수 있다. 그런데 특정한 행위 하나 하나에 대한 나의 응답도 또한 그 행위 안에서 역사하고 있는 한 분에 대한 응답 형태를 취하고 있다. 나는 자연의 행위에 대하여 "자연 안에서 표현되는 일반적인 진리는 무엇인가?" 하는 물음을 물으면서 반응할 뿐만 아니라, "이곳에 있는 보편적 진리성이란 무엇인가? 그리고 이 전체 자연의 체계는 다른 행위 체계-예를 들면 인간의 사고 자체와 인간의 실존-와의 관련에서 무엇을 의미하는가?" 하는 물음을 물으면서 반응한다. 유한한 행위들에 대한 모든 반응 속에서 이처럼 궁극적인 행위에 대하여 응답한다고 하는 것은 결국 과학적인 활동, 정치적인 활동, 경제적인 활동, 교육적인 활동, 그리고 기타 모든 문화적 활동의 완전한 원상(原狀)들 중에서 하나의 완전 무결한 자아의 원상을 추구하는 것을 의미한다. 그것은 연출되고 있는 역할들에 대한 모든 반응들 복판에서 하나의 응답하는 자아가 되는 것을 의미한다. 왜냐하면 자연과 사회의 모든 제한된 체계를 넘어서는 타자인 한 분이 그때 자아에게 제시되기 때문이다.

나를 나이게 했고, 사물들을 지금 있는 이러한 것들로 존재하게 한 근원적인 행위에 대한 응답이 어떻게 모든 특정한 반응들을 그 나름대로 정당한 것이라고 승인하느냐 하는 것도-제2장과 3장의 주제로 되돌아 가보자

－"어떠한 사회에서 어떤 때 우리는 우리에게 과해지는 직접적인 행위에 대한 반응을 하는가?" 또는 "어떠한 사회에서 어떤 때 우리는 그러한 일들이 생긴다고 해석하는가?" 하는 물음을 우리가 물으면 명백해진다. 모든 행위는 어떤 사회, 일단의 상호 작용, 그리고 어떤 역사 속에 있는 것이다. 따라서 행위는 그 행위와 연결되어 있는 관계가 이해되어야 비로소 이해된다. 그러므로 문제는 그 행위가 맺고 있는 관계의 범위와 그 맥락에 관한 것이다. 나의 반대자가 나의 적이 된 것은 내가 나를 중심으로 한 작은 사회에다 그를 놓고 그에게 반응했기 때문인가? 아니면 동일한 원인(cause)－지적인 생활이든, 정치적인 생활이든, 문화적인 생활이든 간에－을 섬기는 사람들의 넓은 사회 안에다 그를 놓았기 때문에 그가 나의 생각이나 제안의 비판자로서 나타난 것인가? 아니면 내가 그를 보편적인 사회 안에서 겪고 있는데도 나의 동역자(同役者)인 그가 온갖 적의와 비판을 지니고 나타나는 것일까? 그러나 내가 창조적인 힘인 한 분에게 반응할 때면 나는 나의 동료들, 인간, 인간 이하인 존재, 인간을 초월하는 존재들을, 그 중심이 내 안에 있는 것도 아니고, 어떤 유한한 원인에게도 있지 않으며, 오직 초월적인 한 분 안에만 있는 하나의 보편적인 사회 안에 위치시킬 수가 있다. 그러면 그 응답은 이에 따라 그 정당성이 인정이 된다. 이러한 사실은 내가 대답해야 하는 행위의 역사적 위치의 경우에도 마찬가지이다. 어떤 시간 속에서 나는 그것을 보는가? 나의 시간 안에서인가, 나의 문화의 시간 또는 종교의 시간 안에서인가? 아니면 모든 시간을 포용하는 시간 속에서(sud specie aeternitatis)인가?

끝으로 남아 있는 문제는 모든 나의 해석 안에 있는 평가에 대한 물음이다. 내가 대답을 하는 대상인 행위는 중요한 것으로 평가될 수도 있고 중요하지 않은 것으로 평가될 수도 있다. 그러한 것들은 선하거나 악하거나, 옳거나 그르거나 한 것이다. 그러나 무엇을 위해서, 그리고 누구를 위해서 그것은 중요하고 중요하지 않으며, 또한 선하거나 악하거나 한 것인가? 이러한 해석을 할 때 나는 그 해석을 일반적인 정황으로부터 추출해낸다. 즉, 나에게 주어진 어떤 존재, 그리고 내 앞에서 일어나는 사건들의 중요성이나 중요하지 않음을 어떤 가설적인 중심과의 관련에서 이해하려 하는 것이다. 나는 그래서 "이 음식이 내 위(胃)에 좋은 것인가?", "그러한 사고(思考)의 흐름이 나의 논제를 선명하게 하는 데 중요한 것인가?", "이 법안이나 저 법률의 통과가 나의 공동체의 평화를 위하여 도움이 되는 것인가?"라고 물을 수 있을 뿐이다. 나는 선과 악의 많은 상대적인 체계 사이를 전전하면서 이러한 평가적인 해석을 따라 많은 특정한 응답들을 한다. 그러나 이 모든 기술적(技術的)인 반응은 말하자면 보다 큰 평가제도 안에 끼여 있는 것이다. 내가 나의 가치판단들을 선언한 문장들은 문단의 부분들이며, 문단들은 장(章)의 부분들이고, 장들은 한 권의 책의 부분들이다. 그런데 문장과 문장을 접속시켜 놓은 결과가 책은 아니다. 문장은 책의 기능들, 곧 책에 알맞게 만들어진 것일 뿐이다. 나의 해석과 반응 속에서 표현된 모든 나의 특정하고 상대적인 평가는 내가 지니고 있는 선과 악에 대한 이해 전체에 의하여 만들어지고, 좌우되고, 형성된 것이다. 나를 존재하게 했고, 나의 사회를 존재하게 했으며, 이 세상을 있게 한 근원적 행위에 대하여 불신을 하는 경우에는 가치 평가의 중심을 나 자신이나 나의 국가나, 나의 교회나, 나의 학문이나, 인간성이나 삶 속에서 찾지 않으면 안 된다. 이러한 관점에서의 선과 악은 나에게 선한 것, 나에게 악한 것, 또는 나의 국가를 위해 선한 것과 악한 것, 인류라든가 삶이라든가 이성(理性)이라든가 하는 유한한 원인(cause)들 중의 어느 하나를 위해 선한 것과 악한 것을 의미한다. 그러나 모든 사물을 존재하게 했을 뿐만 아니라 나를 존재하게 한 힘에 대한 신뢰가 생기면, 그리고 나의 실존의 가장 깊은 곳에서 창조의 원천에 대한 칭송을 배우게 되면, 나는 유한한 동료들과의 관계에서는 아무리 불의한 것이라 할지라도 그와는 상관없이 존재의 힘에 의하여 긍정되고 지탱되고 의도된 것, 즉 존재하는 것은 어느 것이나 선하다는 것을 이해할 수 있고 확인할 수 있게 된다. 그렇기 때문에 이제 모든 나의 상대적 평가는 끊임없이 크게 수정되어 나아가지 않으면 안 되고, 그렇게 함으로써 결국 그러한 평가들은 선을 산출하는 전체 과정에 알맞은 적절한 것이 된다-그것은 나를 위해 좋은 것도 아니고(비록 내가 나의 신뢰 속에 나를 위해 좋은 것이 포함되어 있는 것으로 그것을 받아들인다 할지라도), 인간을 위해서 좋은 것도 아니며(비록 인간을 위해 좋은 것이 이에 포함되어 있다 할지라도), 생활의 발전을 위해 좋은 것도 아니다(비록 그러한 삶의 발전을 위해 좋은 것이 그 속에 있다 할지라도). 그것은 존재를 위해서, 보편적 존재를 위해서, 혹은 모든 실존의 중심이고 원천인 선을 위해서 좋은 것이다.

그러므로 책임적 자아는, 자아를 하나의 자아이게 했고 모든 그 자아의 역할들 속에서 하나의 나이게 한 행위들에 대한 명확한 응답 속에서, 그리고 자아가 종속되어 있는 모든 행위들 안에 있는 하나의 행위에 대한 응답 안에서, 자아의 통일성(unity)을 발견한다. 많은 존재 중의 하나의 존재라고 하는 것에 관한 도덕적인 문제는 다른 것이 아니다. 주관적인 측면에서 본다면 그것은 "나"에게 주어진 자아의 문제이고, 자아가 다원적인 현상으로 존재함에도 불구하고 그 자아에게 "나는 나"라고 하는 일자성(一者性, oneness)이 요청되고 있다는 문제이다. 그것은 자아 안에서 솟아나는 행위이면서도 자아를 유지해 주는 행위이기도 한 것이다. 그러므로 그 일자성에 대하여 응답하는 것은 결국 나를 만든 분에게 응답하는 것이다. 사회의 성원(成員)으로, 또는 직분의 담당자로, 나의 다양한 역할 속에서 내가 얼마나 책임을 지고 있다 할지라도 내가 이 행위와 마주쳐 그것을 해석하고 이에 대한 대답을 하기 전까지는 나는 완전히 자아가 아닌 것이다.

많은 존재 중의 하나의 존재에 대한 도덕적 문제를 객관적 측면에서 보면, 문제는 자연의 힘에서 비롯하든, 인간에게서 비롯하든, "그것"들이나 "너"들에게서 비롯하든 간에, 나에게 과해지는 모든 행위들 중에서 어떻게 하나의 행위, 하나의 언급, 하나의 최종적인 맥락을 구별해 내느냐 하는 것이다. 본래 하나인 자아는 자기에게 과해지는 모든 행위에 대하여 그 행위자가 한 분의 의도, 한 분의 맥락이 나타나고 있는 것으로 여기고 응답한다. 따라서 도시에 악이 존재하는 것이 아니라 주님이 그렇게 행한 것이며, 책형(磔刑)이 있는 것이 아니라 그 한 분이 그 형을 집행한 것이다. 이러한 사건들이 왜, 어떻게 적절한 것인가 하는 것은 알 수가 없다. 그러나 긍정적인 신앙에서든 부정적인 신앙에서든, 신뢰에서든 불신에서든, 많은 존재들 중에서 한 분을 승인하는 한, 그것은 자기에게 과해지는 많은 행위들 속에서 다만 유일한 하나의 행위, 곧 한(One) 행위의 현존만을 받아들이는 것이다.

이 두 통일성(unity)은 서로 떨어질 수 없다. 나는 본래 나의 많음(manyness) 속에서 하나이다. 그리고 나는 자아만큼, 즉 내가 나에게 과해진 많은 행위들 속에서 "유일한 하나의 행위"를 직면하는 만큼 책임이 있다.

유일신론적 이상론(idealism)은 "너의 삶을 위한 신의 계획을 기억하라"고 말한다. 일원론적 의무론자들은 "유한한 규정들에 대한 너의 모든 복종 속에서 신의 계율을 순종하라"고 명령한다. 그런데 책임은 "신은 너에게 과해지는 모든 행위 속에서 활동하고 있다. 그러므로 너에게 과해지는 모든 행위들에 대하여 그 신의 행위에 응답하듯이 그렇게 응답하라"고 주장한다.

그러나 우리의 상실성(lostness) 속에서의 우리의 행위는 불신의 행위이다. 우리는 자아로서의 통일성을 지니고 있다. 그런데 그 자아는 다만 모든 많은 존재 안에 있는 한 분에 대하여 깊이 불신하고 있는 죄인들일 뿐이다. 그러나 그러한 불신이 때때로 신뢰로 바뀌기도 한다. 죄와 구원 안에서의 책임이라고 하는 이러한 주제에 관해서는 마지막 장에서 응답-분석의 입장으로부터 조명해 보고자 한다.

제5장 죄와 구원 안에서의 책임

I

우리 인간의 도덕적인 삶에 관한 기독교 철학을 이야기하는 이 일련의 강좌에서 나 자신이 던지고자 하는 최종적인 물음은 "우리의 자아 행위(self-action)를 응답적이고 책임적인 것으로 보려는 노력은 기독교공동체에서 '죄'라든가 '구원'이라든가 '구속'이라든가 하는 용어의 도움을 받아 언급하는 것이 자아 이해의 복합적인 문제들에 대하여 어떤 새로운 통찰을 가지게 하는가?" 하는 것이다.

"세상은 잘못된 상황 속에 놓여 있다."[1] 기독교 사상가들은 자기 모순, 개인과 사회 안에서의 내적 갈등, 자아와 이웃, 그리고 초월자로부터의 소외 등이 모든 인간들 사이에 팽배해 있는 현상으로 보고, 이 같은 인간조건을 해석하기 위하여 가장 일반적으로 법률적인 방법을 사용하고 있다. 특히 바울이 로마교회에 보낸 서신의 영향 때문에 우리는 성서와 삶의 이야기를 일반적으로 '율법 아래에 있는 인간'(man-under-law)이라고 하는 상징에 의하여 좌우되는 마음을 가지고 읽는 경향이 있다. 그래서 우리를 포함한 모든 모순을, 마치 사회의 법에 반역하면서도 여전히 그

---

1. 요한일서 5장 19절(루터의 번역에 의함).

법 아래에서 살고 있을 뿐만 아니라 자기의 반역 행위가 바람직한 결과를 가져올 수 있으려면 사회의 법을 유지해 나갈 필요를 살아야 할 수밖에 없는 그러한 범죄인의 모순과 같은 것이라고 생각한다. 그것은 마치 거짓말의 자기 모순과 같은 것이다. 왜냐하면 거짓말을 한 사람은 만약 자기의 거짓이 자기에게 도움이 될 수 있는 것이기 위해서는 진실을 이야기해야 한다는 법칙이 일반적으로 준수되어야 할 것을 바라지 않으면 안 되기 때문이다. 또 다른 면에서 보면 이러한 내적 모순은 두 개의 서로 모순되는 법, 즉 보편적이고 자연스럽고 바른 법과 특별하고 국지적(局地的)인 법, 개인의 마음 속에 있는 법과 공동체 구성원들 속에 있는 법, 죽음의 영역에 있는 법과 삶의 영역에 있는 법, 악마적으로 통치되는 사회의 법과 신의 왕국의 법 사이에 있는 모순을 인식하는 사람의 내적 갈등과 같은 것이기도 하다. 또 이 이중성은 마치 자기를 둘러싸고 있는 법의 영역에 저항함으로써 비로소 자기를 확인하는 무정부주의적 반역자가 자기와 반역적인 공동체를 유지하기 위해서는 자기의 반역 행위 자체 속에서 이미 새로운 법을 시행하고 순종하지 않으면 안 된다고 하는 것을 깨닫는 모순과 같은 것이다.

   이러한 양태가 지배적이라는 사실을 염두에 두면서 인간의 조건에 대하여 접근해가게 되면, 우리는 현재의 악한 상황의 원인을 추적하여 그것을 과거에 있었던 어떤 잘못에다 떠맡겨 버린다. 비단 기독교인만이 그러는 것은 아니다. 인간의 현재의 상태를 어떤 행복한 과거나 잠재적인 가능성의 상태와 비교하여 비참한 것으로 간주하는 경향은 아주 일반적인 것이어서 타락에 관한 관념은 실제로 보편적인 것이라고 생각할 수 있을 정도이다. 공산주의도 기독교 못지 않게 타락을 믿고 있다. 루소도 아우구스티누스 못지 않게 이를 믿고 있으며, 마찬가지로 스피노자도 아퀴나스 못지 않게 이를 믿고 있다. 그리고 모든 정당들은 어떻게 해서 우리가 지금 당면하고 있는 이러한 혼란상태에 빠졌는가 하는 그 나름의 이론을 가지고 있다. 이와 아울러 거의 보편적인 것은 그러한 타락이 입법 행위나 범법 행위와 연결되어 있다고 하는 생각이다. 우리가 사는 이 좁은 사회 속에서 당면하고 있는 불행을 과거에 우리 자신들이나 부모나 국가의 지도자들이나 보다 넓은 의미에서의 사회가 불순종한 탓이라고 핑계 대는 경향이 있다. 제1차 세계대전 혹은 제2차 세계대전과 더불어 인간과 사회가 타락하기 시작했고 재난이 닥치게 되었다고 주장하는 사람들도 있고, 러시아의 흥기(興起), 산업혁명, 종교개혁, 콘스탄틴(Constantin) 제국의 정착 또는 문명 자체의 도태를 타락이나 재난의 도래와 동일시하는 사람들도 있다. 그들은 또한 사정이 그렇게 된 것은 그 당대까지만 해도 승인되었고 준수되었을 뿐만 아니라 설혹 그렇지 않았다 하더라도 적어도 승인할 만하고 준수할 만하다고 여겨졌던 좋은 법이 그 변천기에 이르러 제 마음대로 무시된 것이 그 원인이라고 탓하는 경향을 지니고 있다. 그러나 기독교적 인간 이해가―어쩌면 모든 극단적인 유일신론의 인간 이해가―인간 상황에 대한 다른 이론들과 아주 다른 것은 그것이 타락을 단정해서가 아니라 그 타락을 인간 자아의 기원에다 두고, 그것을 모든 그러한 자아들과 전체적인 자아가 이에 참여하는 것으로 생각하기 때문이다. 그러나 지금 우리가 이야기하려는 것은 이러한 문제가 아니다. 우리가 지적하고자 하는 것은 인간의 자기 모순적인 비참함이 기독교인들에 의해서 뿐만 아니라 많은 다른 사람들에 의해서도 원초적으로 불순종에 기인하는 것으로 해석되고 있다는 사실이다.

   이러한 지배적인 상징이 사용되면, 죄의 결과도 물론 동일한 상(像)의 도움을 받아 해석된다. 자아 안에 있는 죄책감과 그 자아에게 외부로부터 다가오는 징벌이 그것이다. 이때 제기되는 문제는 경험된 그리고 객관적인 현상으로 나타나는 그 범죄가 계량할 수 있는 것인지, 그에 대한 징벌이 적절한 것인지, 그리고 왜 무죄한 사람은 고통을 당하고 불의한 사람은 번성하는지 하는 것들이다. 구약성서 공동체에서 신의 의로우심에 관해서 전개한 바 있는 긴 논의의 대부분, 그리고 그 뒤를 이어 신약성서 공동체에서 있었던 이에 관한 논의의 대부분, 그리고 후기에 기독교도와 세상에 있는 그들의 동료들과의 사이에서 있었던 동일한 주제에 관한 논의의 대부분은, 적어도 모든 논의 참여자들이 다음과 같은 가설을 받아들이면서 수행되었다. 즉, 올바른 삶은 순종하는 삶이라는 것, 그것은 정당한 규칙을 준수하는 것이라는 것, 따라서 죄는 범법 행위라는 것, 그러므로 죄의 결과는 징벌이고 징벌이지 않으면 안 된다는 것, 다시 말하면 그 징벌이 원초적으로 하나의 사회 안에서 균형을 유지하려는 노력을 의미하든, 법의 권위를 유지하려는 노력을 의미하든, 범법자를 개선하려는 노력을 의미하든, 법을 범하는 다른 사람들을 경고하기 위한 노력을 의미하든, 또는 이 모든 것을 한꺼번에 의미하든, 죄의 결과는 법률적인 결과인 징벌이거나, 그저 징벌이지 않으면 안 된다는 것 등이 그것이다. 인간 행위의 현장이 이 무한한 시간 안에서 율법 아래 있는 보편적 사회의 현장으로 이해가 되면, 일단 견고하게 수립된 율법 및 범법의 상징과 더불어 보편적인 법과 보편적인 심판, 영원한 징벌이나 보상 등에 대한 이념이 발전하게 되는 것은 논리적인 필연인 것 같다.

'법률 상징'(law-symbol)이 지배할 때 죄와 죄의 결과로부터의 인간의 구원에 대한 이해에 어떠한 일이 일어나는가 하는 것은 기독교인의 모든 설화에서 뿐만 아니라 이 주제에 대한 일반적인 인간적 성찰 속에서도 나타나고 있다. 구원은 범법자를 의인(義認, justification)하는 일이며, 자기의 범죄에도 불구하고 우주적인 법정에서 방면(放免, acquittal)이 되는 것이다. 구원의 조건은 죄를 인정하고 슬퍼하는 것이라고 할 수 있는 참회이다. 그리고 다른 사람이 대신 벌을 받는 일, 곧 그리스도의 대속(代贖)하는 징벌이 그 조건이기도 하다. 속량(贖良)을 받은 사람의 삶은 흔히 보다 새롭거나 더 높은 법 아래에서 사는 삶, 또는 더 적합하게 말한다면, 마음속에 새겨진 내재하는 법에 순종하면서 살아가는 삶으로 이해된다. 신학의 표준적인 용어들은 모두 법률적인 상상을 염두에 두고 있음을 반영하고 있다. 신앙에 의한 의인(義認), 대속(代贖), 신의 공의(公義) 등이 그러한 예이다.

이와 같은 '법률 상징'의 도움을 받아 기독교와 기독교권 안에서는 죄와 구원 안에 있는 우리들 자신들에 관한 상당히 시사적인 사상이 발전되어 왔다. 그런데 이보다 더 의미심장한 사실은 그러한 상징의 도움을 받아 자아의 실제적인 삶이 강하게 수정되었다고 하는 사실이다. 계율, 복종, 의인, 잘못에 대한 참회 등의 상징은 기독교 신앙의 언어 속에—특히 기도와 고백인 직접적인 "나-너"의 진술에서—깊이 뿌리를 박고 있다. 그래서 이러한 상이 없이 비참함과 영광, 속박과 자유, 죽음과 삶 속에 있는 실존에 대한 실제적인 경험을 어떻게 파악하고 구체화할 수 있을 것인가를 이해하기가 어려울 정도이다.

그런데도 우리가 이 상징들을 사용하여 사회 안에 있는, 그리고 신 앞에서의 시간 속에 있는 우리 자신들을 이해하려면 수많은 역설이 우리 앞에 쌓여진다고 하는 것은 주지의 사실이다. 율법과 복음과의 역설이 그 하나이다. 이 역설은 많은 신학적인 논쟁의 주제일 뿐만 아니라 그것 자체가, 예를 들어 마음과 영과 뜻과 힘을 다하여 신을 사랑하고 이웃을 자신과 같이 사랑하라는 법의 요청을 순수한 사랑의 자발성 및 요청받지 않고 행하는 사랑의 특성과 조화를 시키려고 실제로 노력해 가는 과정에서 부딪치는 딜레마에서 나타나는 현상이기도 하다. 요청에 복종하여 사랑하는 것은 결코 사랑하는 것이 아니다. 그러나 요청에 의하여 사랑을 해서는 안 된다는 것은 요청되고 있는 것이다. 이와 비슷한 역설을 구속함을 받은 사람의 경우를 생각해 보아도 나타난다. 구속을 받은 사람의 행위는 이제 자아의 의지가 아닌 다른 자아의 의지, 곧 신의 의지에 복종하는 것이지 않으면 안 된다. 그러나 그렇게 신에게 복종하는 일은 자유롭게 행해지지 않으면 안 된다. 즉, 자기 자신의 의지로 이루지 않으면 안 되는 것이다. 이 같은 딜레마들은 마치 바르트(Karl Barth)가 율법을 복음의 형식으로 설명하면서 요청(Gebot)의 이념을 허용의 이념으로 바꾸고 있다든가, 불트만(Rudolf Bultman)학파의 신학자들이 예수 그리스도의 행위를 절대적인 복종의 하나라 서술하면서도 절대적인 복종을 하는 사람이 복종하고 있는 법이나 요청에 관한 어떠한 언급도 모두 제거해버리고 있는 것과 같이, 기독교 에토스가 지니고 있는 이성을 드러내 보여 주려는 기독교 도덕 신학자들의 노력 속에서 끊임없이 나타나고 있다. 그러나 법률과 법정의 상징을 가지고 작업하는 신학적인 구속론에서 부딪치는 논리적 딜레마에 관해서는 전혀 언급하지 않기로 하겠다.

물론 실제적인 과정에서나 사변적인 추론에서 부딪치는 그러한 언어적이고 논리적인 난관들 때문에 의무론적 입장에서 우리들을 정의하는 것이 이론적으로나 실제적으로 타당성이 없다는 것은 아니다. 그러나 그러한 난점들은 죄와 구원 안에서 하나의 행위자로 살고 있는 우리의 삶은 근본적으로 '율법 아래에 있는 인간'의 삶, 혹은 복종의 삶이라고 하는 대전제가 과연 적합한 것인가 하는 물음을 제기한다. 즉, 그러한 사실들은 시간으로 가득 채워져 있고 사회적인 존재인 우리가 관심을 가지고 있는 전체 과정의 상(像)보다도 못한 단일한 상징-신 앞에서 죄인이고 또한 그곳에서부터 구원을 받았다고 하는 상징-을 가지고 우리 자신들을 너무 지배하고 있지는 않은가 하는 물음을 제기한다.

'만드는 사람'으로서의 인간상을 상징적으로 사용하든, 이상 실현자로서의 인간상을 상징으로 사용하든 그러한 상징을 사용하게 되면 우리는 인간의 비참함, 자기 모순, 그리고 소외 등을 범법이라고 이해하기보다는 하마르티아(hamartia), 곧 표적을 맞추지 못한 것으로 이해한다. 죄는 악덕과 같이 그렇게 법을 깨뜨리는 것은 아니다. 죄는 인간 안에 있는 욕망이나 그의 의지 일반이 자기에게 온당하지 않은 목표를 향하여 방향을 잘못 잡아가는 것이다. 비록 악덕이 법의 위반에 이른다 할지라도 이 위반은 자아 실존 안에 있는 근원적인 악은 아니다. 근원적인 악은 삶, 곧 삶의 내적인 활력소, 삶의 본능적인 충동을 의미하는 그러한 삶이 개인적인 것으로든, 사회적인 것으로든, 아니면, 우주적인 것으로든, 어떤 모습으로든지 그 자신이 전체가 되고 자체 안에서 질서정연한 것으로 있으려는 삶 자체 안에 있는 내부적인 갈등이며 삶 자체의 타락이다. 개인주의적인 이상론자는 인간 안에 있는 무질서를 사랑의 다양성으로 이해한다. 즉, 단일한 목적을 향하여 삶 전체가 정돈되지 않았고 통일시키는 하나의 상을 따라 형성되지도 않은 채, 제각기 분리된 목적을 지향하고 있는 사랑의 다양성으로 이해하는 것이다. 그러나 그것은 자아가 자기 앞에서 자신의 실제적인 구성과 일치하지 않는 자아상을 주장할 때, 그래서 결국 자신의 성질에 맞지 않게 움직일 때 생기는 무질서이기도 하다. 사회적 이상론자는 인류가 지니고 있는 무질서를 하나의 사회이면서도 그 안에 있는 여러 다양한 집단에 의하여 추구되는 서로 모순되는 목표들 속에서 발견할 수 있는 것이라고 주장한다. 한 집단만이 아니라 여러 집단의 구성원인 개인들은 애국자, 선한 유럽인, 백인, 민주주의자, 성공한 경제인, 심미적인 인간, 기독교인 등과 같은 서로 모순되는 상들을 가지고 자기들의 다양한 역할을 하면서 이 모순 속에 참여하고 있는 것이다. 보편적 목적론자, 특히 기독교인은 개인과 사회 안에 있는 이 모든 모순들을 분명하게 인식하고 있다. 그러나 근본적인 무질서는 자아가 자기의 앞에다 피조물인 자기의 입장과 반대되는 행위를 통해서만 실현될 수 있는 자아상을 두었다고 하는 사실에서 그 원인을 찾는다. 인간은 선과 악을 아는 지식에서 뿐만 아니라 자기 자신을 만들어 간다고 하는 데에서도 선과 같이 되려고 한다. 그러한 이상론자들의 문제는 물론 인간은 '만드는 사람'으로 살기보다 법률 아래에서 살아야 한다고 하는 것은 아니다. 자기를 자기에게 운명 지어진 상이 아닌 다른 상과 동일하게 만들려고 하는 것은 자아 파괴 뿐만 아니라 다른 사람의 파괴마저도 가능하게 한다는 데 문제가 있는 것이다. 의무론자의 경우와 마찬가지로 기독교 이상론자들이 동일한 상징을 채택하는 사람들과 대체로 다르지 않은 것은 인간은 무질서하다든가 악덕으로 가득차 있다고 하는 그의 신념 때문이다. 그 문제에 관해서도 일반적으로 의견이 일치하고 있다. 그 차이는 의무론자들 속에서 주목했던 그 차이와 거의 같은 것이다. 극단적인 유일신론적 사상가는 인간의 무질서가 모든 시간과 모든 인간의 자아성 안에 있는 자아의 전체 생애를 포용하고 있는 것으로 보고 있다. 기독교 목적론자도 자기의 상대방인 의무론자와 마찬가지로 최초의 범죄에 대한 창세기 설화를 역사로 해석하든, 전설로 해석하든, 아니면 신화로 해석하든 간에, 인간의 자기 모순과 비참함의 상태가 자아 인식 및 자아 관리와 마찬가지로 자아 실존의 기원(起源)과 더불어 비롯한 것으로 이해하고 있다. 그러나 기독교 목적론자가 이해하는 타락 설화의 중심은 의무론자가 이해하는 중심과는 좀 다르다. 그 이야기의 비극적인 중심은 계명에 대한 불복종에 있는 것이 아니라 인간이 신이 되려는 유혹에 굴복했다고 하는 사실에 있는 것이다.

만약 '만드는 사람'으로서의 인간 상징이 일관하여 채택되면, 최초의 죄의 결과는 범죄라기보다는 상실과 혼란으로 이해될 것이다. 즉, 드높은 목표, 선의 궁극적인 형태를 볼 수가 없게 되고, 또한 그 위대하고 매력적인 목표가 제거됨에 따라 그것을 추구하는 능력도 삶으로부터 사라져 버리게 된다. 보다 낮은 단계의 선한 목적들을 추구할 수 있는 가능성은 남아 있지만 포괄적이고 통일적이며 궁극적인 목적이 시야에서 사라짐에 따라 인간 안에 있는 욕망들이 제각기 분리된 자기들의 목적을 향해 움직이면서 혼란이 끼어들게 된다. 그러므로 구원은 신의 환상(vision)이 인간에게 회복되고 인간 안에서 신의 반사된 상이 회복될 때 도래한다. 구원은 범법으로부터 무죄를 입증하는 것이 아니라, 자아에게 완전을 향하여, 그리고 신을 볼 수 있게 해 주었을 뿐만 아니라 신처럼 살 수 있도록 해준 힘의 실현을 향하여, 다시 움직여 나갈 수 있는 능력을 허락해 주는 것이다. 구원을 잃어버린 목표의 회복이며, 그렇기 때문에 병든 힘의 치유인 것이다.

의무론의 경우에서와 같이 이 같은 도식의 자아 해석을 적용하면 일반적인 인간성 뿐만 아니라 특히 기독교적인 삶에 관한 많은 통찰을 얻을 수 있다. 그것은 또한 개인과 교회가 목회(牧會)를 할 때 유용한 효과적인 행동지침이기도 하다. 즉, 약하고 병들었지만 아직도 다소나마 건강을 유지할 수 있어 이미 상실한 신의 상을 그 건강 속에서 그래도 지닐 수 있는 사람, 영생의 소망과 신에 대한 환상과 신의 상이 말씀과 성례를 통하여 전달되는 사람 등을 위한 효과적인 목회 안내이기도 한 것이다. 그러나 분명한 것은 이러한 해석의 도식이 적합하지 않다고 하는 사실, 그리고 일반적인 인간의 실존과 특히 기독교적인 삶을 그렇게 이해하면 경험 속에 있는 많은 것들을 간과할 수밖에 없다고 하는 사실이다. 그것은 다음의 두 가지 사실, 즉 의무론적인 이론은 심지어 목적론자들 자신들에 의해서조차 목적론과 더불어 함께 주장되지 않으면 안 된다고 하는 사실, 그리고 그러한 목적론적 해석 안에는 많은 역설이 있다고 하는 사실 등을 염두에 두면 분명해진다.

목적론에서 나타나는 역설은 의무론에서 나타나는 역설과는 다르다. 율법과 복음의 문제는 이 세상에서의 삶을 신의 환상과 상(像)을 향한 열망으로 보는 사람들에게는 그리 중요하지가 않다. 그러나 환상(vision)과 상(image)의 역설은 그들에게 아주 예민하게 인식되고 있다. 삶의 가장 위대한 목표는 한편으로는 신-곧 보여지고 알려지고 사랑되는 신-이다. 그런데 또 한편으로는 그 목표가 보는 자, 아는 자, 그리고 사랑하는 자의 완전이기도 하다. 아퀴나스는 자아가 완전을 먼저 이야기하든, 그 완전한 자아가 자기의 행위 속에서 지향하는 객관적인 실제를 먼저 이야기하든, 그 언급의 우선순위가 중요한 차이를 만드는 것은 아니라고 주장한다. 그러나 실제로는 목적이 주관적인 선으로 규정되느냐 객관적인 선으로 규정되느냐, 또는 그것이 자아 안에 있는 것이냐 자아 아닌 것(the not-self) 안에 있는 것이냐, 또는 그것이 사랑으로냐 아니면 사랑 받는 대상으로냐 하는데 따라 많은 차이가 난다. 수도승이든, 수녀든, 개신교의 성직자든 간에 자의식을 지니고 완전을 추구하는 모든 사람들의 비판에 의하여 전개된 혹평은 적절하고 중요한 것이다. 그러므로 내가 사랑하는 자이기를 원하는가, 아니면 나의 이웃을 찾고 있는가? 나의 목표는 선한 사람이 되는 것인가, 아니면 나를 넘어 나의 대상으로 있는, 예를 들어 사회 정의와 같은 선인가? 나는 종교적이기를 바라는가, 아니면 신을 보기를 원하는가? 하는 것은 커다란 차이를 빚어낸다. 실천과 그 결과는 이론의 적합성에 관한 물음을 제기한다. 다른 역설들은 신과 인간의 행위 영역에 관한 문제를 중심으로 집중되고 있다. 기독교적인 것이든 비기독교적인 것이든 간에 목적론적 이론은 언제나 이상적인 선에 대한 인간적인 추구의 원초성에 대하여 주의를 집중하고 있는 것이다. 그러나 이를 신의 행위의 원초성에 대한 기독교인의 확신 및 경험과 조화시키려는 것은 여전히 지극히 어려운 일이다. 즉, 신이 자기를 찾아 발견하지 않고 자기의 선의 계시를 통하여 자기를 알려지게 하는 행위, 자기를 갈망하는 믿음과 사랑과 희망을 주는 행위, 창조하고 또 재창조하고, 만들고 또 다시 만드는 행위 등의 신의 원초 행위를 조화시키는 것은 지극히 어려운 일이다. '만드는 사람'으로서의 인간상과 '창조자인 신' 및 재창조자의 상을 하나의 그림으로 묘사할 때면 언제나 풀리지 않는 어떤 것, 즉 모순된 어떤 것이 있기 마련이다.

    죄와 구원 안에 있는 인간성을 이해하고 실천을 위한 방향을 정립하려는 기독교인들의 노력에는 두 가지 접근 양태가 흔히 결합되고 있다. 율법은 상의 회복에 의하여 구원의 도식 속에 끼어든 것이다. 혹은 완성의 이념은 복종을 출발점으로 지니는 그러한 사유도식 속에 들어온 것이라고 말할 수도 있다. 이러한 이론의 종합은 교회 안에 있는 상식적인 사유의 특징이다. 그러나 그러한 종합은 결코 완전하지가 않다. 위에서 지적한 두 견해 사이에는 많은 면에서 충돌이 있다. 사상을 주장하는 학파와 실천을 주장하는 학파인 두 학파 간의 끊임없이 지속되는 신학적 논쟁, 이단이라든가 성서를 잘못 해석했다고 상대방에게 가하는 비난, 펠라지아니즘(Pelagianism)이라든가 율법주의라고 하는 비난, 신에게 인간을 희생시킨다든가 아니면 인간에게 신을 희생시킨다든가 하는 비난 등은 두 다른 지배적인 접근방법이 서로 상대방의 입장에 반대하면서 주장하는 것들이다. 또한 사제직의 실천, 설교, 목회, 성례전 등의 실천들이 제각기 서로 다른 것도 기독교 신앙 가운데 있는 두 개의 다른 자아 실존의 양태 때문에 생기는 것이다. 이 모든 사실들은 그 두 이론들 중의 어느 것도 죄와 구원 속에 있는 인간 실존의 복합적인 경험에 대한 단일화된 통찰을 주기에는 적합하지 않음을 지적하고 있는 것이다. 따라서 두 접근들은 모두 역설에 이르고 있고 그 양자의 종합은 여전히 불완전한 상태로 있다. 이제 그 혼돈과 역설의 원천을 밝혀내는 것은 신학의 과제, 곧 도덕신학의 과제이다. 실천이 뒤따르는 이론의 공급에 의해서가 아니라, 비록 지각되지 않는다 하더라도 실천 속에 실제로 이미 있는 이론을 밝혀줌으로써 행위하는 자아에게 보다 선명하게 혼돈과 역설의 원인을 밝혀주는 것이 도덕신학의 과제인 것이다.

II

따라서 이제 우리는 이 이론이 목적론과 의무론의 난점들을 피하게 해주면서도 이 방법들이 제시해 준 통찰을 수용하게 해줄 수 있는지 없는지를 알아보기 위하여 응답 분석의 도움을 받아 죄를 지었지만 구원을 받은 행위자인 기독교적 인간 경험을 해석해 보고자 한다. 율법과 복음의 문제로 귀착하는 의무론적 역설은 만약 우리가 계명에의 복종이 참으로 우리에게 과해진 어떤 행위에 대한 진정한 응답이지만 우리의 응답은 계율에의 복종 뿐만이 아니라 다른 행위에 대한 응답이기도 하다는 것을 주목한다면 해결할 수 있는 것이라고 나는 생각한다. 더 나아가 순종과 불순종이 율법 자체에 대한 우리의 이해에 의존하기보다는 명령하는 존재의 의도에 대한 해석에 더 의존한다는 사실, 그리고 결국 복음이란 계율 못지 않게 응답을 요청하는-비록 그 응답이 복종이 아니라 신뢰와 충성이라 할지라도-신의 행위의 선포라는 사실에 주목한다면 해결할 수 있으리라 생각한다. 또 한편 거룩한 창조자의 의존해 있는 '만드는 사람'의 역설도 만약 모든 인간이 무엇을 만드는 행위도 실은 그 이전에 있었던 어떤 행위에 대한 반응이라는 사실, 인간의 삶 속에 있는 미래 지향적인 움직임은 순수히 목적론적이기보다는 오히려 종말론적이라는 사실을 생각하면 풀어질 수 있으리라 생각한다. 종말론적이기 때문에 그것은 다가가는 미래이기보다는 다가오는 미래로 볼 수가 있는 것이다. 전체적으로 볼 때 만약 순종하는 인간과 '만드는 사람'인 인간이 모두 응답자라는 사실, 그리고 이 두 가지, 곧 순종과 만드는 일 이외에 우리에게 과해지는 행위에 대한 또 다른 응답방법이 있다는 사실을 주목한다면 목적론적 이론과 실천 그리고 의무론적 이론과 실천 사이의 차이는 해소될 수 있을 것이고, 어쩌면 두 접근이 조화될 수도 있을 것이다. 그럼에도 불구하고, 나의 현재의 의도는 응답분석의 방법이 이제까지의 기준이 되는 두 접근들보다 인간의 삶에 대한 기독교적 이론에 보다 포괄적이고 유익하게 접근하는 것이라고 주장하려는 것은 아니다. 다만, 그것이 보다 큰 적용성을 지니느냐 하는 문제, 혹은 다시 말해서 그 방법이 우리의 에토스에 대하여 보다 통일된 이해를 할 수 있는 기회를 과연 제공하느냐, 또는 기독교인의 입장에서 윤리적인 문제들을 바라볼 때 그러한 방법이 그 윤리적 문제들을 다루는 또 다른 유일한 보완적 방법이냐 하는 문제들은 차치하고, 그 방법의 도움을 받아 죄와 구원 안에 있는 실존을 이해해 보고자 하는 것이다.

이렇게 문제를 고찰하면서 나는 나의 인간조건, 즉 자아성 안에 있는 나의 조건, 그리고 이와 아울러 같은 인간인 동료들의 인간조건을 내적인 분열과 갈등으로 이해하고자 한다. 왜냐하면, 비록 나도 하나이고 그들도 각자 자기들 속에서 하나이지만, 나와 그들은 자아에게 과해지는 많은 행위, 많은 행위체계에 의하여 둘러싸여 있기 때문이다. 이 행위들은 서로 다양하고, 그래서 그 행위들에 대하여 자아는 조화되지 않고 통일되지 않은 응답을 할 수밖에 없는 것이다. 전통적인 종교 언어를 사용한다면 죄 속에 내가 있다고 하는 것은 내가 여러 영역을 지배하고 있는 권력과 힘에 의하여 포위되어 있을 뿐만 아니라 그러한 것들에게 응답하고 있는 다신론자나 다악마론자라고 하는 것을 뜻한다. 나는 실상 해석의 모든 가능성을 넘어서 있는 수없이 많고 원자적이며 서로 단절된 각개 행위들의 공격을 받고 있는 것은 아니다. 그 행위들은 하나의 체계로 연결되어 있다. 그러나 그 체계들은 서로 연결되어 있지 않다. 나에게 과해지는 어떤 행위들을 나는 자연의 행위로 해석하고, 하나의 자연 앞에 있는 인간, 곧 자연적인 존재로 그 행위들에게 응답한다. 어떤 행위들은 그것을 국가사회의 행위라고 해석하고 이에 대해 하나의 정치적인 존재로 응답한다. 또 어떤 행위들은 생리적인 충동이나 감정적인 행위와 연결된 것이기도 하다. 그러한 경우 나는 생명 앞에 있는 존재 그리고 생명 안에 있는 존재로 그 행위에 반응한다. 그러나 여전히 나에게 과해지는 행위들이 다양하기 때문에 그처럼 나도 다양한 것이다. 나는 나이다. 그리고 나는 하나이다. 그러나 하나의 자아인 나의 실존에 의하여 내게 요구되고 있고, 그 실존이 또한 함축하고 있는 실제적인 통정성(統整性, integrity)을 나는 결하고 있는 것이다.

나는 한 분만을 알기에는
너무 많은 자아를 가졌다.
너무 복잡한 학교에서 자랐고,
세상의 욕망들의 찬란한 십자로로 내려간
너무 많은 도시에서
자란 아이,
그리고 너무 많은 불을 밝히기 위하여
너무 많은 계단에서
나는 내 머리를 숙였다.[2]

내 속에는, 혹은 나의 마음속에는 하나의 법이 있다. 그것은 나의 원래적인 완전성(integrity)의 법이다. 그런데 나의 지체(肢體)들 안에는 많은 법이 있다. 그것은 내 주위에 있는 많은 행위체계에 대한 응답의 법이다.

---

2. Eunice Tietjens, "복잡성의 슬픔"(A Plaint of Complexity), 「몸과 옷」(*Body and Raiment*, New York : Alfred A. Knopf, 1919) p. 13.

그런데 나는 많은 존재에 대한 나의 응답과 책임 안에서 그 많은 것을 넘어서는 한 분에게는 무책임하다. 그러면 내 안에 있는 자연적이고 정치적이며 가정적이고 생리적인 복합성들이 아무리 자연의 체계, 국가, 교회, 가정, 직업 등의 한정된 사회 또는 삶 자체가 머무는 그 한정된 사회와 연결되어 있다 할지라도 나를 하나의 자아로 볼 때 그러한 나는 무책임한 존재인 것이다.

만약 나에게 과해지는 많은 행위체계로부터 나 자신에게로 방향을 바꾸어 이 내적인 다양성에 대항하게 되면 나는 자신과 세계 안에 있는 갈등에 더 깊이 빠지게 된다. 그렇게 되면 나는 모든 다른 행위들을 자신의 원초 행위에 대한 반응으로 여기면서 내 속에서 나 자신을 발견하고, 그 자신의 행위로부터 비롯하여 자신과 그것을 둘러싸고 있는 세계를 정리하기 시작한다. 나를 둘러싸고 있는 다른 사람들, 그리고 그들과 비슷하게 행동하는 또 다른 사람들과의 갈등은 이제 모두가 모두에게 대항하는 전쟁이 되지 않으면 안 된다. 그러면서 나 자신 안에 있는 갈등은 계속해서 일어난다. 왜냐하면 나는 많은 관심을 가지고 있는 존재, 곧 나를 둘러싸고 있는 행위자들의 세계에 언제라도 응답힐 수 있는 많은 잠재적 행위를 지닌 존재이기 때문이다. 그런데 다른 사람들의 반역을 불러일으키지 않고 나 자신과 이 관심들의 어느 하나를 일치시킨다는 것은 불가능하다. 또한 다양성과 갈등은 책임과 응답으로부터 벗어나 나 자신으로만 행동하는 실존방식으로 도망쳐 들어간다고 해서 일소될 수 있는 것도 아니다.

자아의 경우 사정이 이러하듯이 자아들의 공동체에서도 사정은 마찬가지이다. 공동체적 삶의 이야기는 갈등과 전쟁, 그리고 잠시 무정부 상태가 유예된 불안한 휴전의 이야기이다. 마치 육신이 정신을 거슬러 욕심을 내고, 정신이 자아 안에 있는 육신을 거스르듯이, 공동체도 공동체를 거슬러 욕심을 내고, 국가가 국가를, 교회가 국가를, 국가가 교회를, 종교가 종교를 거슬러 욕심을 내고 대항한다. 한정된 사회에서는 서로가 응답적이고 책임적이면서도 모두를 포용하는 보다 큰 세계에서는 무책임하게 살아가기도 한다.

　이러한 죄의 상태 또는 비참함과 상실의 상태는 신약성서 집필자들이 인간이 권력과 세력 그리고 이 세상의 어둠의 통치자들에게 종속되어 있음을 언급할 때의 상태와 비슷한 것 같다. 그러나 우리의 신화는 그들의 신화와 다르다. 우리는 이 체계들의 특성이 인격적이거나 의인적(擬人的)인 것이라고 생각하지 않는다. 그들은 인간 개인도 아니고, 원자적인 행위자도 아닌 체계이다. 예를 들면, 자연의 체계가 있다. 그것은 어느 정도는 우리에게 객체적인 것이지만 또 얼마만큼은 역사적으로 볼 때 우리에게 주체적인 것이다. 그것은 사회에 의하여 인식되고 해석된 힘의 체계이다. 그것은 따라서 강력한 힘을 가지고 있다. 그러나 우리의 관심에 대해서는 전혀 유의하지 않는다. 그것은 선도 아니고 악도 아니다. 그러나 우리는 그 속에 있고 그것에 적응해야 하며 응답적이지 않으면 안 된다. 이 같은 자연 뿐만 아니라 사회체제, 관례와 습속, 경제적 활동과 문화적 활동을 포괄하는 거대한 조직 등도 있다. 이 모든 것도 일부는 객체적이고 일부는 주체적이다. 우리는 이러한 것들을 봉건주의, 산업주의, 자본주의, 공산주의, 민족주의 등의 이름으로 부르기도 한다. 이밖에도 때로는 우리가 의견의 분위기 또는 문명의 정신이라고 부르는 막연하게 정의되는 사유방식이 있다. 그러한 것들도 우리를 지배한다. 그저 평범한 일상적인 마음속에서는 전혀 문제로 제기되지도 않고 거의 접근조차 불가능한 어떤 가정(假定)들이 우리가 어떻게 사물을 해석하고 어떻게 이에 대해 응답해야 하는가를 결정하고 있는 것이다. 또한 우리에게는 정서의 복합체가 있다. 이것은 대체로 동료들을 어떻게 받아들이고 그들에게 어떻게 응답하는가를 결정한다. 또 오랜 세월 동안 모든 사람들을 사로잡은 광기(狂氣, manias)도 있다―곧 초기 수도원 시대의 소유나 빈곤에 대한 광기가 그것이다.

　우리가 관심을 가지고 있는 그 대상들이 라우센부시(Walter Rauschennbusch)가 초인간적인 악의 세력이라고 했듯이 때로는 그렇게 불려질 수도 있지만 그 모든 것들이 다 악한 힘이나 악마는 아니다. 그러나 그러한 것들을 인간집단이나 개인이 의도한 영향력과 동일시할 수는 없다. 그런데도 불구하고 우리의 행위를 그런 것에 적응시킨다든지 그들의 행위에 적절하게 행동하지 않으면 안 된다. 적어도 이러한 의미에서 볼 때 그 힘들은 우리를 지배하고 있는 것이라고 말할 수가 있다.

이러한 개인적이고 사회적인 다양성 속에서도 우리는 원래적인 완전성의 작은 씨앗, 곧 통일과 보편적인 책임에 대한 잊혀지지 않는 느낌을 아직도 지니고 있다. 그러나 그와 같은 내적인 통일을 실제로 가능하게 하는 것이 우리에게 작용하는 힘의 세계 안에 있는 것 같지는 않다. 자아는 응답해야 하는 많은 체계 가운데에서 통일적으로 행동할 만큼 자유롭지가 않은 실은 가려진 자아이다. 그러나 이러한 자아에게 상응하는 많은 힘들이 있다. 그러나 또한 그러한 것들 속에 유일한 하나의 존재(One)가 있는 것 같지는 않다.

하지만 화해의 관점으로부터 본다면 그 한 분(the One)은 우리에게는 물론 심지어는 우리의 죄 속에도 있었던 분, 또 언제나 있는 분이다. 그러나 동시에 그 분(He)이나 "그것(It)"은 우리에게 적으로 있었고 또 그렇게 적으로 지금도 있다고 말할 수가 있다. 본래적인 자연 그대로의 인간의 심성은 신과 불화한 상태에 있다. 혹은 이 사실을, 우리의 자연스러운 심성과의 관련에서, 그 안에 있는 유일한 의도는 악의를 품고 있다고 표현해도 좋을 것이다. 비참함 속에 빠져있을 때면 우리는 우리가 얼마나 적의에 의하여 둘러싸여 있는지를 알 수가 있다. 사실상 우리가 살고 있고, 움직이고 있으며, 자신의 존재를 소유하고 있는 영역은 무(無)의 영역이 아니라 파괴하는 힘이 통치하는 영역이다. 바로 이 파괴적인 힘이 우리 자신은 물론 우리가 사랑하는 모든 것을 무에 이르게 하는 것이다. '만드는 사람'은 그가 만들기 때문에 '부수는 사람'이기도 하다. 따라서 긍정자는 부정자이고, 창조자는 파괴자이며, 삶을 주는 자는 죽음을 배급해 주는 자이기도 하다. 사실, 특정한 힘들의 모든 의도를 해석하는 데에는 그 해석의 기준이 되는 유일한(One) 의도가 존재한다. 그리고 우리에게 과해지는 행위체계의 모든 특정한 법칙 안에도 유일한(One) 행위법칙이 존재한다. 또한 사실상 우리는 우리에게 과해지는 많은 행위들 속에 있는 유일한 행위에 대하여 응답을 하고 있는 것이다. 그러나 많은 것 중에 있는 그 유일한 것은 파괴하려는 의지, 혹은 의지라는 말이 너무 의인적이라면 파괴의 법칙이라고 할 수 있는 그러한 것이다. 그것은 다만, 혹은 원초적으로, 육체적 소멸의 법칙만을 지칭하는 것이 아니다. 그것은 사물 안에 있는 법칙, 말하자면 존재론적 법칙이다. 자아, 자아의 공동체, 자아가 소중히 여기는 모든 것, 가치가 있든 없든 간에 자아가 행하는 모든 노동, 자아의 선행과 악행 등은 그 법칙에 의하여 상대화되고, 제한되며, 마침내 무에 이를 수밖에 없게 되는 것이다. 인간의 종교, 시, 철학, 잠언적인 지혜 등은 그 수많은 제각기의 모습으로, 모태로부터 무덤에, 전쟁으로부터 전쟁에 이르는 삶을 사는 우리에게 종말론적 진리를 분명하게 보여주고 있다. 그 종말론적 진리는 다음과 같은 것들이다. 우리에게 그리고 모든 인류에게, 느린 그러나 확실한 멸망이 무자비하고 어둡게 임할 것이다. "모든 사랑스러운 것들도 마침내 자기들의 종말을 지니지 않으면 안 된다. 모든 사랑스러운 것들도 사라지고 죽을 수밖에 없기 때문이다." "이것마저도 사라질 것이다." "삶의 한가운데 있지만 실은 죽음의 한복판에 있는 것이다." "젊어서 죽는 사람은 더 행복하다. 그러나 태어나지 않은 사람은 가장 행복하다." "우리의 의약은 다만 아픈 세월을……연장시킬 뿐이다."

우리는 바로 이러한 실존의 모순성 속에서 우리에게 과해지는 모든 행위 안에 있는 유일한 행위에 대해 응답하고 있다. 우리에게 일어나는 모든 사물을 유일한 영역 내부에서 일어나는 것으로 우리는 해석한다. 즉, 우리가 자아성과 공동체의 삶에 관심을 가지는 한, 모든 사물이 유일한 의도와 관련된 것으로 해석하는 것이다. 그러나 많은 존재를 넘어서 있는 그 한 분은 그로부터 파괴가 비롯하는 적이며 창조적 원천이다. 그렇기 때문에 우리의 삶의 색깔은 불안일 수밖에 없고, 자아 보존이 우리의 제1법칙이

될 수밖에 없는 것이다. 또한 그렇기 때문에 우리는 우리의 세계를 선의 세계와 악의 세계로 나누고, 우리를 도와 우리 자신을 유지하도록 해주는 친구들과 우리를 의미 없는 존재, 무의 존재로 영락시키려는 적을 구분한다. 뿐만 아니라 그렇기 때문에 그 대단한 적의 안에 그래도 우리를 방어해 줄 어떤 친절한 초자연적 힘이 있다고 단정하는 모든 종교들을 발전시키고 있고, 잠시 동안만이라도 진노가 우리로부터 돌려질 수 있도록 하기 위하여, 혹은 유일한(One) 힘의 마음이 우리나 우리의 공동체에 관한 한 변화되어서 무에 이르는 보편적인 법칙의 통치로부터 우리를 면제시켜 주도록 하기 위하여 온갖 종류의 위무하는 제의를 행하는 것이다.

적과 부딪치는 경우 우리는 세 가지 가능한 반응 양태를 지닌다. 무시하든가, 싸우든가, 달래든가 하는 것이 그것이다. 우리는 적으로 이해된 그 한 분 앞에서 자아를 상실하고 이 세 가지 태도를 차례로 취할 수도 있고, 공동체 안에 있는 각기 다른 구성원들이 그 세 가지 태도를 각각 대표할 수도 있다. 그처럼 압도적인 힘에 대항하여 용감하게 공격적인 태도를 취하는 경우는 매우 드문 일이다. 그 한 분을 무시해 버리려는 사람들보다 그에게 반항하는 사람들이 그 한 분을 더 잘 알고 있다 할지라도 그렇게 공격적인 경우는 흔하지가 않은 것이다. 그러나 무시해 버린다거나 망각해 버리는 태도는 화해하지 않은 실존을 사는 우리들 사이에서 가장 흔한 태도이다. 우리는 늘 그렇듯이 무관심하게 우리의 사업에 착수한다. 우리는 모든 자그만 신들을 예배하기 위하여 우리 자신들을 봉헌하며, 모든 자그만 파괴적인 힘들과의 싸움에 우리 자신들을 헌신하고 있다. 우리는 분열된 의미체계들 속에서 그것이 그렇게 분열된 의미라는 사실에 주목하지 않고 그저 의미를 발견한다. 즐거움을 위한 즐거움, 예술을 위한 예술, 진리를 위한 진리 등이 그것이다. "세상은 수많은 사물들로 가득차 있다. 나는 우리가 모두 왕들처럼 제각기 행복할 수 있으리라고 확신한다"고 우리들은 말한다. 우리는 마침내 우리의 작은 성채의 고립 속에서 은둔하면서 우리만의 특정한 의례를 행한다. 우리는 세 번째 방법인 의무를 행하기도 한다. 선물을 하고, 특별한 수행을 하고, 번제(燔祭)를 드리고, 죄의식을 일깨우고, 우리 자신에게 고통을 가하면서, 우리에게 향해 있는 파괴적인 힘을 우리들로부터 돌리려고 애를 쓰는 것이다. 그 방법은 종교에 따라 다르고, 우리의 일상생활에 따라 다르다. 그러나 우리에게 과해지는 모든 많은 행위들 속에 있고 특별히 우리를 존재하게 한 행위 안에 있는 그 유일한 행위(the One action)에 대한 해석은 언제나 근본적으로 동일하다. 그 유일한 힘(the One power), 곧 모든 힘들 안에 있는 그 힘은 적이다. 창조자는 파괴자인 것이다. 죄 중에 있는 인간은 신 앞에서 산다. 신을 알지 못하듯, 선을 알지 못하듯, 그리고 사랑할 만한 가치가 있는 것과 사랑하고 있음을 알지 못하듯 그렇게 알지 못하는 미지의 신 앞에서 살고 있는 것이다.

    화해의 관점에서 보면 우리에게 과해지는 행위들에 대한 모든 우리의 응답들은 모든 일이 일어난 그 유일한 영역에 대한 해석, 우리가 행동하는 모든 시간을 한정짓는 그 유일한 한계에 대한 해석, 그리고 모든 행위들 안에 있는 그 유일한 행위에 대한 해석이었고, 또 그 해석에 의하여 타당한 것으로 승인된 것이었음을 알 수 있다. 방어성은 모든 우리의 활동 안에 '만드는 자'(maker)로서 들어와 있다. 우리는 작업을 하면서 우리 자신들의 영광을, 혹은 우리의 한정된 사회의 영광을 추구하지 않으면 안 되었다. 그렇지 않으면 어떤 영광도 주어지지 않을 것이기 때문이다. 우리는 계명을 접할 때마다 그 계명 하나 하나가 모두 우리의 위대함을 시기하고, 인간의 모습을 축소시키며, 우리를 부자유스럽게 묶어두고 싶은 최후 수단으로, 적대적인 힘으로부터 생긴 법령들 중의 일부가 아닌가 하는 의심을 하면서 부딪친다. 즐거움의 추구, 자아의 추구, 우리 안에 있는 한정된 원인에 대한 열정적인 봉헌-이것은 우리와 마찬가지로 자기들의 제한된 충성심에 열정적으로 자신을 봉헌하고 있는 다른 사람들과의 갈등을 일으킨다-등 이 모든 것은 우리와 관계를 맺고는 있지만 그 관계는 적대적인 그러한 궁극적인 힘이 존재한다고 하는 데 대한 이해에 그 뿌리를 두고 있다. 다시 말하면 위법자의 죽음만이 아니라 의로운 사람의 죽음마저도 원하고 있고, 악한 자의 죽음만이 아니라 덕스러운 자의 죽음마저도 바라는 궁극적인 힘이 존재한다는 우리의 이해에 근거하고 있는 것이다. 그렇기 때문에 한정된 사회나 한정된 원인에 대한 우리의 충성심 안에 있는 모든 공의(公義)는 실은 불안, 방어성, 그리고 한 분에게 저항하는 은폐된 반역으로 오염되어 있다.

적(敵)인 신에 대한 두려움에 의하여 지배되는 상호작용이 짠 이 그물, 그것은 죽음의 체현이다. 화해의 입장에서 비추어 본 바와 같이 이것이 바로 인간 조건의 비참함이다. 그런데 이때 구원(salvation)은 한 분에 대한 깊은 불신으로부터 우리를 건져내는 것으로 나타난다. 즉, 우리로 하여금 우리에게 일어나는 모든 것을 궁극적으로 적으로부터 비롯한 것 또는 파괴의 영역에서 생긴 것으로 해석하게 하는, 모든 많은 존재 중에 있는 한 분에 대한 깊은 불신으로부터의 건져냄으로써 우리에게 나타나는 것이다. 또한 구속(救贖, redemption)은 신뢰 속에서 해석할 수 있는 자유로 나타난다. 즉, 삶의 영역 안에다 죽음을 포함시키고 있을 뿐만 아니라, 다만 다시 세우고 새롭게 하기 위해서만 파괴하는 어떤 의도와 어떤 총체적인 행위에 내포되어 일어나는 모든 것을 신뢰하고 해석하는 자유로 나타나는 것이다. 그러한 해석이 부정적인 해석을 능가하게 되어야 비로소 우리는 우리에게 일어나는 모든 것 그리고 우리가 응답하는 대상이 되는 모든 것이 죽음을 배분해 주는 맥락 속에서 일어난 것이 아니라 생명을 부여하는 최종적인 맥락에서 일어나는 것이라는 것, 그리고 매장에 이르는 보편적 목적론에서가 아니라 부활에 이르는 보편적 목적론에서 일어난 것이라는 것을 이해하기 시작한다. 이제 우리의 응답은 죽음의 위협과 더불어 주어진 계율에 대한 것이 아니라, 삶의 약속과 더불어 주어진 계율에 대한 것이 아니라, 삶의 약속과 더불어 주어진 계율에 대한 것이다. 그것은 영광—우리의 영광만이 아니라 모든 존재의 영광—에 대한 확실한 예상을 우리 앞에서 주장하는 그러한 행위에 대한 응답이 되는 것이다.

단기적인 목적을 지녔든 장기적인 목적을 지녔든, 법을 준수하는 것이든 불복종하는 것이든, 모든 우리의 행동들이 파괴로 끝날 상호작용에 적절하게 이전에 형성되었던 것과 같이, 그 모든 행위들이 이제는-우리가 화해가 되는 한-언제나 보편적이고 영원한 삶을 향하여 움직이는 상호 작용에 알맞게 형성된다. 죽음의 윤리가 삶의 윤리, 열려진 미래의 윤리, 열려진 사회의 윤리로 대치되는 것이다.

적인 신으로부터 친구인 신으로의 이러한 전환이 어떻게 개인의 삶 안에서, 그리고 우리 인류의 이야기 안에서, 이루어졌는가 하는 것은 우리가 지금 전개하려는 의미에서의 기독교 윤리의 과제는 아니다. 기독교인인 우리들에게는 많은 존재들을 포용하고 있고, 그 많은 존재들 안에 현존하고 있는 한 분에 의하여 우리에게 과해지는 총체적인 행위에 대하여 이러한 새로운 해석을 할 수 있는 가능성이 우리의 과거에 있었던 하나의 행위와 불가분리적으로 연결되어 있다. 그것은 삶에로 보냄을 받았고 또한 죽음에로 보냄을 받았던 한 사람에 의하여 행해진 신뢰의 응답, 그리고 죽은 자로부터 부활함으로써 그에 대한 답변이 주어진 그러한 행위와 연결되어 있는 것이다. 그 부활에 대해서는 우리가 그가 살아 있다는 것, 그리고 그는 우리들보다, 그리고 우리들 중에서, 힘이 강한 분이라는 것 이상의 아무 것도 모를지 모른다. 그러나 우리는 상징적이고 설명이 필요한 이 사건을 목적이라든가 순종이라든가 하는 여러 다양한 다른 상징들의 도움을 받아 여러 면에서 해석할 수 있다. 그러나 아무리 우리가 그러한 해석을 우리의 이 삶이 지니고 있는 합리적 이해의 다양한 도식에 맞춘다 할지라도 그것만으로는 불충분하다. 우리는 언제나 그 사건에 대하여 "사건은 화해를 하게 했다. 우리를 신에게 화해시키고 있다"라든가 "그 사건 속에서 신은 화해가 되었다"고 말하지 않으면 안 된다. 화해가 끝난 적들은 과거에 왜 적의가 전개되었었는가를 더 이상 묻지를 않는 법이다.

예수 그리스도를 통하여, 그의 삶, 죽음, 부활을 통하여, 그리고 그의 능력 안에서의 통치를 통하여 우리는 회개(metanoia)에 이르게 되고, 삶과 죽음에 관한 모든 해석에 대한 재해석에 이르게 된다. 죽음마저도 삶에 못지 않은 자비의 행위로 나타난다. 우리에게만 자비로운 것이 아니라, 응답적이고 책임적인 실존을 대표하는 그 위대한 분 속에서 우리의 삶을 포용하고 있는 사람들, 우리와 더불어 사는 사람들, 그리고 우리가 우리를 헌신하면서 사는 그 헌신의 대상이 되는 사람들에게도 자비로운 것이 되는 것이다.

물론, 기독교 윤리는 곧 화해자의 윤리라든가 삶과 죽음과 이웃에 대한 그들의 해석은 모두 회개를 경험한 것이라고 말하는 것은 좀 지나친 언급이다. 왜냐하면 자신들을 그리스도의 이름을 통하여 부르는 우리들에게도 생명을 향한 움직임과 아울러 여전히 불신의 응답, 죽음의 윤리가 내재하고 있음을 인식하기 때문이다. 화해의 진행은 인류 사회에서 뿐만 아니라 우리의 개인적인 전기(傳記) 속에서도 비롯되었다. 그러나 어떤 곳에서도 그 화해는 완성되지 않고 있다. 화해와 완성은 우리의 희망이며, 그러한 의미에서 그것은 우리의 목표(telos)이고 종말(eschaton)이다. 바로 이 같은 사실이 우리가 지금 이 책을 통하여 하고 있는 자아 해석을 과연 기독교적인 것이라고 불러야 할는지 아니면 단순히 인간적인 것이라고 해야 하는지 알지 못하는 여러 이유 중의 하나이다. 비록 우리가 우리와 신과의 화해에 대해서 이야기한다 할지라도 우리는 존재에 대한 방어적이고, 불안하고, 불신적인 태도를 아주 많이 지니고 있기 때문에 삶 속에 있는 인류 공통의 불신의 윤리를 마치 우리와는 단절된 것처럼, 그리고 그러한 윤리의 이론을 전혀 우리가 알지 못하는 것처럼, 그렇게 한 옆으로 치워놓을 수가 없는 것이다. 또 한편, 기독교인이라는 이름을 취하기를 거절하는 우리의 동료들 중에도 어떤 행위에 대한 응답을 마치 신뢰와 모든 존재에 대한 사랑과 연결된 미래에 대한 희망에 의하여 알려진 것에 따라 하듯이 행동하는 사람들이 있음을 간과할 수가 없다. 우리에게는 그러한 태도가 다만 예수 그리스도와 더불어 사는 삶, 그리고 예수가 모든 자기의 부딪침 속에서 만난 바 있고, 모든 자기의 동료들에 대한 응답에서 오히려 그

분에게 알맞은 대답을 하곤 하던 그 한 분과의 삶 속에서만 가능했던 것이다. 우리는 실존에 대한 재해석이 이 세상에 생겼다고 하는 사실, 그리고 그것은 "주여, 주여" 하는 사람들에게만 한정된 것도 아니고, 그들에 의해서만 필연적으로 그것이 최선으로 드러나는 것도 아니라고 하는 것을 믿는다. 그러나 여전히 우리는 교회 안에서 우리가 해야 하는 책임 있는 일들을 가지고 있다.

우리가 그리스도 안에서 비로소 볼 수 있고 또 우리가 믿고 있는 이른바 책임적 자아는 모든 인류가 보편적으로 그리고 영원히 응답적인 나를 가진 존재라고 하는 사실에서부터 도출된 것이다. 즉, 사회와 끝이 없는 시간 속에서, 그리고 "나"에게 과해지는 모든 행위 속에서, 모든 우리의 질병을 치유하고, 우리의 모든 불의함을 용서하고, 우리의 삶을 파괴로부터 구출하며, 영원한 자비를 우리에게 베푸는 한 분의 행위에 대하여 답변하는, 보편적이고 영원히 응답적인 "나"라고 하는 사실로부터 이끌어내진 것이다. 그러한 삶 속에서 우리가 볼 수 있는 행위는 법에 복종하는 행위이기는 하지만 모든 법을 넘어서는 행위이다. 그것은 형식 부여(form-giving)의 행위이지만 그보다는 형식 수용(form-receiving)의 행위이다. 그것은 알맞은 행위인 것이다. 다시 말하면 그것은 한 분에 의하여 이루어지는 보편적이고, 영원하고, 생명을 주는 행위의 맥락에 알맞게 맞추어진 행위이다. 그러한 행위는 무한한 우주 속에서 존재와 구원의 감추어진, 그러나 드러난 원리에 무한하게 책임을 지는 것이다.

부 록
책임적 자아에 관한 얼 강좌로부터의 발췌

　　책머리에서 밝혔듯이 이 책의 저자가 로버트슨 강좌에서 채택한 방법은 그분의 생각에 단순히 조직신학적 윤리학의 접근방법이라고 쉽게 서술해 버릴 수는 없는 것이었다. 왜냐하면 그분은 그의 사색을 기독교 윤리 자체의 환경 안에서 뿐만 아니라 고전철학과 기독교 전통을 모두 포괄하는 도덕적 인간에 관한 보다 넓은 서구 사상의 맥락에서 전개시키려 했기 때문이다. 그러나 얼(Earl) 강좌는 동일한 조직적인 상을 다루고 있음에도 불구하고 은유 분석(metaphor analysis)의 방법과 역할을 보다 뚜렷하게 보여 주고 있으며, 여전히 보편적인 진술을 하고 있기는 하지만 기독교적인 문제에 더 직접적으로 초점을 맞추어 언급하고 있다. 얼 강좌로부터 발췌한 다음의 내용들이 예시하고 있는 분명한 문제는 책임의 은유를 예수 그리스도의 모습과 보다 정확한 명료한 관계에 있는 것으로 드러내려는 노력이다. 그렇기 때문에 독자들은 여기에서 앞서 진술한 일련의 사상을 여전히 전제하고 있으면서도 동시에 이를 보충해 주고 있는 일련의 짤막한 논설들, 그리고 리차드 H. 니버의 윤리학 프로그램 중에서 보다 신학적인 측면을 시사해 주는 일련의 문장들을 대하게 될 것이다. 이러한 간략한 논술들은 그분이 저술하려고 했던 저서 혹은 저서들이 출판될 수 있었다면 그 책들 속에서 보다 충분하게 다듬어질 수 있었을 것이다.

1. 은유와 도덕

다음에서 우리는 기독교적인 삶을 책임이라고 하는 중요한 현대의 상징의 도움을 빌어 해석하고자 한다. 이때 우리는 많은 물음들을 물을 수 있다. 그 책임이라고 하는 상징의 형태와 특징은 무엇인가? 그것은 다른 스타일의 인간의 실존과 행위와 어떻게 다른가? 그것은 다른 스타일 중의 어느 것과 가장 밀접한 관계를 맺고 있는가? 기독교인들도 모든 다른 사람들과 똑같이 결혼하고, 아이들을 키우며, 먹고 마시고, 시민이 지켜야 할 법을 준수하며, 그 법의 제정에 협조한다. 또한 물건을 만들기도 하고, 그것을 사고 팔기도 하며, 전쟁 또는 평화의 유지에 참여하기도 한다. 뿐만 아니라 인간이 지닌 불가피한 자유를 가지고 수없이 많은 일들을 매일 평가하고 결단하며 선택한다. 이러한 어떤 특정한 일들을 할 때, 도대체 이러한 행동의 일반적인 기독교적 형식과 특성은 어떤 것으로 나타나는가? 그러나 우리가 주목하려는 주요한 것은 그러한 특정한 물음들에 관한 것이 아니다. 우리가 관심을 가지고자 하는 것은 오히려 특정한 행위들에서 표현되는 스타일과 형식에 관한 것이다. 인간의 실존 속에서 보면 존재(being)는 행함(doing) 속에서 생기고, 그 행함이 존재를 나타낸다. 그러나 우리의 행함보다는 존재에 대한 물음부터 우선 언급하기로 한다.

적어도 기독교적인 삶은 독특한 인간 실존의 한 양태이다. 그것이 다른 스타일보다 나은 삶이냐 못한 삶이냐 하는 물음에 대해서는 기독교인도 비기독교인도 대답할 위치에 있지 않다. 왜냐하면 인간이란 자기들이 지니고 있는 기준을 판단할 기준은 가지고 있지 않기 때문이다. 그러나 어떤 경우든 기독교적인 삶을 해석하려는 사람은 자기 방어나 타자에 대한 평가를 정당한 해석이라고 착각할 수 있는 유혹에 빠지지 않도록 조심하지 않으면 안 된다. 이와 비슷한 모든 경우에 그렇듯이 자아 방어라든가 자아 정당화는 본래의 주 과제로부터 주의를 다른 데로 돌리게 하는 경향이 있기 때문이다. 뿐만 아니라 그러한 것들은 우리로 하여금 자아에 대한 어떤 오해에 이르게 하기도 한다. 왜냐하면 방어적이게 되는 경우 우리는 우리 자신이 다른 사람과 다르다는 것을 과장하게 되고, 또 우리와 다른 사람들이 비슷하다든가 일치하는 점을 과소 평가해 버리는 경향이 있기 때문이다.

불행하게도, 기독교가 옛날에 유태교나 희랍철학적 삶과 논쟁적인 충돌을 하고 방어적인 태도로 부딪쳤을 때 자기를 해석한 것이 그러한 경우였다. 현재에 이르러서도 인도주의(humanism)와 같은 세속적인 삶의 스타일과 직면하면서 그것과 우리들의 다름을 규정하려 할 때 빠질 수 있는 유혹으로 나타나고 있다. 물론 구분이나 비교를 하지 않고는 분명한 해석을 할 수가 없다. 그러나 한편으로 우리가 어떤 존재인가를 이해하기 위한 노력을 경주하고 보다 완전하게 우리 자신이기 위한 노력을 하지 않으면 안 되면서도 우리 자신들의 원인에 대한 판단에서 안주하려는 태도로부터 벗어날 수도 있는 것이다.

더욱이 비방어적인 태도로 우리 자신들에 대하여 이해하려고 노력하게 되면 그러한 노력이 자기들을 기독교인이라고 여기지 않는 다른 동료들에게도 유용한 것이 될 수 있도록 하는 이점(利點)을 지닐 수도 있다. 극히 광범위한 입장에서 볼 때 기독교는 새롭고 전혀 다른 삶의 방식을 제시하고 있는 것이라기보다는 다만 인간의 실제적인 실존 또는 적어도 서구적인 도덕적 삶의 그 나름의 정당성을 나타내고 있는 것이라고 할 수 있다. 만약 이것이 사실이라면, 우리 이전의 많은 사람들이 이미 그렇게 믿어 왔듯이 기독교인들이 자기들의 삶을 하나의 행위자의 삶으로 성찰하는 것은 기독교인이 아닌 사람들이 자신들에 대하여 생각하는 것과 적지 않게 일치하거나 아니면 비슷한 것일 수 있을 것이다. 아무튼 이러한 사색의 결과는 일종의 기독교 도덕철학으로 결실될 것이다. 그리고 이러한 기독교 도덕철학은 다른 철학들로부터 많은 도움을 받겠지만 동시에 그들에게 어떤 기여를 할 수 있기를 바라마지 않는다.

도덕적 이해의 관건인 상징 형식에 관하여

나는, 우리가 일반적인 의미에서는 도덕적인 자아로, 그리고 특별한 의미에서는 기독교인으로 삶을 성찰하되 상징 형식(symbolic form)의 본성과 역할에 대한 현대 사상의 도움을 받아 그 일을 수행할 것을 제안한다. 상징 형식에 관한 사상들은 흔히 인간의 삶과 행동을 연구하는 많은 학자들에 의하여 발전되었기 때문에 우리에게 꽤 익숙한 것이 되어 있음에도 불구하고, 일반적으로 윤리학적인 문제들을 탐구하는 데에서는 널리 사용되지 않고 있다.

상징 형식에 관한 생각들은 그 일부가 심리학자들의 업적에서 제시되고 있다. 그들은 꿈 속에서 나타나는 특징, 그리고 인간 안에 깊이 뿌리박고 있는 욕망 · 공포 · 갈등 등의 원천을 위장하기도 하고 드러내 주기도 하는 그림 · 연극 등의 무의식의 산물에서 나타나는 특징들에 대하여 관심을 집중하고 있다. 이러한 경우 우리는 해석될 필요가 있는 상(像, image)과 설화(story)를 다루게 된다.

그러나 도덕론자들에게 보다 중요한 의미를 지니고 있는 또 다른 상징 탐구의 계열이 있다. 이 사상 계열은 캐시러(Ernst Cassirer)가 발전시킨 상징 형식의 철학(philosophy of symbolic forms)에 의하여 설득력 있게 제시되었고, 충분히 설명된 바 있다. 그는 이러한 노력을 수행해 가는 과정에서 자기 이전에 언어와 예술 등의 특정 분야에서 성취된 많은 학자들의 업적에 힘입고 있다. 그는 이러한 분야들만이 아니고 인간의 경험과 표상에 관한 다른 분야에서의 많은 연구들도 섭렵(涉獵)하고 있다. 형태심리학(Gestalt psychology)과 일반적인 지각심리학(psychology of perception)은 인간의 이러한 자아 이해의 방법을 위하여 제각기 혹은 서로 의존하면서 많은 기여를 하고 있다.

　우리 자신들을 이성적인 동물이라기보다는 상징적인 동물로 보는 그러한 해석 안에 깃들여 있는 일반적인 이념은 무엇인가? 나는 그것이 다음과 같은 것이라고 믿고 있다. 즉, 우리는 흔히 자신들에 대하여 생각하는 것 이상으로 '상을 만드는'(image-making) 피조물이고, '상을 사용하는'(image-using) 피조물이라는 것, 더 나아가 우리를 에워싸고 있는 세계화하는 과정 그리고 이를 조직하고 이해하는 과정은 우리의 마음속에 있는 상들에 의하여 좌우되고 형성된다는 것 등이라고 믿고 있다. 우리는 언어가 상징 체계임을 알고 있다. 언어의 구조 자체, 언어가 경험의 여러 부분에다 이름을 배분하는 일, 그리고 언어가 지닌 동사, 시제, 격(格), 문법, 구문 등은 우리가 사물과 부딪쳐 다양성이나 혼돈에 빠지게 될 때 그 혼돈이나 다양성에 지니고 갈 수 있는 어떤 형식의 체계를 내포하고 있다. 이들 상징체계의 도움을 받아 우리는 과거와 현재와 미래를 구분할 뿐만 아니라 또한 연결시키며, 자연의 세계를 이해할 수 있고, 파악할 수 있는 본질들로 분할하며, 이러한 구분된 본질들을 일정한 양태들로 서로 연결시켜 알 수 있고 관리할 수 있도록 한다. 더욱이 어떤 언어에서나 우리가 사용하는 단어는 풍부하게 은유적이어서 은유를 사용하지 않고는 은유 자체에 대해서조차 이야기할 수가 없을 뿐만 아니라 은유들의 사용을 제한할 수도 없다. 문자적(literal)인 의미를 이야기할 때조차도 우리는 은유를 사용한다. 예를 들어보자. 로크(John Locke)는 비유적이고 상징적인 발언이나 언급은 그저 단순히 기쁨이나 즐거움을 추구할 때에는 사용해도 되지만, 어떤 정보나 지식을 추구할 때에는 사용할 수 없다고 주장하면서 다음과 같은 냉정한 선언을 하고 있다. "……웅변이 만들어낸 단어들을 인위적으로 비유적으로 적용하는 것은 모두 그릇된 생각을 슬며시 끼어들게 하고 감정을 움직이게 하며, 그렇게 함으로써 결국 판단을 오도(誤導)하는 것이다. 그러므로 그것은 사실상 완전한 기만이다."[1]

　그런데 그는 비유적 발언에 대한 이 같은 지식을 9개 또는 10개의 비유적 발언, 또는 은유적인 단어들을 사용하지 않고는 전달할 수가 없었다.
 고도로 전문화된 과학적 언어나 시적 언어, 아니면 "상식적인 언어"들을 상징체계로 보고 연구하기 시작한 것이 인간을 상징적 동물로 이해하기 시작한 최초의 원천이었는지도 모른다. 그러나 그렇게 인간을 이해하게 한 것은 언어 연구만이 아니다.
 예술사가의 증언도 인상적이다. 그들은 실제에 대한 인간의 이해가 변화하는 것을 반영하는 거울일 뿐만 아니라 그러한 변화를 좌우하는 제각기 다른 시대의 회화적인 표현에 주의를 집중하고 있다. 이집트인들이 인간의 얼굴과 다른 인종들을 보는 것이 희랍 사람들과 얼마나 다른가 하는 것은 그들이 지니고 있던 제각기의 회화 예술에서 나타나고 있다. 그러나 그러한 예술이 사물을 보는 태도를 좌우할 수도 있는 것이다.[2] 회화와 조각 등에 해당되는 이 같은 사실은 희곡과 소설에서도 그대로 해당된다. 한편에는 호메로스(Homeros) 시대의 서사시에 나타나고 있는 인간의 삶의 표현들이 있고, 또 한편에는 히브리(Hebrew)의 거룩한 설화에 나타나고 있는 인간의 삶의 표현이 있다고 해보자. 그런데 이 같은 사실은 두 다른 백성들의 상징적 표상 형식만이 다를 뿐만 아니라 자연에 대한 이해와 인간의 삶에 대한 그들의 이해도 서로 다르며, 이러한 다른 이해는 그들이 자연이나 다른 인간들과 만날 때 지니고 있는 단순한 혹은 복잡한 상에 의하여 좌우된다고 하는 것을 우리에게 이야기해 주고 있는 것이다.[3] 종교사는 상징의 다양성과 다면성 뿐만 아니라 상징의 불가피성마저도 보여주고 있다. 즉, 인간이 그 속에서 살고 있고 움직이고 있으며 자기의 존재

---

1. A. C. Fraser 편, *An Essay Concerning Human Understanding*, 「인간의 이해에 관하여」(Oxford : Clarendon Press, 1894), Bk. Ⅲ, Chap. X. § 34(강조는 니버가 한 것임 - 편집자).
2. E. H. J. Gombrich, *Art and Illusion*, 「예술과 망상」(New York : Pantheon Books, 1961)을 참조할 것.
3. Erich Auerbach, W. R. Trask 역, *Mimesis*, 「모방」(New York : Oxford University Press, 1953), 1장.

를 소유하고 있는 거룩한 것, 초자연적인 것, 혹은 최종적으로 인간을 에워싸고 있는 것을 경험하고 감지하고 해석하는 데 상징은 불가결하다는 것을 보여 주고 있는 것이다. 종교와 예술이 고도로 상징적이라는 사실은 이미 주지의 사실이다. 그러나 과학과 철학의 상징적 특성에 대해서는 최근에 이르러 비로소 주목하게 되었다. 예를 들면, 지난 300년 동안 과학적인 실험과 이론을 이끌어 오는 데 기계의 상(image of machine)이, 때로는 인지되지 않았음에도 불구하고, 얼마나 강력한 역할을 수행하였으며, 수학적인 체계의 상징이 어떻게 과학적인 지성에 영향을 주었고, 과학적인 지성이 하나의 현상을 따로 떼어놓고 연구하고 해석하는 그 태도에 의하여 수학적인 상징체계가 얼마나 영향을 받았는지를 우리는 비로소 이해하고 있는 것이다. 이처럼 형이상학과 더불어 근원적인 은유(root-metaphor), 곧 사물을 생성하게 하는 본질에 관한 은유, 국가, 유기체, 기계, 사건, 그리고 수학적 체계 등에 관한 근원적인 은유들은 위대한 예술가와 형이상학적인 철학자들이 존재 자체의 상으로 우리 앞에 놓아주고 있는 중요한 체계를 구축(構築)하는 데 심각한 영향을 끼친 바 있다.[4]

언어를 사용하는 인간, 사유하는 인간, 자연을 해석하는 인간, 예술가, 예배자 등의 인간은 언제나 상징적 인간, 은유를 사용하고 상을 만들며 상을 사용하는 인간이다. 그렇다면 도덕적인 존재인 인간, 선택하는 인간, 가치 평가를 하는 인간, 자기를 규정하는 인간, 자기를 창조하는 인간, 행동의 옳고 그름을 판단하는 인간에 대해서는 어떠한가? 이러한 행위를 하는 인간도 역시 상징적인 동물인가? 인간의 모든 행위 속에는 도덕적인 행위자로서의 인간이 내재한다. 그렇기 때문에 인간은 결단을 행하는 모든 것 속에서, 그리고 모든 자기의 일을 관리하는 데서 그가 그 밖의 영역에서 상징적인 것에 조금도 떨어지지 않게 상징적이다.

---

4. Stephen Pepper, *World Hypotheses*, 「세계의 가설」(Berkeley : University of California Press, 1961)을 참조할 것.

예수 그리스도의 상징 형식

어떠한 경우이든 우리의 실존을 기독교인이라는 전제를 염두에 두고 성찰하면 예수 그리스도는 기독교적인 삶 속에서 하나의 상징 형식이라는 사실을 알게 된다. 그 상징 형식의 도움을 받아 인간들은 서로 삶과 죽음이 무엇과 같은지를 이야기하고 또 신과 인간이 무엇과 같은지를 이야기한다. 뿐만 아니라 예수 그리스도는 기독교인들의 경험에다 양태가 의미를 부여하는 마음속의 선험, 하나의 상, 혹은 하나의 도식이나 양태이기도 하다. 그들이 그러한 것들을 채택하는 형식인 것이다. 그러나 이 말은, 마치 마음속에 있는 것밖에는 어떠한 객관적인 실재도 없다고 하는 것과 같이, 상징 형식이란 단순히 투사된 것이라고 말하려는 것은 아니다. 그 말은 자기와 타자, 주체와 객체의 대화에서는, 비록 질문 이전의 대화에서 생긴 것이고 그 대답이 다음의 질문에 영향을 미친다 할지라도, 주체에 의하여 제기된 질문은 부분적으로 그 해답을 결정한다는 사실을 말하려는 것이다.

이제 우리의 관심사가 되는 것은 어떻게 예수 그리스도, 그의 형상(Gestalt), 그의 생애 속에서 나타나는 극적인 사건들이 신에 관한 기독교인의 사유 속에서, 그리고 신약성서의 직접적인 종교 언어보다 못하지 않게 중요한 신학의 긴 역사 속에서 상징 형식들로 기능하는가 하는 것이다. 그러나 우리가 지금 구체적으로 관심을 가지고 있는 것은 긍정적이든 부정적이든 가치 평가를 하고, 자기들에 대한 판단을 판단하고 이에 응답하며, 자기들에게 결정된 것에 대하여 결정하고 반응하는 그러한 행위자의 삶 속에서, 도대체 이 상징이 어떤 역할을 하는가 하는 문제이다. 여기에서 우리가 무엇보다도 먼저 주목하게 되는 것은 얼마나 많이 예수 그리스도의 상징이 기독교인의 도덕 언어 속에 스며들어 있느냐 하는 것이다. 기독교인들은 곤궁에 빠진 자기의 동료를 그리스도의 모습으로 인식하게 될 때 비로소 자기들이 기독교인임을 깨닫는다. 그러한 순간에 그들의 기억 속에서는 그리스도가 들려준 잘 알려진 이야기, 곧 "너희 형제 중에 있는 가장 작은 자 한 사람에게 행한 만큼 너희는 나에게 행한 것이다"라는 말로 끝낸 그 이야기가 메아리치는 것이다. 상징은 단순한 상징적 발언만이 아니다. 상징과 실재는 서로 상대방 속에 참여하고 있다. 그러므로 곤궁에 빠진 동료는 비록 그가 그리스도는 아니라 할지라도 완전히 그리스도와 다른 사람은 아니다. 그는 비록 그리스도와는 다른 사람이라 할지라도 그리스도의 현상으로 이해된, 그리고 그리스도와 같은 어떤 존재로 이해된 하나의 의(擬)그리스도적(Christo-morphic) 존재인 것이다.

그리스도가 상징 형식이기 때문에 기독교인들은 비로소 스투더트-케네디(G. A. Studdert-Kennedy)가 말한 바와 같이 "생애 전체를 통하여 나는 인간의 아들들이 자기들의 생명을 포기한 하나의 십자가를 본다. 즉, 상실에 의하지 않고는 얻는 것이 없다는 것, 죽음에 의하지 않고는 생명이 있을 수 없다는 것을 본다"고 말할 수 있는 것이다. 또한 기독교인은 예수 그리스도라는 상징 형식을 사용하여-의식적으로든 무의식적으로든-자기 동료인 인간을 이해하고 해석하며 평가한다. 그리스도와 자기 동료를 동일시하는 일은 완전할 수도 있고 다소 의식적일 수도 있다. 그런데 그것은 가장 의식적이지 않을 때 가장 효과적일 수 있다. 더 나아가 예수 그리스도라는 상징이 전혀 의식적인 기독교인이 아닌 많은 사람들 사이에서 고도로 효과적이라는 것도 사실이다.

그 상징이 동료인 인간을 이해하고 파악하며 평가하는 일과 관계를 맺고 있는 것과 마찬가지로, 그것은 또한 신, 삶에다 계율을 부여하는 최종적인 율법 수여자, 영광스러운 환상을 추구하는 인간의 마지막 목표, 그리고 자아가 응답하는 최후의 행위 등을 이해하고 파악하는 일과도 연결되어 있다. 비록 상징과 실재를 완전히 일치시키지는 못한다 할지라도 기독교인은 운명의 결정자, 최종적인 목표, 궁극적인 원천, 자기가 관련되어 있는 모든 관계 속의 궁극적인 정황 등을 예수 그리스도 없이는 상상할 수도, 알 수도, 믿을 수도 없다. 예수 그리스도는 그 같은 상징 형식이다. 또한 예수 그리스도는 기독교인이 이를 지니고 자기의 삶과 모든 창조물의 가장 깊은 속에서 움직이는 궁극적인 영을 이해하거나 파악하는 그러한 상징 형식이기도 하다. 기독교인은 자기 안에서, 자기의 사회 안에서, 그리고 인간의 심성 자체 안에서 움직이는 모든 힘들 중에 성령, 곧 하나가 되게 하고, 치유하며, 알게 하고, 전체이게 하는 영이 있는지 없는지 모든 영들을 시험한다. 그런데 기독교인은 그러한 일을 오직 하나의 상, 곧 그리스도라고 하는 상징의 도움을 받아 행할 수 있다. "그리스도와 같은 영이 있는가?" 하고 묻는 것이다.

또한 예수 그리스도는 자아가 자기를 이해하는 상징 형식이기도 하다. 그 상징 형식의 도움을 받아 자아는 자기의 행위와 고통 속에서 자신을 이끌어가고 형성해 간다. "내 안에서 사는 것은 내가 아니라 그리스도이다"라고 한 바울의 말은 그러한 동일화 현상의 거의 극점에 이르고 있다. 이보다는 덜 하지만 자기들의 삶을 그리스도를 모방하는 것으로 생각하고 그의 심성에 맞추어 생각하며 비록 부분적으로나마 그렇게 행동하는 기독교인들의 모든 상징적 선언도 그러한 것이다. 그리스도를 따르는 사람들은 그와 더불어 살고 그와 함께 고통을 받으며 그를 따라 죽는 그의 제자들인 것이다.

기독교인들이 예수에 관한 이야기로부터 추출해 낸, 그리고 자기들의 서술적 언어에서 뿐만 아니라 자기들의 이해, 평가, 결단 등에서 채택하고 있는 상의 다양성과 풍부함을 적절하게 서술한다는 것은 불가능한 일이다. 그러나 그리스도가 태어난 말구유의 상이나 그가 죽은 십자가의 상 등의 도움을 받아 어린아이의 가치와 운명을 인식하는 데서부터 비롯하여, 죽음을 그리스도와 더불어 죽는 것으로 받아들이고, 그리스도의 삶이 죽음에 의하여 정복될 수 없는 것과 같은 그러한 실존의 내용을 발견하며, 이 우주 안에서 인간이 차지하고 있는 위치와 책임을 신의 아들로서의 것으로 받아들이는 데 이르기까지, 복음 설화의 상징은 모든 평가, 행위, 고통 안에 있는 기독교인의 의식 속에 가득 스며 있다.

그리스도 형상(Christ-figure)과 그리스도 설화(Christ-story)의 상징

기능에 관하여 이렇게 주장하는 것이 그의 모습과 설화의 역사적 실재성에 관한 문제를 결국 회피하는 것이 아니냐고 할는지 몰라도 결코 그런 것은 아니다. 왜냐하면 역사는 인간이 자기들의 현재와 미래를 이해하기 위하여 사용할 때(혹은 역사 자체가 자기를 그렇게 채택하도록 강요할 때) 그것은 신화나 상징으로 기능할 수가 있기 때문이다. 우리가 현재를 과거의 산물이 아니고 본질적으로 과거에 계시된 것으로 파악하면 역사적인 사실들은 필연적으로 상징적일 수밖에 없다. 역사는 한 번 일어난 사례의 단순한 서술이 아닌 것이다. 그렇기 때문에 우리는 오늘날 미국에서 남북 전쟁의 이야기가 역사적이기를 그만두지 않고도 우리 사이에서 어떻게 상징적으로 기능하고 있는지를 살펴볼 수 있으며, 그 상징의 도움을 받아 남과 북, 흑과 백, 농경적인 것과 산업적인 것 등 우리의 국가적·역사적 실존의 구조를 파악하고 있는 것이다. 뿐만 아니라 우리는 이를 통하여 과거와 현재에 범하고 있는 판단의 비극이 어떤 것이며, 이 범죄적 실존의 한가운데에서 나타나는 희생과 용기의 위대함이 과연 어떤 것인가도 분간할 수가 있는 것이다. 그러나 지금 이곳에서 역사와 신화, 실재와 상징 간의 관계에 대하여 말할 계제는 되지 못한다. 기독교인에게는 적어도 예수 그리스도가 다만 하나의 상징일 뿐이라고 하는 주장을 거부해야 하는 것처럼, 그가 다만 하나의 역사적 인물일 뿐이라고 하는 생각도 거부하는 것이 참으로 중요하다고 하는 사실만을 주목하는 것만으로도 이곳에서는 충분하다고 생각한다("다만 상징뿐"이라고 하는 구절은 흔히 우리의 삶 속에 있는 상징 형식의 힘과 중요성에 대한 이해가 부족하다는 것을 보여 주는 것이다. 왜냐하면 상징은 우리가 살고 있는 세계의 유일한 요소가 아니라 본질적인 요소이기 때문이다. 상징이 없다면 우리는 어떤 것도 알 수 없고, 형태를 가진 것으로 나타날 수도 없다. 상징이 없으면 우리는 마치 보이지 않는 어둠 속에서 더듬고 있는 것과 같을 것이다).

이 맥락에서 역사와 상징 간의 관계에 대한 물음보다 더 중요한 것은 행위자로서의 실존을 이해하고 조형하는 다른 상징 형식들과 그리스도 상징과의 관계에 대한 물음이다. 그리스도 상징은 기독교인들에게 유일하고, 전적으로 지배적이며, 완전히 적합한 형식인가? 혹은 그것은 언제나 다른 상징들과 합쳐져 있어 기독교인들이 그 상징을 가지고 자기들은 순수하게 기독교인이라고 규정하기가 불가능한 것인가? 이와 비슷한 질문이 과거에는 다른 방법으로 제기된 적이 있었다. 과연 기독교의 도덕성은 공통적인 인간의 도덕성을 전제하고 있는 것인가, 또는 기독교의 법은 자연법을 전제하고 있는가? 또는 복음은 법을 전제하는가 하는 물음들이 그러한 것이었다. 이러한 문제들은 실지로 그리스도 상징이 분명하게 스며있지 않은 사회도덕에 대한 기독교인의 관심사의 하나로 가끔 나타난다. 그러나 우리는 이러한 일단의 문제들을 도식적인 답변이 아니라 발견적 도구-곧 상징 형식의 철학-를 사용하여 그 해답에 이르지 않으면 안 될 것이다.

 분명한 사실은 그리스도 상징에다 조회를 하지 않고는 이른바 기독교적인 삶을 해석할 수가 없다고 하는 사실이다. 만약 우리가 근본적이고 불가결한 은유인 예수 그리스도라고 하는 상징 안에 담겨 있는 의미에 참여하지 않는다면, 우리의 삶을 기독교적인 삶이라고 부른다거나 그것을 유태인적인 삶, 로마인적인 삶, 민주주의적인 삶, 또는 그 밖의 다른 형식의 삶 등과 구별하는 것은 아무런 의미도 없을 것이다. 그러나 문제는 이 그리스도 상징을 유일한 상징으로 여길 때, 그것이 과연 기독교 안에 있는 혹은 기독교권 안에 있는 우리 자신과 우리의 동료들을 이해할 수 있게 하는가? 또 그것이 우리의 실제적인 실존에다 일정한 형식을 부여할 수 있고 또 실제로 부여하고 있는가? 하는 것이다. 역사의 어느 시대에나 예수 그리스도를 자기들의 이해를 위한 유일한 원리로 뿐만 아니라 자기들의 행위를 위한 원리로 삼으려고 한 기독교인들이 있었다. 그러나 그들은 그렇게 하는 데 결코 성공하지를 못했다. 왜냐하면 그들은 언제나 실제로는 그 밖의 다른 상징들을 채택했기 때문이다. 때때로 그들은 그러한 다른 상징 형식들을 성서에서 이끌어내기도 하였다. 성서는 이 하나의 상징

이외에도 많은 다른 이야기들을 지니고 있고, 많은 다른 상징 형식들을 전달해 주고 있는 것이다. 이와는 달리 그들은 자기들이 비기독교인들과 공유하고 있는 문화로부터 그러한 것들을 추출해내기도 하였다. 오늘날에는 완전히 그리스도 중심적이고 유일하게 의(擬)그리스도적인 사유와 행위를 성취하려는 노력은 신학, 그 중에서도 가장 현저하게 바르트의 신학에만 한정되어 있다. 그러나 그러한 신학에서도 실제적으로는 과거의 배타적인 기독교공동체가 어쩔 수 없이 그랬던 것과 같이 그리스도의 상징이 사용되기 위해서는 다른 상징들이 아울러 채용되지 않을 수가 없었다. 가장 일관성 있게 기독교 상징을 주창한 대표자인 바르트를 예로 들어보자. 그는 기독교인의 언행으로부터 예수 그리스도를 제외하고는 모든 비유, 모든 은유, 모든 상징을 제거하려 하였다. 그러나 물론 그도 신의 말씀, 신의 아들, 종, 주님, 계약, 낮춤, 높임, 화해, 구원 등의 다른 은유와 상징 없이는 예수 그리스도의 의미를 설명할 수가 없었다. 특히 기독교 윤리에 관한 언급에서 그는 계명, 율법, 복종, 허락 등 비록 비성서적 상징은 아니라 할지라도 비기독교적인 상징들을 채택하지 않을 수가 없었던 것이다.

그러므로 기독교인이 처해 있는 정황은 다음과 같이 서술할 수 있을 것이다. 즉, 기독교인들은 예수 그리스도의 상징을 사용하지 않고는 자기 자신들을 이해할 수 없을 뿐만 아니라 자기들의 행위를 지시하거나 행동에다 형태를 부여할 수도 없다. 그러나 그렇다고 해서 오직 그 상징과 도움으로만 그들 자신들과 그들의 가치를 이해하고 자기들의 행위에 형태를 부여하는 데 성공적일 수 있는 것은 아니라고 말할 수 있다. 그들이 예수 그리스도와 결합시키고 있는 다른 상징들의 적합성의 문제, 그리고 그 상징들의 계시적 가치의 문제는 그리스도 상징 자체의 계시적 가치의 문제만큼이나 중요한 문제이다. 오늘날 우리의 실존을 행위자로 이해하기 위하여 우리가 채택하지 않으면 안 되는 일반적인 상징들에 관한 문제는 기독교 상징 자체에 관한 물음만큼이나 첨예화되어 있다. 사실 인간의 도덕적인 자아 이해는 문제들로 가득차 있다. 그렇기 때문에 이 도덕적 자아를 이해하기 위한 새로운 일반적 상징이 우리의 문화 속에서 과연 나타나고 있는가 하고 묻는 것, 곧 책임이라고 하는 '근본 은유'가 우리의 문화 속에서 새로운 상징으로 대두되고 있는가 그렇지 않은가를 묻는 것은 우리가 이중의 물음을 묻고 있는 것이다. 예수 그리스도를 이해할 수 있고 아울러 자신을 이해할 수 있는 그러한 새로운 상징 형식을 우리는 발견하고 있는가? 그리고 그리스도와의 관계 안에 있는 우리 자신들을 이해할 수 있는 새로운 형식을 발견하고 있는가? 하는 물음이 곧 그것이다.

역사적 기독교 윤리의 근본 은유

그러나 우리는 책임에 관한 물음을 제기하기 전에 과거에 사용한 바 있고, 아직도 오늘날 대부분 사용되고 있는 일반적인 도덕적 상징의 주요 유형들을 염두에 둘 필요가 있다. 그것은 기독교인들이 자기들이 살아온 사회 안에서 그 사회와 더불어 공유한 바 있는 상징이다. 인간들은 하나의 행위자의 입장에서 자기들의 삶, 곧 자기들의 도덕적 실존을 순수한 형태로 분리해내고, 그 삶을 규정하며, 이를 이해하고, 지시하며, 설명하면서 여러 형태의 사회 속에서 살아가고 있다. 이때 인간들은 다양하게 직유, 은유, 그리고 상징을 사용한다. 그런데 일반적으로 그들은 제유(提喩)를 사용하고 있다. 즉, 자기들의 많은 행위들 중의 어느 하나를 대표적인 것으로 선택하여 그 대표적인 것의 도움을 받아 행위자로서의 자기들의 전체 행위와 실존 전체를 이해하는 것이다. 전체는 그 전체의 한 부분과 같다고 그들은 말한다. 그래서 그들은 부분을 분석하고, 전체를 그 분석의 조명 밑에서 해석한다.

따라서 많은 부분적인 행위가 전체를 해석하기 위하여 사용되었다. 인간의 실제적인 삶은 전쟁과 같은 것으로 이해되었고, 사실상 적이 눈에 보이는 존재로 기술되지는 않지만 인간의 삶은 전쟁에 의하여 상징화되었고 동일시되기조차 하였다. 조로아스터교의 윤리에서는 전쟁의 상이 직유 이상의 것으로, 즉 거의 상징 형식으로 기능했던 것 같다. 서구에서는, 마치 우리가 내적인 갈등이나 인종적인 적의나 유혹을 떨쳐버리려는 싸움 등을 경험할 때처럼, 상징적으로 기능하는 것은 지배적인 상징 형식이 아니라 상이다. 목적지를 향해 가는 여행이라는 하나의 상을 우리가 무엇이며 우리가 모든 행위들 속에서 행하는 것이 과연 무엇인가 하는 것을 묘사해 주는 사실적(寫實的)인 상으로 우리는 사용하고 있다. 그런데 이러한 직유들도 우리의 삶이 개인적이고 국가적이며 인간적인 목표를 향하여 움직이는 순례가 된다든가, 우리가 우리의 에토스를 미국적인, 서구적인, 기독교적인, 심지어는 장로교 혹은 감리교적인 생활 태도라고 명시하게 되면 상징이 될 수 있다. 상업의 경우에도 마찬가지이다. 처음에는 상거래로부터 직유를 추출해 내지만, 그 다음에는 상징을 추출해 낸다. 즉, 상호간의 부채, 사회에다 채무를 갚아야 하는 징벌, 계약, 각자에게 자기 몫을 주는 일, 그리고 모든 도덕적 실존을 의무의 수행으로 보는 그러한 상징들에 이르게 되는 것이다.

 그러나 서구 세계에서 이 두 개의 커다란 제유들은 상징 형식들을 구축하고 있다. 그래서 우리는 이들의 도움을 받아 주어진 실재를 해석할 뿐만 아니라 그 실재의 한계를 규정하고 그 구조를 이해한다. 우리가 도덕적인 삶에 참여한다거나 행위자인 자아의 삶에 참여할 때 우리는 무엇에 참여하고 있는 것인가? 우리는 어떤 주제에 관하여 서로 담화를 하고 있을 때 우리는 무엇에 대하여 이야기를 하고 있는 것인가? 우리들 자신 안에서, 그리고 다른 사람들 안에서, 실제로 우리가 다루려고 하는 것은 무엇인가? 우리는 하나의 위대한 상징을 따라 모든 삶과 행위에 참여하고 있다. 그 상징에 의하면 우리의 삶과 행위는 장인(匠人)의 솜씨와 같은 것이다. 사실 그렇다. 그러나 그러한 공인(工人)의 숙련만이 전부는 아니다. 우리는 또 다른 위대한 상징을 따라 모든 행위에 참여하고 있다. 그 상징에 의하면 우리의 행위는 법을 준수하고 법을 제정하는 정치적 행위와 같은 것이다.

간단히 요약하면 첫 번째 상징은 공작하는 인간(homo faber)의 상징이라고 부를 수 있고, 두 번째 상징은 정치적 인간(homo politicus)의 상징이라고 말할 수 있다. 오늘날 우리의 세계에서는 이 두 개의 위대한 지배적인 상징에 제3의 상징이 서서히 첨가되고 있다. 책임의 상징-라틴어로 말한다면 대화하는 인간(homo dialogicus)-이 그것이다.

2. 책임과 그리스도

우리가 이 강좌에서 하고자 하는 것은 기독교적인 삶의 태도, 방법, 스타일 등을 이해하는 일이다. 그렇다고 해서 기독교적인 삶을 옹호하거나 권장하려는 것은 아니다. 다만 할 수 있는 한 최선을 다하여 그것을 이해하려고 할뿐이다. 이를 위하여 우리가 택하고 있는 방법은 대부분 인간을 상징적 동물로 보는 상징 형식의 철학으로부터 도출된 것이다. 인간은 중요한 상, 은유, 비유 등의 도움을 받아 실재-자기자신의 실존의 실재성을 포함한-를 파악하고 조형하는 존재이다. 그런데 이러한 상, 은유, 비유 등은 그 일부분은 인간의 의식 속에 있지만 대부분은 무의식 및 사회언어 속에 있기 때문에 이들을 순수이성의 형태들로 인정하려는 경향이 있다. 사실 그러한 것들은 모두 이성의 형태이다. 그러나 그것은 역사적 이성의 형태들이다. 그러므로 인간은 언제나 자기의 양태들이 자기가 반응하는 실재의 복사들이 아니라 주체와 객체가 상호 작용하는 앎의 예술(art of knowing)이 낳은 산물이라는 것을 알지 못한 채 사물들을 의인적(擬人的, anthropomorphically)으로, 의기계적(擬機械的, mechanomorphically)으로, 그리고 의수학적(擬數學的, mathematicomorphically)으로 생각한다. 따라서 인간의 개념 체계는 대체로 자기의 상징 형식들로부터 추출된 것이다.

우리가 첫 번째로 논의한 것은 기독교인들이 인간의 삶을 해석하고 자기 자신의 실존을 관리하면서 언제나 예수 그리스도의 상징 형식을 채택하고 있다는 것-그것이 바로 그들을 기독교인에게 하는 것이라는 사실이었다. 그러나 그들은 흔히 이 상징을 순례, 치유, 전쟁 등과 같은 많은 사소한 상징들과 결합시키고 있을 뿐만 아니라 반드시 세상과 인간의 삶에 대한 다른 거대한 상과도 결합시키고 있다. 그래서 우리는 서구 기독교인들이 그리스도 상징과 관련지으면서 도덕적 삶에 대한 두 개의 다른 중요한 은유들을 채택하고 있다고 주장한 바 있다. '만드는 사람'으로서의 인간이나 이상의 실현자의 은유, 그리고 '시민인 인간'이나 법의 준수자이며 집행자인 인간의 은유가 그것이다. 그런데 위에서 논의한 것은 제3의 위대한 상징 형식이 자아 해석을 위하여 유용한 것이 되고 있다는 것, 그리고 이 상징 형식은 도덕 언어의 역사, 곧 윤리학의 역사와 비도덕적 탐구의 역사, 곧 윤리학 이외의 학문의 역사가 지시하듯이, 어쩌면 이전의 형식들을 능가하고 있는지도 모른다는 것, 그리고 적어도 그것이 이제까지 없던 새로운 시각(視覺)을 우리에게 제공해 주고 잇는 것만은 틀림없다는 것 등이었다. 그렇기 때문에 우리는 책임[5]이라고 하는 상징에 내포되어 있는 요소들을 개념화하거나 분석하려고 한다.

이제 제3의 과제가 우리 앞에 놓여 있다. 우리를 책임적 존재로 여기는 이 선명한 그림의 도움을 받아 우리는 기독교인들을 다른 행위(alter-action)에 대한 자기들의 해석에 입각하여 그 다른 행위에 대해 모든 자기들의 행동으로 응답하는 자아들로-이때 그들의 응답은 그 다른 행위와 상호행위에 전체적으로 적합한 양태에 알맞은 것이다-그리고 자기들의 응답을 또한 책무(責務)를 지고 행하는 자아들로-그것은 자기들의 응답에 대한 반응을 예상하고 행하는 것이다-이해하려고 노력하지 않으면 안 된다. 기독교인들은 어떻게 그리스도의 존재 형식을 책임의 존재 형식과 연결시킬 수 있을 것인가? 또는 어떻게 하면 우리는 우리 자신들을 기독교 안에서 책임적 자아로, 그리고 책임 안에서 기독교인으로 모두 이해할

---

5. 제1장을 참조할 것.

수 있을 것인가 하는 물음에 답변하지 않으면 안 되는 것이다.

책임의 패러다임인 그리스도[6]

　예수 그리스도를 이상적인 삶, 또는 복종적이고 의무를 다하는 충실한 삶과 결합시키는 데는 여러 가지 방법이 있었다. 이와 마찬가지로 그를 책임적인 삶과 결합시키는 데에도 많은 방법이 있는 것은 의심할 나위가 없다. 그 문제에 대한 다만 하나의 적절한 대답, 다만 하나의 바른 관계만이 있다고 믿게 하는 것은 그것이 설혹 심오하게 확립된 주장이라 할지라도 낡은 편견일 뿐이다. "아무리 훌륭한 것이라 할지라도 한 가지 관례만 고집하면 세상은 타락해 버리고 만다. 그래서 신은 세상을 그렇게 타락시키지 않기 위하여 많은 방법으로 자기를 완성시킨다." 윤리에 대한 이론을 삶의 결단이나 절대적인 명령법과 혼동해서는 안 된다. 결단이란 일종의 절대적인 타당성을 지니고 있는 것이다. 그래서 일단 어떤 행위를 옳다거나 선하다거나 적합한 것이라고 결정하고 나면 우리는 그 결단의 결과를 향해 나아가야 하고, 또 그 결과를 받아들이지 않으면 안 된다. 그러나 이론은 그러한 개인적인 결단이 아니다. 우리는 다만 임시로 그 이론에다 우리 자신들을 맡겨보는 것뿐이다. 따라서 그 이론이 지니고 있는 어떤 명령적인 것은 다만 가설적인 것이다. 그러므로 하나의 이론을 너무 심각하게 다룰 필요는 없다. 바로 이 같은 사실을 하나의 경고로 염두에 두면서 비로소 우리는 기독교적인 삶을 책임의 의미에서 이해하기 위한 결단을 할 수도 있고, 이를 위해 확고한 노력을 할 수도 있을 것이다.

　기독교인의 이상과 기독교인의 복종에 관한 이전의 이론들에서는 예수 그리스도가 대체로 예언자와 사제, 왕과 사제 등 이중적으로 기능하고 있다. 또한 그는 한편으로는 완벽한 예(例) 혹은 구체화된 양태로 나타나기

---

　6. 이 제목은 편집자가 붙인 것이다.

도 하고 최초의 유일한 기독교인으로 나타나기도 하는데, 또 다른 한편으로는 그의 개인적이고 역사적인 행위가 인간에게 불가능한 것을 가능하게 하는 신의 행위로 이해되기도 한다. 그리스도는 자기가 살아온 삶에 사람들이 참여할 수 있도록 해주며, 물론 신의 독생자와 전능하신 분의 타락한 자녀들 사이에는 대단한 차이가 있지만, 그럼에도 불구하고 사람들이 어느 정도까지는 그리스도와 같은 그러한 인간이 되도록 해주고 있다. 따라서 그는 신을 자기의 목적으로 삼고 완전하게 그를 향해 있는 인간, 혹은 그 절대적인 아버지(Father)에게 완전하게 복종하는 인간으로 이해되면서, 동시에 그 자신이 신적인 존재로, 신의 힘으로, 그리고 신의 행위나 말씀으로 인식되고 있다. 즉, 목적과의 관계를 상실하고 그릇된 목표에 사로잡혀 있거나 불복종에 떨어져 있는 인간들의 방향을 다시 잡아 주는 신의 힘, 행위, 말씀 등으로 인지되고 있는 것이다. 어떠한 형태로 우리가 기독교 원리를 해석하든 간에 그리스도는 그 속에서 언제나 이러한 어떤 이중적 특성을 지니고 있다. 그리스도 안에서 비로소 인간은 신을 향하게 되고 또한 신은 인간을 향하게 된다. 그렇기 때문에 기독교적 에토스는 이성과 예수 그리스도를 통하여 일반적으로 공동체와 인간이 삶으로부터 성취해야 할 것이 무엇인지, 어떤 율법에 복종해야 하고 그 법을 어떻게 준수해야 하는지, 또는 어떤 목표를 선택해야 하는지를 아는 그러한 공동체의 에토스이다. 그러나 이러한 사실뿐만 아니라 그 공동체의 에토스는 그러한 성취해야 할 일을 착수하고 그러한 목표에 이르는 일을 수행하며 그러한 의지와 법에 순종하는 힘을 인간이 결하고 있다는 것도 알고 있다. 결국 그것은 인간의 힘을 초월해 있는 것을 획득하려고 시도하며, 그리스도만이 성취했을 뿐 우리로서는 도저히 도달할 수 없는 목표를 향한 희망 없는 여행을 그래도 희망을 가지고 지속해 나가고, 복종을 하려고 노력해 보지만 여전히 불완전하여 용서를 받아야 하는 그러한 복종밖에 하지 못하고 있으나 일단 용서를 받고 나면 다시는 또 순종을 잘 해야겠다고 시도하는 그러한 자신을 발견하는 공동체이다. 그럴 수 있는 것은 그 공동체가 그리스도로부터 받은 능력 때문이다.
　(기독교적인 삶 안에서의 그리스도의 이러한 이중적 기능에 대한 주장은 대부분 기독교인들이 자기들의 윤리를 철학자들의 윤리와 연결시키려 하는 데도 그것이 잘 되지를 않는 그러한 난점들의 인식에서 비롯한 것 같다. 그러나 지금 여기에서 이 문제를 추구할 수는 없다.)
　그런데 신약성서 설화의 예수 그리스도를 책임의 관점에서 기독교인의 의식 속에 상징적으로 존재하는 분으로 보면, 우리는 여기에서도 앞서 서술한 것과 비슷한 기능의 이중성을 발견할 수 있다. 무엇보다도 그는 다른 행위(alteraction)에 대한 자기의 응답을 신의 행위에 적절한 것으로 수행한 책임 있는 인간이다. 그는 자기가 부딪히는 모든 다른 행위를 신의 행위의 징표, 그가 아버지라고 부른 보편석이고 만물을 창조한 분의 징표로 해석했고, 자기에게 과해지는 모든 행위를 자기 응답에 대한 신의 응답을 예상하면서 반응하였다. 그는 신의 뜻은 원초적으로 신의 명령일 뿐만 아니라 또한 신의 행위라고 생각하였다. 그리고 그 신의 행위는 그 계명에 순종하는 인간의 행위에 의해서만 수행되는 것이 아니라 그 밖의 많은 다른 행위들에 의해서도 수행되는 것으로 이해하였다. "당신의 뜻이 하늘에서 이루어지듯 땅에서도 이루어지이다" 하고 기도하는 것은, "우리로 하여금 순종하게 하옵소서" 하는 소원이 포함되어 있기는 하지만 반드시 그것만을 의미하는 것은 아니다. "나의 뜻이 아니라 당신의 뜻이 이루어지이다"라고 한 겟세마네의 기도는 결코 어떤 계명을 언급한 것이 아니다. 그 기도는 신의 뜻에 관해서는 아무런 물음도 묻지 않은 사람들에 의하여 이제 곧 수행될 신의 행위를 언급한 것이다. "이 작은 자들 중의 어느 하나라도 죽는 것이 아버지의 뜻은 아니다"라고 한 선언은 신이 행위자인 인간에게 행하도록 요청하는 만큼 신 자신이 행하고 있다는 사실에 대한 언급이라고 생각한다. 신의 뜻은 자연과 인간이 행하는 모든 것 안에서 신이 행하는 것 바로 그것이다. 그것은 보편적인 것, 곧 모든 개별적인 것을 포용하고 변화시키며 내포하고 형성하는 그러한 보편적인 것이다.

예수는 신의 뜻이 참새의 죽음, 태양의 빛남, 비의 내림 등의 자연현상으로부터 비롯하여 권위의 행사, 곧 자기들의 권위를 오용하는 교회세력 및 정치세력에 의한 권위 행사, 제자들에 의한 배신과 버림 등의 사회현상 등을 지나, 예루살렘의 절박한 공포 및 시대의 종언(終焉)에 이르기까지의 사건마다 신의 뜻이 현존하고 있음을 인식하고 있다. 그러나 모든 다른 행위들이 신의 행위 안에 포함되어 있다든가, 신의 행위로 채택된 것이라고 하는 이 모든 해석이 운명론적인 해석이거나 기계론적인 해석은 아니다. 연극에서는 배우가 미리 정해진 역할을 연출한다. 마치 신을 이러한 희곡의 저자처럼 여기고 유한한 행위자의 모든 행위가 예정되어 있다고 하는 생각은 예수의 사고방식과는 거리가 먼 것이다. 그가 아버지라고 부른 보편적인 한 분(the Universal One)은 하늘과 땅의 주인이다. 그의 행위는 자기 종들의 어리석음조차도 공공의 복지를 증진하기 위하여 사용하는 위대하고 현명한 지도자의 행위와 같은 것이다.

다른 행위들에 대한 예수의 해석, 곧 모든 사람들은 어떤 사건들과 부닥치면서 이 사건들이 무엇을 의미하는지 해석하고 그 해석에 따라 이러저러한 방법으로 반응을 하게 되는데, 그때의 그러한 유한한 사건들에 대하여 예수의 해석이 어떠했는지 몇 가지 예를 들어보기로 한다. 자연환경 속에서 일어나는 행위들은 각개 인간의 에토스 속에서 중요한 요소가 되고 있다. 왜냐하면 우리는 언제나 그 사건들을 해석하고 그것에 의거해서 반응하기 때문이다. 자연에서 일어나는 이러한 일들을 예수는 어떻게 해석하고 있는지 살펴보자. 우리는 개개의 자연현상들을 커다란 양태의 부분들로 본다. 우리는 그러한 사건들을 마치 한 단어의 의미가 전체 문장의 맥락 속에서 결정되듯이 하나의 문장 안에 있는 단어로 읽는다. 그런데 예수가 자연의 사건과 만날 때, 그가 평가를 하면서 반응하는 상대일 뿐만 아니라 모든 다른 행위들을 포용하고 있는 행위, 곧 커다란 양태(large pattern)이기도 한 그것은 과연 무엇인가? 그는 다른 인간들과 마찬가지로 해가 죄인이나 게으른 사람이나 위선자나 정직한 사람이나 선한 사마리아 사람이나 요인(要人)에게 아무 차별 없이 비치며, 비가 부지런한 사람의 밭이나 게으른 사람의 밭에 동등하게 내린다는 것을 알고 있다. 믿지 않는 사람들은 이러한 현상들을 태초부터 정의(正義)도 없고 인간들 사이에 있는 옳고 그른 행위에 대하여 전혀 관심이 없는 보편적인 질서가 작용하는 징표라고 생각해 왔다. 그러나 예수는 그러한 일상적인 현상을 다르게 해석하고 있다. 여기에서 우주적 관용성의 징표를 보고 있는 것이다. 따라서 그렇게 해석된 기후에 대한 반응은 죄를 범한 사람들 그리고 버려진 사람들에 대한 반응에 이르게 된다. 그들도 무한한 주님께 의하여 결코 버려지지 않은 사람들이라고 하는 이해에 이르는 것이다. 이러한 태도는 아무런 유용한 일을 하지 않아 어떠한 보상도 받을 가치가 없으면서도 자유로운 새의 경우도 마찬가지이고, 현란한 리본과 찬란한 훈장을 달고 있을 만큼 영웅적인 행위를 하지 않은 꽃들에 대해서도 마찬가지이다. 그렇다면 꽃의 외모는 자연의 사물 안에서 표현되고 있는 생명력이 그 꽃의 자질과는 아무런 관계가 없다는 징표로 해석되어야 하는가? 아니면 그 꽃들이 인간의 일상적인 기준보다 낮아서가 아니라 그것을 훨씬 능가하기 때문에 인간의 법에 의한 검토를 받을 수 없을 만큼 우아한 것이어서 창조된 사실 자체를 누리는 넘치는 창조성, 무한한 예술적 솜씨가 현존해 있는 징표로 보아야 할 것인가? 예수는 신의 공의(公義)가 있다고 믿었다. 선을 위한 우주적 질서가 있다고 믿은 것이다. 그런데 그것은 국지적(局地的)인 정의와는 전혀 다르게 역사(役事)한다. 아무리 인간이 천체적(天體的)인 공의를 발견하고 고안해냈다 할지라도 그것과도 다르다. 그러므로 예수는 자연의 사건들을 만물을 창조하려 한 의도의 표현, 즉 존재하는 것은 모두 긍정적인 것이라고 하는 의도의 표상으로 이해하고 그렇게 그 사건에 반응하고 있다.

    인간 이외의 영역, 곧 자연계에 해당하는 이 같은 사실은 인간에게도 해당된다. 하늘에 계신 아버지의 얼굴을 바라보고 있는 천사와 같은 아이들, 역시 아브라함의 자녀인 죄인들, 그들의 구원이 시의 영광이 될 병들고 버림받은 자들-이 모든 사람들에게 예수는 응답하고 있다. 신은 자기가 만든 어떤 것도 미워하지 않고, 오히려 그것이 참된 존재이기를 바랄 뿐만 아니라 완전하기를 원하고 있다. 바로 이러한 신의 행위 안에 자리잡고 있는 그들의 위치로부터 추출된 의미를 지니고 예수는 이들에게 응답하고 있는 것이다.

자기를 제한하고 또 자기를 파멸시키는 행위들에 대한 반응에서도 예수는 그러한 일들을 신적이고 보편적인 행위의 맥락에서 해석하면서 행동한다. 그는 이러한 징표들도 신적인 문장 안에 있는 하나의 단어로 읽는 것이다. 그는 모든 유한한 의도 뒤에 혹은 그 안에 있는 무한한 의도에 반응하고 있다. 그래서 그는 위로부터 총독에게 힘이 부여되지 않았었다면 빌라도가 자기를 다스릴 수 없었으리라고 이해하고 있다. 배신자에 대한 비애를 털어놓기는 하지만 인자(人子)는 그것이 배신자에 의해서가 아니라 모든 유한한 의도 너머에 있는 뜻에 의하여 결정된 것으로 여기고 있다. 자기의 시간이나 시대의 다가오는 종말과 관련된 예수의 언행도 마찬가지이다. 그러한 언행들은 이상론적 해석 양태나 율법적인 해석 양태를 사용하여 예수의 윤리적 발언을 해석하려는 사람들에게 상당히 어려운 문제들을 제기해 주고 있다. 그들은 복음서에서 종말론이 중요한 의미를 가지고 있는 것은 그것이 종말이 얼마 남지 않았다고 하는 것을 주장하기 때문이라고 보고 있다. 그래서 종국(telos)을 종말(eschaton)로 혼동하고 있다. 정상적인 법을 잠정적인 법으로 혼동하고 있는 것이다. 그러나 미래에 관한 이러한 언급들이 신 요소(God-factor)에다 두는 비중만큼의 의미를 시간 요소(time-factor)에다 두고 있는 것은 아니다. 인간들이 창조적인 사건들이나 파괴적인 사건들과 부닥치면서 겨우 희미하게 지각하고 이해하는 모든 사물 안에서의 신의 통치, 신의 행위는 마지막 때에 이르러 분명하게 드러날 것이다. 그러나 마지막 때에 분명하게 되는 것이 어떤 새로운 것은 아니다. 지금 다가오고 있는 것은 긴급한 사태이다. 현재의 실재성은 긴박하게 된다고 하는 데 있다. 신의 통치는 언제나 은폐되어 있다. 다만 언젠가는 그 은폐성이 드러날 것이다. 그런데 그러한 은폐성에도 불구하고 바로 그러한 신이 지금 통치하고 있는 것이다. 그러므로 실현된 종말론은 실현된 신론(神論)이다.

그러므로 예수의 에토스를 일정한 형식으로 요약한다면 그는 자기에게 과해지는 모든 행위를 신의 창조, 통치, 구원의 징표로 해석하고, 그러한 행위들에 대하여 마치 신의 행위에 응답하듯이 반응하고 있다고 이야기할 수가 있다. 그는 신의 행위에 알맞은 행위를 하고, 자기 응답에 대한 무한한 응답을 기대하는 것이다.

그리스도 자신에게서 그렇게 독특하게 예시된 기독교적 에토스는 다름 아닌 보편적 책임의 윤리이다. 이 윤리는 매 특정한 사건을 보편적 행위에 포용된 것으로 해석한다. 그것은 사회 내에서 존재하는 어떠한 것도, 그리고 일어나는 어떠한 사건도, 보편적인 맥락을 벗어나서는 전혀 해석될 수가 없는 그러한 보편적 사회 안에 있는 시민의 윤리이다. 그것은 또한 영원한 생명의 에토스이기도 하다. 자기에게 과해지는 행위에 대하여 반응하는 인간의 어떠한 행위도 시간에서는 물론 사회적 공간에서도 무한을 향하여 전개되어 나가는 응답이나 반응이 아니라고 하는 의미에서 볼 때 그렇게 말할 수가 있는 것이다.

그러나 예수 그리스도 안에서 예시된 보편적 책임의 에토스가 독특한 것은 아니다. 그것은 다른 형태의 보편적 윤리와 유사성을 지니고 있다. 기독교적 에토스의 절대적 독특성에 관한 주장은 이론적인 검증에서나 실천적인 검증에서나 실증될 수가 없는 것이다. 기독교인들은 그리스도와 일치하는 모습으로 행동하려고 노력하고 있다. 그런데 실천적인 면에서 보면 다른 사람들도 그들 나름대로 어떤 상을 설정하고 그 상과 일치하여 행동하려고 노력하고 있다. 따라서 기독교인들은 그들과 자기들의 행위가 비슷한 것임을 깨닫게 된다. 물론 그것이 동일한 것은 아니다. 그러나 때로 그러한 유사성이 현존하고 있는 것이다(인도주의라든가 모든 것을 박탈당하고 고통을 받고 있는 사람들에 대한 관심은 기독교인들의 독점물이 아니다.

오히려 기독교인들이 생명에 대한 외경〔畏敬〕이라는 면에서 다른 사람들보다 못한 경우가 적지 않다). 기독교인들은 그리스도의 행위에서 발견할 수 있는 삶의 양태를 설명하려 한다. 그런데 이론적인 측면에서 보면 보편주의적인 철학자들, 즉 인간을 무엇보다도 보편적 진리를 추구하는 이성을 부여받았고 보편적인 법에 종속되어 있는 우주의 시민으로 보는 사상가들이 설명하고 있는 도덕적 행위의 양태와 그리스도 안에서 발견하는 삶의 양태가 유사성을 지니고 있음을 기독교인들은 깨닫게 된다. 기독교적인 에토스와 보편적 윤리의 다른 유형과의 이러한 유사성들은 기독교 윤리가 한편으로는 플라톤이나 아리스토텔레스의 윤리학과 합치고, 또 다른 한편으로는 칸트의 사상이나 보편적 공리주의와 합치면서 각기 이상론이나 율법주의의 용어로 서술되고 있다.

만약 그러한 유사성을 책임 윤리의 용어로 서술하려면 우리는 두 가지 사실에 대하여 주목하지 않으면 안 된다. 즉, 한편으로는 기독교 윤리와 유대교 윤리의 유사성에 대하여 관심을 가져야 하고, 또 한편으로는 기독교 윤리와 스토아 철학(Stoicism)의 유사성을 살펴보지 않으면 안 되는 것이다. 많은 기독교인들이 히브리인과 유대교 윤리의 율법적 특성에 관하여 언급하고 있다. 그런데 그러한 언급은 일리가 있는 주장일 수도 있지만 전혀 무의미한 것일 수도 있다. 중요한 것은 그러한 주장을 하는 사람들 자신이 경전이라는 것을 윤리의 참고서나 행동의 지침서로 여기면서, 그러한 목적으로 성서를 사용할 때면 히브리인들의 성경, 특히 예언서와 시편을 자신들을 초월하여 그리스도를 제시해 주는 문서, 그리고 예수에게서 예시된 에토스를 구체화시키고 완성시키는 책으로 들고 있다는 사실이다. 따라서 그들의 경우에는 신약성서가 구약성서를 완성시킬 뿐만 아니라 실제로는 구약성서가 신약성서를 완성시키고 있는 것이라고 말할 수도 있다. 그들은 특히 예언서 속에서 이른바 보편적 책임의 에토스가 표현되어 있고 규정되어 있는 것으로 보고 있다. 요셉이 자기 형제들에게 "당신들은 악을 행했다고 생각하지만 신은 선을 행했다고 생각하십니다. 많은 사람들을 살리려고 이 일을 행하셨기 때문입니다."라고 한 말로 요약되는 그의 설화에서 나타나는 그러한 종류의 생각을 우리는 한 분이고 보편적인 신에 대한 책임의 예로 들 수 있다. 바로 여기에서 유한한 행위를 이끌어 가는 특별한 의도와 그러한 행위를 사용하거나 그러한 행위 배후에 있는 신의 의도가 분명하게 구분된다. 요셉은 유한한 것에 대한 반응 속에서 오히려 무한에 대하여 응답하면서 용서를 할 수 있게 되었고, 또 실제로 용서를 하고 있는 것이다. 그러한 종류의 사회 속에는 율법주의가 존재하지 않는다. 그러한 것은 율법에의 복종이나 목표 추구의 경우라기보다는 해석과 응답의 경우라고 해야 할 것이다. 신의 행위는 모든 유한한 행위 배후에, 안에, 또는 그것을 통하여 나타난다고 보고, 그러한 신의 행위에 대한 응답이 곧 윤리라고 하는 또 다른 분명한 예를 우리는 이사야서 10장에서 찾아볼 수 있다. 이곳에서 나타나고 있는 인간이 결단하지 않으면 안 되는 일은 율법을 복종해야 하는 일과 연결되어 있기는 하지만 그렇다고 해서 그것만이 전부는 아니다. 이곳에서의 문제는 위기를—이 경우에는 앗시리아의 침입을—어떻게 맞이할 것이냐 하는 것이다. 이 다른 행위를 어떻게 부딪쳐야 하는가? 이 같은 위기에 적절한 반응은 어떤 것인가? 하는 물음들이 문제가 되고 있는 것이다. 예언자가 우선 제시하고 있는 것은 무엇이 일어나고 있는가 하는데 대한 해석이다. 그는 침략을 신의 행위로 이해해야 한다는 것을 아주 명백히 하고 있다. 신이 무엇을 행하고 있는지를 묻지 않으면 안 된다. 이사야가 지적하고 있는 신의 의도는 이스라엘의 정화(淨化) 혹은 편달(鞭撻)을 위한 것이었다. 그러므로 이스라엘은 그러한 외부의 침입을 신을 섬기는 경건한 사람들에 대한 신을 믿지 않는 죄인들의 공격이라고 이해하는 틀에 박힌 모든 해석을 잊어버리지 않으면 안 된다. 개혁되지 않으면 안 되는 백성들, 그들이 지니고 있는 계약과 율법, 그리고 정의를 어떻게 실천하고 있는지를 되살펴보지 않으면 안 되는 백성들은 이미 그들 자신들이 신앙심이 없는 불경한 사람들이다. 그러나 신의 의도는 앗시리아 및 그 지도자들의 의도와는 근본적으로 구별되어야 한다고 예언자는 말하고 있다. 앗시리아인들도 비록 이스라엘인들과 다른 면에서이기는 하지만 신앙심 없는 불경한 사람들이기 때문이다. 앗시리아의 의도는 파괴적인 것이고 신의 의도는 거룩하고 구원하려는 것이다. 그러므로 그 침입과의 만남, 그리고 이에 대한 이스라엘의 적절한 반응은 우선 무한한 의도에 대한 응답이어야만 하며, 그 다음으로 유한한 의도에 대한 반응이지 않으면 안 된다. 이 같은 사실은 위기의 시간에 이루어져야 하는 최초의 응답, 최적(最適)의 행위는 내적인 개혁이지 않으면 안 된다는 것을 의미한다. 앗시리아를 방어하는 것은 부차적인 일인 것이다.

이사야서 10장은 히브리 경전의 매 페이지를 통하여 흐르고 있고, 비극적인, 그러나 놀라운 이 신의 백성들의 이야기를 통하여 흐르고 있는 히브리 윤리의 논리를 대표하고 있다고 생각한다. 분명히 그것은 율법의 에토스이지만 그보다는 만물을 지은 분, 모든 것을 행하는 분에 대한 응답을 중심으로 하고 있다. 본래 도시(都市)가 악을 지니고 있는 것은 아니다. 다만 주님이 그렇게 했을 뿐이다. 신이 세우지 않으면 어떤 국가도 존재할 수가 없다. 신은 인간을 앞뒤에서 에워싸고 있고, 그를 붙잡고 있다. 그렇기 때문에 비록 인간이 지옥(Sheol)에다 자기의 집을 마련한다 할지라도 신으로부터 도망칠 수가 없는 것이다. 신이 하는 일들을 초자연적인 사건들 안에서가 아니라 모든 자연적이고 역사적인 사건들 안에서 분간하는 것, 모든 유한한 의도 안에 있을 뿐만 아니라 그것 너머에 있고, 그것을 통하여 나타나는 그의 의도에 응답하는 것, 그것이 곧 신에 대한 책임적 태도이다. 그러나 그것은 동시에 신에 대한 태도만이 아닌 보편적인 책임적 태도이기도 하다. 왜냐하면 보편적인 의도, 곧 많은 존재들을 초월해 있는 한 분의 의도가 현존하지 않는 행위란 어떠한 현실성 속에도 없기 때문이다.

물론 이것은 이스라엘의 에토스에 대한 기독교적인 해석이다. 그러나 이것은 유대인에게 빚을 지고 있는 기독교인의 해석이다. 왜냐하면 기독교인의 그리스도는 유대인이고, 그 그리스도는 히브리 성서의 도움을 받아 이해되지 않으면 안 되며, 기독교인, 사이버 기독교인, 이방인 등이 그렇게 이스라엘을 공격하는 데도 이 백성들을 여전히 신이 보존하시는 뜻이 무엇인가를 물을 때, 이에 대하여 대답하지 않으면 안 되는 사람이기 때문이다. 유대인들은 우리에게 하나의 징표로서 주어졌다. 그들은 우리에게 보편적인 책임을 설명해 준다. 그들은 자신들의 의도가 무엇이든 간에 우리 이방국가들이 언제나 유혹을 받고 있는 다신론에 빠지는 일로부터 우리를 구원해 주는 구세주들인 것이다.

기독교인이 역사적으로 뿐만 아니라 이론적으로도 자기들과의 유사성을 서술할 수 있는 두 번째 유형은 스토아주의의 에토스이다. 스토아주의의 윤리는 비록 다양하게 서술될 수 있지만 응답의 윤리로 간주할 때 가장 잘 이해할 수가 있다. 스토아주의자들은 법(nomos)에 대하여 관심을 가지고 있고, 냉담하고 평정(平靜)한 이상적 삶에 대한 관심을 가지고 있다. 그러나 근원적으로 그들은 자기들에게 닥치는 사물들, 자기들의 힘으로 어쩔 수 없는 사물들, 곧 고통과 즐거움, 행운과 악운 등에 대하여 인간이 현명하게 반응하는가 아니면 어리석게 반응하는가 하는 그 반응 양태에 관한 문제를 다루고 있다. 격정을 지니고 이러한 사물들에 응답하는 것은 이해나 지혜나 인간성을 결하고 반응하는 것이다. 현명한 삶의 비결은 보편적 자연(universal Nature)의 모든 사건들 안에 "창조적이고 우주적인 힘인 세계 사유(world-thought)" 곧 '세계 이성(world-reason)'이 현존하고 있음을 인식하는 것이다. 그렇게 하면 출생과 죽음, 그리고 이 두 끝점 사이에 있는 삶 속에서 일어나는 일들은 세계 이성, 혹은 후기 스토아주의자들이 말한 바에 따르면 신이 행한 일로 이해가 된다. 그러므로 현명한 사람은 알맞은 일, 즉 보편적 이성의 작업과 일치하는 일을 한다. 스토아적인 행위는 우주 안에서의 행위인 것이다. 따라서 그것은 하나의 개별적인 삶에 대한 관심에 의하여 지배되지도 않고, 어떤 특정 집단의 관심에 의하여 지배되지도 않는다. 스토아주의자는 우주의 시민이기 때문에 그에게는 어떤 것도 이방(異邦)이 아니다. 즉 중심적인 것, 모든 것에 확산되는 힘과의 관련에서는 어떤 것도 무관한 것일 수가 없는 것이다. 그는 개개의 사건을 보편적인 계획과 양태의 어떤 모습이 나타난 것으로 본다. 다시 말하면, 그는 사건들을 이렇게 해석하고, 이에 알맞게 반응하려고 노력하고 있는 것이다. 그래서 로마 세계에서 사회윤리를 발전시키려 했던 초대 기독교인들은 많은 스토아 사상을 채택한 바 있다. 뿐만 아니라 그들은 세네카(Lucius A. Seneca)로 분류하기조차 하였다. 초대 기독교인들은 하나의 보편적인 에토스와 다른 에토스 간의 유사성에 대한 건전한 직관을 지니고 있었음을 보여주고 있다.

그러한 스토아적 보편적 윤리의 독특한 형식을 스피노자가 발전시킨 바 있다. 그는 인간이 자기에게 일어나는 어떠한 일을 개인적인 이른바 사적(私的) 자아를 위하여 그것이 이로운 것인지 해로운 것인지를 판단하고, 이에 대하여 감정적으로 반응하는 산만하고 부적합하며 자기 중심적인 생각에 의하여 노예가 되어 있는 것이 인간의 문제라고 보고 있다. 구원이란 일어나고 있는 일에 대한 보편화된 해석을 통하여 이루어지는 것이다.

많은 기독교인들은 에픽테투스(Epictetus)와 스피노자는 신약의 복음서나 서간문들과 거리가 먼 아주 다른 입장에 있는 것으로 여기고 있다. 그러나 인간의 제한된 영역 밖에서 일어나는 모든 사건들을 맹목적으로 움직이는 원자들이 충돌한 결과라거나, 아니면 작은 영역들을 부분적으로 지배하는 작은 신들의 행위의 결과라고 보는 사람들이 자기들의 세계 속에서 발전시킨 삶의 스타일은 신약의 복음서나 서간문과 얼마나 더 거리가 있는 것인가를 기독교인들은 기억할 필요가 있다. 삶의 스타일을 행복을 추구하는 것과 덕을 탐구하는 것으로 대조하여 구분한다거나, 자연의 법칙이나 이성의 법칙에 순종하는 것과 계시된 법에 순종하는 것을 대비하여 구분한다거나 하는 대신에 나는 자기 중심주의와 보편주의, 즉 온갖 종류의 닫혀진 사회의 윤리인 이기주의와 보편적인 선을 추구하는 열망의 윤리든, 보편적인 법에 대한 복종의 윤리든 아니면 보편적 사회에서 보편적 힘에 대해 책임을 지는 책임적 윤리든, 간에 아무튼 그러한 윤리로 제시되는 보편주의를 나누어 보는 것이 좋으리라고 생각한다.

이 세상에는 자기 중심적인 삶의 스타일이 있다. 심지어 그 중에는 기독교적인 자기 중심주의도 있다. 그러나 그것은 예수 그리스도에게서 볼 수 있는 것과는 아무런 공통점도 없는 것이다. 왜냐하면 그러한 이기주의는 자신의 행복만을 추구할 뿐만 아니라 자기에게 일어난 일을 어떤 것이든 신의 행위로 해석하고 있는데, 그 신의 유일한 관심은 외로운 자기에 대한 것뿐이며, 결국 신은 특정한 개인의 상대역일 뿐 모든 존재의 주님일 수가 없기 때문이다. 우주 안에 있는 하나의 울 안에서 사는 사회적인 삶의 스타일도 있다. 이러한 일이 기독교적인 형태로 나타날 때에 그 울이 곧 교회이다. 이 교회는 그 자체의 특별한 역사에 참여하고 있다.―또한 교회는 선택받은 자의 그 특별한 사회를 창조하고 통치하며 구원하는 속에서만 참으로 신의 행위를 발견한다. 그러한 윤리는 실상 스토아적인 보편주의나 스피노자적인 보편주의와는 조금도 공통점을 가지고 있지 않다. 오히려 그것은 온갖 종류의 폐쇄된 사회 윤리와 많은 공통점을 지니고 있다. 그러나 예수 그리스도의 윤리는 어떠한 일이 일어나든 그 일어나는 일 내부에 있는 보편적인 신의 행위에 대하여 응답하는 사람의 삶의 태도인 보편적 책임의 윤리이다. 그런데 이 같은 삶은 인간들이 발전시켜온 또 다른 삶의 스타일과 전적으로 다르지가 않다. 즉, 자기 정황의 특수성을 초월하는 시각(視角)을 가지면서 모든 특정한 선(善)들을 넘어서는 보편적인 선, 모든 지역적인 법을 넘어서는 보편적인 법, 모든 특정한 행위를 넘어서는 보편적 행위 등을 추구하고 발전시킨 삶의 스타일과 전혀 다르지가 않은 것이다.

예수 그리스도가 기독교인의 의식 속에서 어떻게 또 다른 방법으로 역사하는가 하는 것을 알아보기 전에, 그의 윤리에 대한 앞에서의 묘사를 분명하게 반대하는 입장에 대하여 답변을 할 필요가 있다고 생각한다. 예수를 그렇게 이해하고 아울러 기독교적인 삶의 전형을 그렇게 이해하는 것은 삶을 신의 뜻에다 순전히 포기해 버리는 것은 아닌가? 결국 그러한 해석은 하나의 운명론이 아닌가? 하는 물음 등이 그 반대의 예이다. 이러한 물음에 대한 하나의 답변으로 우리는 이슬람에 의하여 가장 대표적으로 나타나는 신의 결정에 대한 무조건적 복종을 예로 들 수 있다. 이것은 절대적인 인간의 자유를 주장하는 모든 윤리, 삶의 조건을 극복해 가는 정복자로서의 윤리, 모든 것을 다스리는 주인으로서의 윤리들과 비교해 보면 예수 그리스도의 기독교에 덜 이질적인 것인지도 모른다. 그러나 더 중요한 것은 어떻게 그 결정하는 힘, 곧 모든 많은 존재들 속에서 행동하는 그 한 분이 이해되느냐 하는 물음이다. 만약 만든다거나 설계한다거나 하는 상징을 이용하여 모든 일어나는 일을 미리 설계한 분 혹은 미리 사전에 그러한 일들을 조정한 분으로 이해하면 신에 대한 응답의 윤리로부터 초래될 수 있는 것은 사실상 운명론 이외에 아무 것도 없을 것이다. 그렇다면 유다의 배신은 예정된 것이고, 서방에 대한 러시아의 공격은 미리 정해진 것이며, 나나 여러분도 우리를 위하여 미리 기록된 어떤 역할을 지금 연출하고 있는데 불과할 것이다. 그러나 그러한 운명의 결정자(Determiner of Destiny)는 예수가 응답하고 있는 그 한 분이 아니다. 이사야의 신도 아니고 우리가 가까이 접근할 수 있는 신도 아니다. 신, 곧 우리의 주 예수 그리스도의 아버지는 사랑하는 역동적인 분이고 새로운 일들을 하는 분이다. 그와 세계와의 관계는 제조자와 제품과의 관계라기보다는 아버지와 자녀들과의 관계와 같은 것이다. 따라서 그것은 기계의 설계자와 만들어진 기계와의 관계와 같은 것이 아니라, 오히려 통치자와 그의 통치 영역과의 관계와 같은 것이다. 일어나고 있는 일들을 해석하기 위하여 운명론이 사용하고 있는 상징들은 상황에 맞지를 않는다. 분명히 왕국과 가족의 상(image)도 역시 상징이다. 그러나 그 상징들은 우리의 실제적인 삶의 경험에서 더 타당성을 지니고 있다. 그 상징들은 우리의 자유로운 행위들 속에 있는 대화에 알맞은 것이다. 그런데 우리의 자유로운 행위들은 실은 우리가 도저히 넘어설 힘이 없는 행위들에 대한 응답 안에서 일어나는 것이고, 그 행위들에 대한 해석의 결과로 이루어진 것이 아니면 참으로 우리의 것일 수도 없고 자유로울 수도 없는 것이다. 또한 자기들에게 과해질 응답들로부터 결코 자유로울 수가 없는 것이 우리의 자유로운 행위인 것이다. 우리의 자유는 우리의 통제하에 있지 않은 행위를 전제하고 예상한다. 우리가 종속되어 있는 결정을 마치 기계에 종속되어 있듯이 불변하는 것으로 생각하는 것은 그릇된 신화에 묶이게 되는 것이다. 어떠한 경우에서든 우리는 신화를 사용할 것이다. 따라서 우리는 신화들을 비판적으로 그리고 분별해 가면서 사용하도록 해야 할 것이다.

책임적 존재에게 구속주인 그리스도[7]

기독교인들에게 있어서의 예수 그리스도의 의미는 그에게 어떠한 해석을 가하든지 간에 거의 언제나 이중적이라는 사실을 살펴본 바 있다. 이러한 이중적인 역할은 많은 비판을 받은 리츨주의(Ritschlian)의 신학과 19세기의 윤리학에서 가장 분명히 나타나고 있다. 그리스도는 완전한 인간이었으며, 도덕을 세상에 드러낸 자였고, 이상적인 삶을 언행으로 계시한 자였으며, 신의 왕국 혹은 종국의 영역을 선포한 자, 그리고 실현한 자였다. 그는 진보해 가는 도덕사(道德史)의 정점(頂點)에 속해 있는 분이었다. 그는 또한 구세주이기도 하였다. 즉, 영원히 자기들의 도덕률을 어기고 자기에게 배신한 비틀거리고 머뭇거리는 범죄인들을 구원하는 구세주였던 것이다. 또한 그는 수많은 패배 때문에 절망해 있는 사람들에게 승리의 희망을 주는 구세주이기도 하였다. 그는 인간의 정신적인 삶을 위한 하나의 모범을 제공한 것만이 아니다. 그는 자기 이전부터 서서히 실재화 되어온 개인적 실존의 잠재성을 실현한 것만이 아니다. 그는 인간의 정신을 죽음으로부터 구원해냈을 뿐만 아니라 그것을 부활시켰고 치유했으며, 그렇게 소생

---

7. 이 제목은 편집자가 붙인 것이다.

시키고 치유하는 자기의 사제적 직능을 통하여 이를 지속해 나간 분이기도 하다.

리츨 주의의 도식 속에서 이렇게 나타나고 있는 이중성은 우리가 앞서 살펴보았듯이, 기독교적인 삶에 대한 다른 이론과 개념에서는 또 다르게 서술되고 있다. 인간의 종국적인 목적은 신을 보는 사람, 영원을 명상할 수 있는 사람이 되는 것이다. 그리스도는 자기 속에서 그러한 인간의 목적이 구체화되어 있는 것을 사람들이 볼 수 있게 해주는 분이다. 그리고 그는 그 목적에 이르는 길이기도 하다. 그리스도는 인간이 법에 종속되어 있음을 명백하게 드러내 주고 있으며, 그러한 법에의 종속은 완전한 복종을 통하여 실현되는 것임을 보여주고 있는 분이다. 그러나 그는 또한 법에 의한 저주가 어떤 것인지도 밝히 보여주고 있다. 그는 비극적인 인간성의 주인공이기도 한 것이다. 그러나 그는 또한 저주로부터 인간을 구원하는 자, 곧 인간을 의롭다고 인정하는 사람이기도 하다. 많은 개신교 윤리는 그를 이렇게 생각하고 있다. 따라서 개신교 윤리는 위대한 상징적 인물을 고용하고 있는 셈이다.

만약 기독교 윤리를 우리에게 과해지는 행위에 대한 많은 응답들 속에서 신에게 책임을 지는 하나의 응답으로 생각한다면 우리는 이 때에도 그리스도를 이중적인 역할 속에서 볼 수밖에 없는 필연성 밑에 있게 된다. 왜냐하면 인간의 문제는 다음과 같은 것이라고 알기 때문이다. 즉, 우리는 어떻게 우리에게 과해지는 모든 행위, 특히 우리를 존재하게 했고, 모든 사물을 있게 했으며, 우리를 파괴하고 모든 것을 파괴하는 결정적인 행위들을 신의 행위 곧 악의나 무관심의 행위가 아니라 긍정과 재긍정의 행위라고 해석할 수 있는가? 어떻게 보편적인 책임의 에토스가 최저의 기준에서나마 인간에게 가능할 수 있을 것인가? 하는 것이 그러한 물음들이다. 우리가 종속해 있는 모든 힘 안에 있는 그 유일한 힘은 지적으로는 물을 수 있지만 실제 행위 속에서는 제대로 묻게 되지 않는 우리의 삶의 전제이다.

우리는 다양한 형이상학적 사색을 하면서 세계에 대한 수많은 가설들을 즐긴다. 그러면서도 우리가 하나의 보편적 의도를 지닌 존재가 되어 세계를 알려고 계속 노력을 한다. 따라서 비록 모든 전제가 결국은 보편적 진리의 근사치(近似値)로만 알려진다 할지라도 우리는 보편적으로 참될 수 있는 지식을 추구하고 있는 것이다. 우리는 우리가 살고 있고 알고 있는 모든 많음(manyness) 배후에서, 그 안에서 그것을 통하여 하나(one-ness)와 만난다고 하는 제어할 수 없는 신념을 지니고 있는 것이다.

개인적으로 실존하는 자아로서 믿을 수 없는 것은 모든 만물을 초월해 있는 이 한 분, 모든 힘들 안에 있는 이 힘, 모든 이성들 속에 있는 이 이성, 모든 이념들을 포용하는 이 이념, 모든 자연들 배후에서 그리고 그것을 통하여 나타나는 이 자연, 우리의 모든 환경들을 둘러싸고 있는 이 환경이 그것으로부터 비롯하는 것 혹은 그것이 에워싸고 있는 것들을 향해 그렇게 자비로울 수가 없다고 하는 사실이다.

그러나 이제 기독교인들에게 예수 그리스도는 모든 사물 안에 있는 불가사의한 힘에 대한 궁극적인 반응이 하나의 신뢰할 만한 것이라는 분위기의 상징으로만 나타나지 않는다. 그는 또한 기독교 신자들이 지니고 있는 운명의 결정자에 대한 심각한 회의 자체를 의심하도록 하는 낯선 기적을 행하는 분이기도 하다. 그는 사람들의 사고의 방향을 바꾸어, 피조물에 대하여 신은 무관심하다는 전제로부터 생각을 시작하는 것이 아니라 그 피조물을 신은 긍정하고 있다는 전제로부터 시작하도록 한다. 또한 그들의 고통과 기쁨, 죽음과 삶의 경험 속에서 의식(意識)으로 나타나는 형상(Gestalt)도 은총의 형상, 은총의 상징 형식이 된다. 그런데 기독교인들은 그렇게 생각하고 그렇게 깨닫기 위해서는 일생 동안에 결코 끝날 수 없는 많은 것을 다시 배우지 않으면 안 된다는 사실, 그러나 사람들은 대부분 새로운 전제에 근거하지 않고 여전히 낡은 전제 위에서 생각하고 해석한다는 사실, 그들은 자기들을 존재하게 했고 또 죽게 하는 자기들에게 과해진 행위를 적의가 있거나 무관심한 것으로 해석하려는 경향이 있다는 사실, 그렇기 때문에 그것은 대부분 어떤 의미에서 보면 죽음의 윤리로 응답하고 있다는 사실 등에 대하여 동의하고 있다. 그들의 진정한 삶, 곧 인간의 참된 삶은 여전히 드러나지 않은 채 바울이 말한 바와 같이 그리스도와 더불어 신 안에 감추어져 있다. 그들이 자기들을 변호하거나 추천하지 못하는 것은 많은 이유들이 있지만 그 중의 하나가 이 때문이다. 그러나 보편적인 책임을 지니고 사는 삶, 존재 자체의 나라에서 그 나라의 시민으로 살아가는 삶, 은총의 신, 곧 신이신 은총에 대한 모든 반응들 안에서 응답하면서 살아가는 삶 등에 대한 희망—그러한 희망이 그곳에는 있다. 그리고 삶 속에 스며 있는 잠재성이 어떤 짧은 순간이나마 실재가 되었었다고 하는 즐거움도 그곳에는 있는 것이다.

이러한 열망과 희망이 인간의 역사 속에서 일어났다고 하는 사실, 그리고 그것이 개인의 삶 속에서도 일어나고 있다는 사실은, 기독교인들에게는 예수 그리스도와 불가분리적으로 연결되어 있는 것이다. 따라서 영광스러운 희망이 생기게 된다. 기독교인이 단지 말로서가 아니라 실제로 운명의 결정자를 아버지라고 호칭할 때면 그는 자기 안에 예수 그리스도가 있기 때문에 그의 이름으로 그렇게 부르는 것임을 알고 있다. 또한 그가 자신이 신의 아들이고, 우주의 상속자이며, 이 세상에서 사는 것이 참으로 안락하다고 느끼고 알 때에도 그는 이 아들됨, 집에 있는 것 같은 안락함을 예수 그리스도의 아들됨이나 안락함과 같은 것으로 이해할 뿐만 아니라 그에 의하여 실현된 것으로 안다.

역사적인 그리스도와 내부에 있는 상징적 그리스도가 인간을 신에게 화해시키고, 신을 인간에게 화해시키며, 혹은 서로 이중적인 화해를 할 수 있도록 하는가 하는 것에 대하여 기독교인들이 쉽게 말할 수는 없다. 거의 모든 기독교인들은 교회에서 현행하고 있는 구원론들에 대하여 만족하지 못하고 있다. 그 구원론들이 신의 궁극적인 정의라든가 인간의 소외의 원천이라든가 하는 의심스러운 상들에 의존하고 있기 때문이다. 어떤 사람들은 예수 그리스도의 십자가 속에서, 즉 신을 신뢰하고 그에게 아들로서의 책임을 지는 사람의 죽음 속에서 신이 사랑이라는 전제에 대한, 엄청난 부정적인 예, 혹은 부정과 직면하고 있는 것 같다. 그리고 이 엄청난 부정적인 예-모든 부정적인 경우들을 요약하고 상징하는-를 직면하지 않고는 보편적인 힘을 신으로 믿는 신앙은 방심할 수 없는 위험한 상태에 머무를 수밖에 없는 것 같다. 그러나 이 같은 사실을 직면하면서, 바로 이 예에서, 우리는 정복되지 않고 파괴되지 않는 생명의 힘이 과시되는 것을 보게 된다. 실재는 그러한 생명을 이처럼 유지하고 또 강력하게 만들고 있는 것이다. 궁극적인 힘은 예수 그리스도의 죽음으로부터 부활을 통하여 그의 아버지로 자신을 드러낸다. 부활은 육체적인 징표로 나타나는 것이 아니라 예수 그리스도의 계속적인 주님됨(Lordship)-옛날 신조가 표현한대로 하면 권좌의 오른편에 앉아 있는 기간-으로 나타난다. 그러므로 우리는 신이 어떻게 스스로 나타나는가 하는 것을 창조와 파괴에서 이해하는 것이 아니라 이들이 창조와 파괴 그리고 시간을 영원의 차원으로 들어올리는 부활에서 파악한다.

그러나 구속(at-onement, 단번에)론이나 화해론이 아무리 적합하거나 부적합하다 할지라도 체념을 극복하고 화해를 향해 나가는 움직임은 기독교인들 안에서 예수 그리스도에 의하여 비롯될 뿐만 아니라 또한 지속되는 운동이라는 사실은 변하지 않는다. 예수 그리스도에 의하여 사람들은 존재해 왔고 또한 신의 자녀들이 되도록 사로잡혀진 것이다. 즉, 그들은 멸망하는 세상으로부터 구원을 받은 사람들이 아니라 세상 자체가 구원되고 있음을 아는 사람들이 된 것이다. 세상이 파괴로부터 구원을 받는다고 하는 것은 인간의 무한한 양의 야비한 업적을 소멸시키는 일을 포함하고 있다는 것, 그리고 그것은 독기 어린 질병의 바다를 치유하는 일, 죽은 자의 부활, 죄의 용서, 한없이 많은 무책임을 선으로 만드는 일 따위를 포함하고 있다는 것, 그리고 그렇게 선으로 만드는 일을 비록 예수의 상을 지니고는 있지만 흔히 그리스도의 이름조차 알지 못하는 고통받는 종들에 의하지 않고는 이루어지지 않는다는 것-이 모든 것을 기독교인들은 알고 있다. 그럼에도 불구하고 그들은 자기들의 종말, 그리고 모든 종국들을 향하여 패배를 알면서도 패배를 믿지 않는 사람으로 움직여 나간다.

이렇게 기독교인들은 자기 자신과 자기들의 에토스를 이해하고 있다. 혹은 어느 정도 이러한 식으로 이해한다고 할 수 있다. 그들은 자기들이 탁월한 삶의 방식을 지니고 있다고 자랑할 수가 없다. 왜냐하면 그들이 자랑할 것이 없기 때문이다. 그들은 다만 이렇게 고백할 수 있을 뿐이다- 존재에 대한 불신 속에서 우리는 눈이 멀어 있었는데 이제는 보기 시작했다. 우리는 소외된 사람들이었다. 낯설고 공허한 세상에서 소외되어 있었다. 하지만 이제는 때때로 내 집에 있는 듯한 안락을 느낀다. 우리는 자신들만을 사랑하고 있었고, 모든 작은 도시들을 사랑하고 있었지만, 이제는 생각건대 존재 자체, 신의 도시, 신이 원천이고 통치자인 보편적 공동체에 대한 사랑에 빠져 있는 것 같다. 이 모든 것에 대하여 우리는 역사 속에서, 그리고 신학과 상징이론을 가지고 더듬어 가는 정신의 깊이 속에서, 예수 그리스도에게 빚지고 있다. 이러한 일이 다르게 일어날 수 있었을까? 이와 동일한 결과가 다른 방법을 통해서도 성취될 수 있었을까? 다른 곳에서, 다른 방법을 통하여, 이러한 일들이 일어나고 있지는 않은가? 그러한 일들이 가능할 수도 있을 것이다. 그럼에도 불구하고 이 한 분이 곧 우리의 역사이며, 이 한 분이 곧 우리들 운명의 결정자에게 화해하도록 한 분이다. 그 밖의 누구에게 영원한 생명의 말씀을 바라고 나가겠는가? 그 이외의 누구에게 보편적 공동체 안에 있는 특권을 구하러 가겠는가?

옮긴이의 말

 이 책은 니버(Richard H. Niebuhr)의 *The Responsible Self : An Essay in Christian Moral Philosophy* (Harper & Row, Publishers, 1963)를 번역한 것이다.
 그런데 "책임적 자아"로서는 할 이야기가 못되지만 아무리 생각해도 이 번역은 좀 꺼림칙하다. 영어로 읽을 때는 그래도 좀 짐작이 됐었는데 번역한 것을 읽어보니 오히려 내용이 난삽해진 것 같다. 처음부터 잘못된 것이었다. 기독교 윤리학의 대가라고 하는 분의 책을 기독교 윤리학에 전혀 문외한이 감히 옮기겠다고 대든 것부터가 잘못이었을까. 그러나 그 잘못은 어차피 옮긴이가 책임질 수밖에 없다는 것이 이 책을 옮기며 터득한 유일한 소산이다.
 굉장한 책이라고들 하는 것에 대하여 옮긴이로서는 사실 몇 가지 하고싶은 말이 있다. 법을 지키기 위해서 인간은 도덕을 지키느냐, 아니면 이상을 실현하기 위해서 윤리를 사느냐 하는 것이 전통적인 윤리관인데, 니버는 윤리란 그런 것이 아니고 작용-반작용 속에서 알맞음을 찾아야 하는 것이라고 주장하면서 그 속에 신과 인간의 도식을 끼워 넣어 전개된 논리로 그는 윤리를 설명하고 있다. 인상적인 판단이지만, 만약 니버가 영어의 response(응답)에서 responsibility(책임)에 이르는 음성학적 이미지를 의미의 내연과 연결시키는 통찰이 없었더라면 이 책은 씌어지지 않았을는지도 모른다. 그렇지 않고도 씌어질 수 있었다면 그는 자기의 윤리학을 완전히 비기독교적인 윤리로 구성했을 것이다. 예를 들면, 신론적(theol-ogical) 윤리가 아니라 우주론적(cosmological) 윤리로 정리했을 것이다. "적합성"의 개념이 그렇고 그 논리를 도출하는 "화해"라는 시점이 그렇다.

만약 어떤 한국 사람이 우리의 문화 및 역사의 풍토 안에서 살면서도 그가 기독교인이기 때문에 이 책을 읽으면서 자기 기독교인의 의식에 새로운 자극을 받을 수 있었다고 말한다면, 그는 불행히도 한국인임을 기독교인이기 위하여 오래 전에 포기한 사람임에 틀림없다. 우리의 에토스에서 보면 우리는 처음부터 어떤 절대적인 계율의 완성이 선(善)이라는 생각도 없었고, 어떤 이상의 실현이 옳음이라는 판단도 없었기 때문이다. 하늘과 땅 그 사이에 인간이 있어 그 셋이 어우러져 하나가 되는 데서 화(和)가 생기고, 그래서 "잘 살면" 되는데 때로는 역천(逆天)하는 자들이 있고, 내 욕심이 늘 탈이었을 뿐이다. 니버가 하고 있는 이야기도 가만히 들어 보면 그런 말이 아닌가 싶다.

하긴, 그러고 보면 니버가 여간 대단한 사람이 아니다. 물론 그가 상징이 문화를 읽는 열쇠가 되고 있음을 재빨리 터득하여 그것에 의존해 기독교 윤리를 풀고 있어 성공적일 수 있었지만, 아무튼 서구 전통, 특히 기독교라는 단단한 틈바구니에서 이런 주장을 해 나오고 있다는 것은 그 사람들 입장에서 보면 여간 놀라운 일이 아닐 수 없다. 그는 예수 그리스도를 언급하면서, 또 성서를 언급하면서 얼마나 조심스럽고 얼마나 지혜롭게 처신하고 있는지 모른다. 그는 그러면서도 툭툭 털고 나설 만큼 무모하거나 오만하지는 않다. 자기는 어쩔 수 없이 자기임을 고백한다. 그는 기독교인인 자기됨을 보편적인 개념으로 바꾸어 놓지 않는다. 생각은 무한하게, 행동은 구체적으로 하고 있는 것이다. 그리고 보면, 이 책이 훌륭한 책이라 해서 번역을 해야겠다고 생각한 한국장로교출판사의 판단이야말로 또한 적절하다고 아니할 수 없다.

그러나 한 가지 걱정이 있다. 미국이 한창 적에 목소리가 컸던 이 분의 주장이 어쩌면 우리도 꽤 한창이니까 이런 저런 면으로 이런 책을 읽고, 또 읽혀야겠다고 생각한다면 그것은 분명히 바람직하지 못한 일이다. 니버가 그것을 우선 반대할 것이고-윤리학은 행동의 지침서가 아니니까-, 책임이란 말이 그러한 생각을 했을 법한 분들의 이해했을 법한 내용, 예를 들면 "그것은 네 책임이다." "네가 책임지고 해!" 할 때의 책임과는 좀 거리가 있을 것 같기 때문이다. 잘못 이해했겠지만 옮긴이는 '책임적 자아' 라는 역어가 끝내 마음에 들지 않았다. '응답할 수 있는 자아'가 그것보다는 더 나을 것 같았고, 아예 '조화로운 자아'라고 하는 것이 처음부터 "마음 편했을는지"도 모르겠다는 생각을 지금도 하고 있다.

아무튼 한 번 읽어보면 이야깃거리가 많이 생길 것 같다. 특별히 얼굴도 희어지고 머리도 노랗게 된 한국의 기독교인들, 또 기독교의 가장 못된 점이 어디 있고 뛰어나게 장한 점이 어디 있는지를 알고 싶어하는 젊은 친구들에게 권하고 싶다. 그러나 어떤 경우, 번역서가 지니는 장애 요인의 피해가 클지도 모르겠다. 원문을 읽는 것이 요즘같이 자기 말보다 남의 말을 더 많이 공부하고 더 잘하는 세대에게는 훨씬 수월할 테니까.

읽는 독자들이 오역을 열심히 지적해 주었으면 좋겠다. 열심히 고치겠다. 니버는 그 지적이 신의 행위이고 그 고침이 신에 대한 응답이라고 하고 있는데, 그런 논리 이전에 "당연한" 예외니까. 이 원고를 정리해 준 친구에게도 고맙다고 인사를 하고 싶다.

아무튼 못할 짓을 한 참회를 하면서 그래도 젊은 친구들이 좀 읽어 주었으면 하고 바라는 마음 간절하다.

내용에 대해서는 따로 더 할 말이 없다. 저자의 아들이 머리말을 쓰고 있고, 그의 수제자가 소개의 글을 쓰고 있으니 옮긴이가 끼어 든다는 게 전혀 걸맞지 않는다. 저자에 대한 소개도 그 분을 전공한 우리나라의 저명한 신학자들이 많이 계신 것을 알기 때문에 감히 엄두를 내지 못했다.

다시 말하거니와, 번역할 자격이 없는 사람이 번역을 맡아 많은 사람에게 누를 끼치게 된 것을 사죄한다. 이것만이 "책임적 자아"가 되고 싶은 옮긴이의 작은 몸짓이다.

2001년 6월
옮긴이 씀

찾 아 보 기

1. 사람 이름

Aquinas, Thomas, 16, 37, 65, 66(주), 170, 177
Aristophanes 25
Aristotle, 16, 21, 65, 70, 77, 93, 217
Arndt, E.J.F., 17(주)
Auerbach, Erich, 198(주)
Augustine, 30, 37, 42, 53, 170
Barth, Karl, 19, 22, 29, 37, 38, 89, 90, 173, 205
Beach, Waldo, 17(주), 27
Bergson, Henri, 133
Bixler, J.S., 17(주)
Bonheoffer, Dietrich, 19, 29
Broad, C.D., 74
Brunner, Emil, 37, 44
Buber, Martin, 97
Bultmann, Rudolf, 89, 173
Butler, Bishop Joseph, 99
Calhoun, R.L., 17(주)
Calvin, Jean, 22, 30, 37, 42
Cassirer, Ernst, 196
Coleridge, S.T., 97(주)
Cooley, George Horton, 96
Descartes, Rene, 136, 146
Edwards, Jonathan, 16, 30, 37

Elert, W., 23(주), 29
Epictetus, 221
Fales, W., 77(주)
Feuerbach, Ludwig, 97(주)
Francis(St.), 42
Frei, Hans, 40(주)
Freud, Sigmund, 102
Fromm, Erich, 49
Gardner, E. Clinton, 17(주)
Gladstone, W.E., 100(주)
Gombrich, E.H.J., 198(주)
Gustafson, James, 7, 17(주)
Hartmann, Nicolai, 122
Hartt, Julian, 17(주)
Heidegger, Martin, 150, 156
Heim, Karl, 149
Hugo, Victor, 124
Hume, David, 101
Jaspers, Karl, 150
Kant, Immanuel, 38, 89, 100, 123
Kierkegaard, Soren, 124, 161
Latourette, K.S., 17(주)
Lippmann, Walter, 25
Locke, John, 197
Luther, Martin, 30, 36, 37, 53, 158, 169(주)
Marcel, Garbriel, 150
Maurice, F.D., 21, 30, 38, 51
Mead, G.H., 16, 96, 97(주)
Murray, Gilbert, 121

Niebuhr, H.R., 5, 17(주), 37(주), 231
Nygren, Anders, 53
Pepper, Stephen, 199(주)
Piper, Otto, 29
Plato, 128, 133, 217
Ramsey, Paul, 17(주)
Ritschl, Albrecht, 52
Rousseau, J.J., 170
Royce, Josiah, 112
Santayana, George, 9, 151, 152(주)
Saunders, K., 157(주)
Schrader, George, 17(주)
Seneca, 221
Smith, Adam, 101, 103
Socrates, 22, 70
Spinoza, 37, 47, 78, 151, 170, 221
Strauss, A., 97(주)
Studdert-Kennedy, G.A., 201
Sullivan, Harry S., 96
Thielicke, Helmut, 29
Tillich, Paul, 37
Tolstoy, Leo, 47
Wesley, John, 30
Westermarck, Edward, 102, 103(주)
Woolman, John, 42

2. 책이름

Aquinas, Summa Theologica, 66(주)

Aristotle, Ethics, 65
Arndt, The Heritage of the Reformation, 17(주)
Auerbach, Mimesis, 198(주)
Augustine, The Morals of the Catholic Church, 53
Barth, Church Dogmatics, 19(주)
Beach & Niebuhr, Christian Ethics, 17(주), 28
Bergson, The Two Sources of Morality and Religion, 142
Bixler et al., Nature of Religious Experience, 17(주)
Bonboeffer, Ethics, 19
Brunner, Divine Imperative, 37
Elert, Christian Ethos, 23(주)
Fales, Wisdom and Responsibility, 77(주)
Gardner, Biblical Faith and Social Ethics, 18(주)
Gombrich, Art and Illusion, 198(주)
Kant, Religion within the Limits of Reason Alone, 124(주)
_____, Critique of Practical Reason and Other Works on the Theory of Ethics, 100(주), 123(주)
Latourette, The Gospel, the Church and the World, 17(주)
Lippmann, A Preface to Morals, 25
Locke, An Essay concerning Human Understanding, 212(주)
Mead, The Philosophy of the Present, 103(주)
Niebuhr, The Social Source of Denominationalism, 5
_____, Radical Monotheism and Western Culture, 16, 31, 36
_____, Purpose of the Church and Its Ministry, 16
_____, The Meaning of Revelation, 17, 21, 36, 50(주)
_____, Christ and Culture, 15, 27, 37
Nygren, Agape and Eros, 53
Oxford English Dictionary, 63(주)
Pepper, World Hypotheses, 199(주)

Ramsey, Faith and Ethics, The Theology of H. Richard Nieburhr, 18(주)
Saunders, The Ideals of East and West, 157(주)
Spinoza, Tractatus de intellectus emendatione, 78(주)
Strauss, Social Psychology of George Herbert Mead, 97(주)
Thielicke, Theologische Ethik, 29(주)
Westermarck, Ethical Relativity, 103(주)

3. 사 항

고통
  -의 윤리, 83~87
공작하는 인간(homo faber), 223
교회
  -의 권위, 34
  -의 목적, 17
구속(속량), 203~206
  -의 윤리, 53~59
  그리스도를 통한 -, 241~247
  구속받은 자, 구원을 볼 것
구속(속량)받은 자,
  -의 윤리, 56
  -의 삶, 186
  구속(속량), 구원을 볼 것
구원, 190, 192~206
  구속, 구속받은 자를 볼 것
기독교 윤리
  윤리를 볼 것
그리스도

-를 통한 구속, 241~247
　　　-상징, 214~221, 224~247
　　　예수를 볼 것
대화하는 인간(homo dialogicus), 223
도덕적 삶
　　　삶을 볼 것
도덕 철학
　　　철학을 볼 것
바울, 32, 58, 182, 217, 244
법
　　　인간을 볼 것
불신
　　　신뢰를 볼 것
사랑
　　　-의 의미, 17
사회
　　　책임, 자아(성)를 볼 것
사회적 유대
　　　책임이론과 -, 94
삶
　　　그리스도 상징과 -, 214~221, 224
　　　-의 윤리, 203
　　　상징 형식을 통한 - 의 해석, 208~223
　　　책임적인 - 으로서의 도덕적 -, 95
　　　-의 목적, 87
　　　책임적인 -, 128
　　　윤리, 신, 인간, 응답, 책임, 구원, 자아(성), 자아 인식, 고통을 볼 것
상징
　　　-의 필연성, 218

예술 형식, 그리스도, 역사, 언어, 인간, 책임, 상징체계를 볼 것
상징체계
  기독교 -, 208~223
생존
  -의 윤리, 142~144
성서
  -의 권위, 33~38
시간
  -안에 있는 자, 129~140
신
  그리스도 상징과 -, 214~221
  창조주인 -, 37, 44~46, 192
  통치자인 -, 47~53
  -에 대한 인간의 응답, 38~60
  -에 대한 인간의 화해, 63~66
  구속주인 -, 43~44, 53~60
  -의 삼위일체적 개념, 37, 41~45
  인간, 구속받은 자, 구속(속량)을 볼 것
신뢰와 불신, 170~175, 205
신망
  해석자로서의 자아와 -, 169~170
  신뢰와 -, 170~175
신학
  -의 정의(定義), 59
양심
  자아와 -, 101~114
  -에 관한 사회이론, 107~110
언어
  상징체계인 -, 212

에피큐리안 사상, 129~130
역사
　-안에 있는 자아, 140~154
　상징과 -, 217~218
예수
　-의 에토스, 232, 234
　그리스도를 볼 것
예술형식
　-의 상징, 212~213
윤리(학)
　기독교 -, 221~223
　-에서의 성서의 권위, 29~38
　-의 정의, 59
　-에서의 자아중심주의와 보편주의, 238~240
　-의 분야, 15~19
　인격적 완전과 -, 14~25, 176
　개인적 책임과 -, 23
　신에 대한 책임과 -, 241~247
　-의 범위, 13~15
　-의 과제, 22
　신학적 -, 13
　-의 이론, 226
　-의 유형, 15
　-의 독특성, 22
　자아 인식과 -, 23~29
　히브리인의 -, 234, 235~237
　유태교의 -, 234
　스토아주의의 -, 237~239
　조로아스터 교의 -, 222

그리스도, 죽음, 신, 인간, 구속받은 자, 구속, 응답, 책임, 구원, 자아(성),
자아 인식, 고통, 생존을 볼 것
응답, 193~206
 -으로서의 행위, 25~26, 88~98
 스토아주의의 - 의 윤리, 237
 신에게의 -, 38~60
 자연의 사건에 대한 -, 145~146
 타인에 대한 -, 144~154, 167
 시간과 -, 140~141
 윤리(학), 삶, 인간, 책임, 자아(성), 자아 인식을 볼 것
의무론
 도덕적 물음과 -, 86~87
 이사야(서), 96, 235, 240
인간
 상(像) 만드는 자, 사용자인 -, 210~214
 응답하는 -, 80~87
 시민으로서의 -, 73~78, 131~132
 만드는 -, 68~73, 99, 100, 127, 129, 130, 155, 187, 189, 192, 193
 적법 아래 있는 -, 182~193
 자아 입법자인 -, 77, 101~102
 상징적 동물인 -, 224
 신, 자아(성), 자아 인식을 볼 것
자아(성)
 - 파괴, 164, 189
 -의 온전성, 25, 176
 해석자인 -, 156~181
 응답분석과 -, 193~206
 -의식, 168
 -의 통일성, 179

책무와 -, 118~128
　　양심과 -, 101~114
　　-안에 있는 인간의 조건, 194
　　성숙한 -, 120
　　-과 자연의 사건에 대한 응답, 114~122
　　-의 사회적 본성, 102이하
　　역사, 자아 인식, 시간을 볼 것
자아 인식, 23~29
　　인간의 상태와 -, 189
　　-을 위하여 채택된 상(像), 68~87
　　책임과 -,
　　자아(성)을 볼 것
자유, 240
　　자아와 -, 144~152
정치적 인간(homo politicus), 223
죄(Hamartia), 25, 188
죄(sin)
　　자아와 -, 187~206
죽음
　　-의 윤리, 203, 205, 244
　　-의 신화, 129~154
　　그리스도 상징과 -, 214
책무
　　책임과 이론과 -, 92~95
책임
　　결단과 -, 87
　　그리스도 상징과 -, 224~247
　　-의 상징이 지닌 요소, 67~98
　　-의 윤리, 232~247

-의 양태, 94
　　-의 상징, 80~98
　　-의 이론, 88~98
　　-용법, 67~68
　　사회와 -, 99~128
　　윤리, 신앙, 자유, 역사, 해석, 삶, 인간, 구원, 자아(성), 자아 인식을 볼 것
철학
　　-이라는 어휘의 용법, 61, 65~66
　　윤리, 삶, 책임을 볼 것
온전성
　　자아(성)를 볼 것
평화주의
　　기독교-, 232~233
해석
　　책임이론과-, 91~92, 144, 154, 168~169
행위
　　응답을 볼 것
회개(metanoia), 204~205